錢海岳撰

南明史

第十二册　列傳

卷九十一至卷一百

中華書局

南明史卷九十一

列傳第六十七

無錫錢海岳撰

儒林一

自諸子興而聖人之道衰，司馬遷、劉向父子以儒與諸子並列而儒輕，竺乾之學入中國而儒雜。魏晉以後，儒者專己守殘，佔畢章句。或空談遁於玄虚，或好大騖於名法。尚同兼愛，迷於夷夏之大防。遂至凝式以璽綬與人爲不可，而世目狂惑；馮道之歷事八姓，而頌爲聖人。人頭畜鳴，幾不知天地間有名教事。夷狄之憑陵，中原之陸沈，非是之故而誰咎歟？蓋禮義名簡，國之綱維，所以建功立業也，然武功必本文德。周宣王命方叔、召虎，復文武之境土，而所與居者，張仲孝友，故克成中興之功。

太祖撫有函夏，稽古右文，崇尚伊雒，薛、胡、蔡、羅、陳、王、高、顧，名儒輩出。洎於天崇，學術漸漓，窮年屭力，仡仡蒼素，以帖括爲讀書，類書爲學問，破碎支離，披猖磔裂。檮饕並官，周孔是棄，朝少通經致用之士。史稱威宗嘗問宰相須用讀書人何謂，諸臣不能對，首輔奏：「容臣至閣會議具奏。」內侍無不掩笑。夫以不學無術之人，當論道經邦之任，欲使通方弘用，難矣！卒至猰貐、蚩尤跳宕赤縣，宗社丘墟，衣冠左衽。火之消膏，不之覺也。

南渡馬上經營，日不暇給，而召用儒臣劉宗周、黃道周，山谷菰蘆潛修之士，如顧炎武、黃宗羲、王夫之等，玄纁束帛，軺車相望，庶幾修文德以固根本，有周宣之規模矣。然用之不能久，久而不能盡。棄尊彝而寶康瓠，舍珠玉而收瓦礫。負堯舜君民之思，外王內聖之學。當元氣血脈殆絕之後，先後同歸於盡，未能出大厄大刦，以扶國運。

夫儒盛則世盛，儒衰則世衰。甚至大儒無遺，則天地之大厄大刦隨之。大儒之生，實與國相表裏。血脈元氣之絕，大厄大刦之作，又何怪焉！

明講心性，馳騖語録，其經訓家法，於漢唐諸儒，未足以燭重昏而發豐蔀，然人析義利之微，識邪正之路。平居侈袂方履，乾螢朽蠹諸子，一聞國難，戴髮勤王，蹈白刃爲至樂，視畢命如還鄉。在三之節，蒙險愈厲。謂非三百年培養人才禮儒而獲其報哉！迨事無可爲，抱道窮山，各仞師説，富貴不移，寒餓不屈。品行勵人心，文章維世道，爲巨人碩德，爲孝子奇士，爲天下可一不可二之人。即至體國經野濟世安民之略，五音六律八綫九章之術，亦有守先待後、舍我其誰之概。發思古之情，作膺懲之氣，胡運有時而盡，中國亡而不亡，夷夏大防，不以亂而澌滅。鬱之極而出之愈大，摧之久而發之愈壯。天理恒存，人心不死，又非諸儒讀書明道，窮理養氣，能以天下己任、綱嘗共肩者不至此！

儒林諸子，大半見清史。顧以從事焦原，名懸象魏，詳學術而略志事。今特輯之，或其人不究所施，則採其粹言爲傳，菜瓜祭飲食之人，芹藻釋瞽宗之奠。後世有考明儒源流者，或亦有取於斯夫！

孫奇逢 子立雅等 張果中 趙御衆 李對 隰崇岱 陳鋐 王之徵 王體健 賈三槐 馬爾楹 高鐈 耿極 刁包 子再濂 王餘佑 彭毓宗 杜越 毛三光 殷之紐 田極 趙景皋 霍連 孔衍學 喬己百 黃淳耀 子坒 弟淵耀 戴亮 沈國模 史孝咸等 王朝式 邵曾可 蘇元璞 鄭錫元 史標 邵元長 韓孔當 俞長民 張履祥 吳蕃昌 從弟謙牧 錢寅 淩克貞 沈磊 何汝霖 呂璜 安道 丘雲 張嘉玲 張圓貞 孫台衡 沈昀 弟蘭彧 陳確 從子枚 蔡遵 屠安世 鄭宏葉敦艮 施博 潘平格 陶履平 陳其蕙 趙忠濟 王同廱 惲日初 子桓等 楊瑀等 陸士楷 陸世儀 馬負圖 陳瑚 顧夢麟 王日新 楊彝 盛敬 江士韶 芮長恤 蔡所性 吳光 陸卿鵠 張怡 雷士俊 雷子霖 李顒 李柏 惠思誠 白奐彩 党湛 王化泰 張承

烈　蔡啟胤　賈漢英

孫奇逢，字啟泰，容城人。少與鹿善繼以聖學相砥礪。萬曆二十八年舉於鄉。居京師，與左光斗、魏大中、周順昌善。親喪，廬墓凡六年。璫禍作，光斗、大中、順昌被逮，與善繼父正及張果中拮据調護，供橐饘。時孫承宗督師榆關，善繼贊軍事。初嘗約奇逢至軍中，將疏任贊畫，辭免。至是遣弟奇彥馳書求援於承宗，曰：「左、魏諸君子，善類之宗，直臣之首，横被奇冤，有心者孰不扼腕。昔盧枬，一莽男子耳，謝榛以布衣爲行哭於燕市，曰：『諸君今不爲盧生地，乃從千載下哀湘而弔賈乎？』李夢陽在獄，何大復致書楊一清，求一援手，康海至不自愛其名。左、魏之品，可方夢陽，非枬所敢望。奇逢一介書生，無緣哭訴，尚慚謝榛。閣下名位，比肩一清，豈至出海下乎！」承宗覽書，即具疏請朝，面陳機務。魏忠賢大懼，謂承宗興晋陽之甲，夜遶御床泣，馳詔止之。尋誣三君子贓以萬計，嚴刑追比。奇逢倡義捐輸賫京師，而三君子已死，乃經紀其喪歸里。時邏較嚴急，士大夫觸手糜爛。容城密邇京師，奇逢暴行酷暑烈日中，舉旛擊鼓，衆皆爲危。奇逢則曰：「人固有死，爲三君子死，死不恨。且死生有命，奄其如我何！」以是義聲震天下。

崇禎九年，清兵薄容城，設方略拒守，城賴以全。清兵入關，移居易州五公山，戚族相依者數百家。定條約，修武備，又以其暇賦詩習禮，絃歌聲相聞。兵相戒勿犯。尋以國子祭酒徵，不應。先後十一徵，卒不起。晚歲躬耕輝縣夏峯，四方來學者趙御衆等，所居成聚，湯斌亦從受業焉。時嚴史禁，奇逢以著甲申大難録，幾被逮。事尋解。

奇逢講學，初主陸王，晚更和通朱子之説，以慎獨爲宗，而於人倫日用間體認天理。顧炎武推爲河北學者之宗師。卒年九十二。所著理學宗傳，表周、程、張、邵、朱、陸、薛、王、羅、顧爲十子，别爲諸儒考附之，蓋出獨見云。

子立雅、望雅、博雅、韻雅。立雅，字君建，諸生，國亡不應貢。望雅，字君孚，去諸生。博雅，自有傳。從子度雅，國亡去諸生，從奇逢耕苦。

果中，字于度，保定新城人。諸生。善繼弟子。骯髒有古烈士風。弘光時，錢謙益、陳子龍疏薦。

御衆，字寬夫，灤州人。北京亡，去諸生，徙居密縣。學以事心爲主。

同時從奇逢遊者：

李對，字霞表，雄縣人。去諸生，精易理。隨奇逢數十年。後設教超化山。

隰崇岱，字千里，易州人。去諸生，推河北大儒。

陳鋐，字國鎮，涿州人。從善繼遊，爲陽明學。孝友廬墓，道範嚴整，爲人敬憚。馮銓欲一見，不得。

王之徵，字五修，安州人。孝子。真實向學。

王體健，字廣生，曲周人。伉爽有經世才。堰水繞城拒寇，寇散去。工詩文，去諸生，年六十三，從夏峯講性命學，深入其奥。卒年七十三。

賈三槐，字正卿，固安人。諸生。父母喪，廬墓。從善繼遊，以樸實醇篤稱。嘗官安慶，妻李死難。國亡不仕。

馬爾楹，字構斯，定興人。父潔，死清兵。終身不應試。侍蘇門最久，采樵自給。奇逢稱曰真友、益友。

高鐍，字淵穎，清苑人。去諸生，振奇慕義，好遊名山水。於從遊中以文學稱。

耿極，字保汝，定興人。於諸生中聞道最早，教授河朔間。與兄權並以孝友稱。太康耿炳慕其爲人，訂爲兄弟，割田宅與居。

刁包，字蒙吉，祁州人。天啟七年舉於鄉。敦尚質行，力以斯文爲己任。於城隅闢地爲齋，曰「潛室」，亭曰「肥遯」，日閉户讀書其中。崇禎末，州城被兵，包毁家倡衆誓固守，城得全。時有二璫主軍事，探卒報敵勢張甚。二璫怒其惑衆，將斬之，包厲聲曰：「必殺彼，請先殺包。」乃止。二璫相謂曰：「使若居官，其不爲楊、左乎？」兵既去，載送流民，全活甚衆。已聞京師陷，設威宗位，服斬衰，朝夕哭臨。李自成迫授職，包以死拒，幾及於難。會敗，得解。清兵入關，遂不仕。日取宋元諸儒書反復尋究。

其學以謹言行爲要，以程朱爲宗。初從孫奇逢聞良知之學，已讀高攀龍書，喜曰：「不讀此，幾虛過一生。」設主事之。偶有過舉，必展謁悔謝。其勇於自克如此。嘗曰：「爲蓋世豪傑易，爲慊心聖賢難。」又謂：「易之爲書，教人趨吉避凶，言趨正避邪也。以爲趨福避禍，舛已甚矣。」父殁，三日勺水不入口，鬚髮盡白，杖而後起。年六十七，以居母憂，哀毁致疾。將卒，問家事，不答。徐曰：「吾胸中無一事，行矣。」遂瞑。

子再濂，字靜之，去諸生。從王餘佑學。

王餘佑，字介祺，保定新城人。延善子。後世父建善。北京亡，餘佑自魯山歸，傳檄起兵。孫奇逢亦起兵，共復雄縣、新城、容城，斬令。未幾，清兵入，延善爲仇陷，執致北京。三子將從，餘恪以餘佑後世父，不可死，揮之去。清名捕急，乃僧服走太行。久之，奉建善隱易州五公山，人稱五公山人。

餘佑負王佐才，受業奇逢，學兵法，通騎射擊刺，能身躍丈許，弦不虛發，後更從受性命之學。國亡後，搢紳先生輒横經講堂，具安車幣帛迎受業，遠近從遊至數百人。既隱山，學無不究。彙古人經世事爲居諸編，皆霸王大略。自少至壯數十年，感慨激昂，一發之詩。爲文數千言立就。每談兵述往事及忠孝大節，目炯炯如電，聲如洪鐘。顧平居與人和易，從容簡諒，以講學著書爲事，隱居教授，不求聞達。卒年七十。

同時彭毓宗，字蘊秀，獻縣人。雄糾多力，身長六尺，饒奇計。崇禎十一年清兵至，兄嫂死，負兄子走。十三年又至，民宵走，城將不守。毓宗在城南，見事急，下喝衆不動，乃大開城門，獨握門扈丈許，瞋目躍擊門者。一渠目之，揮衆去，城遂得全，勇名大著。國亡，詩酒浩歌，散財振卹，全活無算。餘佑流寓獻縣，禮下之。餘佑死，收撫其孤孫並著作傳世。

杜越，字君異，定興人。諸生。少師鹿善繼，究極理奥，以明道爲己任。善繼善之。與孫奇逢友好，互相砥礪。左光斗、魏大中諸人被逮，慨然曰：「恥不與黨，古誼豈遂絶乎？奈何令千載笑人寂寂。」乃倡同志，醵金納贖。又匿魏學洢、朱祖文複壁間，不少避。家貧，布衣蔬食，授徒自給，一時名彦咸師事之。國亡後，居新安。新安人化之，風俗一變。

爲學不立門户，每舉羅洪先書示學者，總歸脱凡近、遊高明之旨，而大本在孝弟，得力在分晰義利。生平志行高潔，以禮進退，嚴於取與，即弟子以一絨爲壽，亦拒不受。然性和易，年八十餘，未嘗一日不樂。清康熙中舉博學鴻詞。曰：「名誤我。」堅拒之。巡撫以車强載。比試，告老病。舁入，伏而不謁。與傅山同授中書舍人，不拜。兵八十七卒。

同時毛三光，字晴嵐，容城人。奇逢老友。工詩。

殷之紐，字伯芽，雞澤人。選貢。授知縣。負經濟，講學不立門户，躬行實踐。國亡杜門，長吏一見不得。貧不具饘粥，七奉部檄不出。六經皆有著述，於易尤精。

田極，字象極，高陽人。去諸生，事母盡孝。母歿，泣血三年。專精易學，闡程朱説。教人以修謹誠實爲本。好卹人困，待宗族篤厚。五十年不入公廷。

趙景皋，字知安，鹽山人。崇禎三年舉於鄉。專心性之學，不仕。

同邑霍連，字閏生，亦去諸生。精理學。寬衣博帶，牛車出遊齊魯，所至人爭師之。晚年三謁奇逢。

孔衍學，字養邃，保定新城人。善繼弟子。研陽明學。左、魏之逮，與張果中醵金。有智略。不應試。

喬己百，字百一，臨城人。父若雯，員外郎，死清兵。己百，廩生。少志聖賢，講經濟學，不立門户，具全體、該大用，寂然闇修。崇禎末，兵科范士髦薦，不起，隱居終。

黄淳耀，字藴生，嘉定人。體貌魁梧，潛心性命之學，於書無所不窺。性沖和湛静，喜怒不形於色。案置日曆，有事必書，以驗所養。嘗言：「學必以識爲主。惟其識到，故能斷然。知文章功名節義，其真者一出於道德。」又言：「自唐宋諸大儒以來，率以攘二氏爲任。後賢明道不及諸儒，而獨師其排佛，如角力然，務求相勝，斯亦病矣。」崇禎十六年成進士，寄弟淵耀書曰：「吾廷試時，鼎甲上殿，嘖嘖稱羨。天地間自有爲數千年一人，數百年一人者。今人不肯爲數千百年之一人，而欲爲三年之一人，可怪也。」遂南歸。

清兵圍城，與侯峒曾日夜登陴守禦，邑人范伯翼及子光啟、光昭出財佐軍。城陷，與淵耀入西林庵。淵耀問淳耀曰：「何如？」淳耀曰：「吾了紗帽事耳。」淳耀問淵耀曰：「子何如？」淵耀曰：「吾亦完秀才事，復何言。」僧無垢曰：「公未受職，可無死！」淳耀曰：「忝名進士，宜爲國死。今託上人，死此清淨土足矣。」索筆書曰：「遺臣黄淳耀死此。嗚呼！進不能宣力皇朝，退不能潔身自隱。讀書寡益，學道無成，耿耿不没，此心而已。異日寇氛復靖，中華士庶復見天日，論其世者當知余心。」與淵耀冠帶分左右就縊。暴屍七晝夜，神色不變。弟子戴亮爲之殯葬。

子聖，字雲沼。工詩書。不試，不見當事。卒年七十五。

淵耀，字偉恭，諸生。律己嚴恪，與兄相師友。就縊時，見淳耀頭幘墜地，復下拾而冠之，乃引決。妻王亦死。淳耀，隆武時贈湖廣道御史，永曆時晋太嘗少卿。

亮，字采臣，嘉定人。去諸生。清舉邊才、鄉飲，皆不赴。

沈國模，字求如，餘姚人。諸生。嘗入劉宗周證人社，歸闢姚江書院，以明道爲己任。與史孝咸、管宗聖申明良知之學。其學或以爲近禪，而言行敦潔，較然不欺其志，故推醇儒。

祁彪佳與國模善，巡按南直，一日杖殺巨憝數人。會國模至，欣然以告。國模字彪佳曰：「世培亦曾聞曾子云哀矜弗喜乎？」彪佳後嘗語人：「吾每慮囚，必念求如，恐倉卒喜怒過當也。」南京亡，聞宗周絶粒死，哭之慟，與王朝式、邵曾可、蘇元璞、鄭錫元、史標、邵元長、韓孔當、俞長民講學益勤。卒年八十二。

孝咸，字子虛，餘姚人。諸生。弘光初薦真儒，監國魯王以安車徵。繼主姚江書院。嘗曰：「空談易，對境難。於居處恭、執事敬、與人忠三語，精察而力行之，其庶幾乎！」家貧，日食一粥，泊如也。卒年七十八。子起曾，字尊聞，不試。弟孝復，字子復，守家學。北京亡後卒。

朝式，字金如，紹興山陰人。嘗入證人社。宗周主誠意，朝式守致知，曰：「學不從良知入，必有誠非所誠之蔽。」宗周稱其志願大而骨力堅，所成就未可量。崇禎末，浙中大饑，朝式倡賑粟，全活甚衆。時天下大亂，將走四方求奇士，謀治安戰守策，不果行。國變後，旋卒。

曾可，字子唯。姚江書院之立，人頗迂笑之。曾可厲色曰：「不如是，便虚度此生。」遂往學。同儕請業多辨難，曾可獨默然竟日。初以主敬爲學，後專提致知。事孝咸甚謹，晨走十餘里，叩床下問疾，不食而返。月餘，亦病卒。

元璞，字禹氏。北京亡，倡義勤王。

錫元，字奠維。皆承其學。

標，字顯臣。以布衣終。

元長，字長孺。有文名。卒年七十二。

孔當，字仁父。繼主姚江。卒年七十三。

長民，字吾之，副貢。去舉業，繼主姚江。卒年八十六。皆餘姚人。

張履祥，字考夫，桐鄉人。少孤，母訓之成立。爲諸生，恥入社。讀小學、近思録有得，師事劉宗周。北京變聞，縞素不食。歸益肆力程朱之書，真知力踐。覺人譜獨體之説，猶近陽明，嘗曰：「東南壇坫，西北干戈，其亂於世，無所上下。東林諸公氣節斬直，然而學術未純。神州陸沈，天地晦盲，生心害政，厥繇傳習。」於是爲傳習録評。履祥自國亡後，杜門講學。與吴蕃昌、錢寅、淩克貞、沈磊、何汝霖、吕璜、安道、丘雲、張嘉玲、張圓貞交最篤。平居雖盛暑，方巾深衣，端拱若泥塑。舟行百里，坐不少欹。嘗謂三代以下，折衷於程朱，於綱目、朱子文集晨夕不去手。輯劉子粹言，於師門有補救之力。卒年六十四。所著有楊園全書。

履祥恪守朱子居敬窮理之訓，實體諸人倫日用間，爲薛、胡之後勁，開陸隴其之前茅。身處草野，日抱亡國之戚，荒江寂寞中，含冤茹荼，其心固未嘗一日忘天下也。嘗言：「人自著衣至於解衣，終日之間所言所行，須知有多少過差。自解衣至於著衣，終夜之間所思所慮，須知有多少邪妄。有則改之，此爲修身第一義。」又曰：「爲學自不欺始，不欺合自親長始。於親長忍用其欺，安往而不欺者？」又曰：「朱子精微，象山簡率，薛胡謹嚴，陳王放曠。今人多舍朱從陸，尊陳王詘薛胡，固繇人情便簡率而苦精微，樂放曠而畏謹嚴；亦緣百餘年來，陽明之學大行，遂以先入之言爲主。雖間讀程朱書，亦止本陸王之意指摘其短長而已。此種習尚不變，竊憂爲禍未有艾也。」又曰：「學者舍稼穡，别無治生之道。能稼穡，則無求於人而廉恥立。知稼穡艱難，則不敢妄取於人而禮讓興。廉恥立，禮讓興，而世道可以復古矣，故其所補農者書，皆得諸身試者。兄履禎，亦不通當世。

蕃昌，字仲牧，海鹽人。麟徵子。諸生。師事宗周，與履祥、陳確講學。卒時，母喪未葬，遺命以衰絰殮。

從弟謙牧，字裒仲，亦諸生。居母喪過哀，卒於苫次，時人稱爲孝子。

寅，字子虎，嘉興人。宗周弟子。謹造履，亂不廢學。

克貞，字渝安，去諸生。磊，字石長，孝友躬行，以教授終。皆烏程人。

汝霖，字商隱，海鹽人。璜，秀水人。道，嘉興人。雲，桐鄉人。嘉玲，字佩葱，吴江人。

圓貞，字巖貞，桐鄉人。皆從講學。嘉玲棄諸生侍之，詣最深。

又孫台衡，餘姚人。授徒楊園，爲人誠笃，履祥師之。永曆二年卒。

沈昀，字朗思，初名蘭先，字甸華，仁和人。劉宗周弟子。少爲諸生。北京之變，年二十七，棄巾服。刻苦清勵。其論以誠敬爲宗，以適用爲主，而力排佛老。曰：「其精者傍吾儒，其異者不可一日容也。」聞四方士有賢者，即書其姓氏，冀得一見，然不肯妄交。授徒自給，三旬九食以爲嘗。每連日絶粒，采階前馬藍草食之。聞者餽之米，不受。固請，則固辭。時餓已甚，宛轉辭謝而益困，遂仆於地，其人皇駭去。良久始甦，笑曰：「其意可感，然適以困老子耳。」應撝謙聞而嘆曰：「生平於辭受自謂不苟，然以視沈先生猶愧之。」

謂末世喪禮不講，重葺士喪禮，薈萃先儒之言，定其可行者，以授弟子陸寅。又葺四子輯略、宋五子要言、四書宗法論、升降編、七經評論、名臣言行録、居求編，疏通簡要，不涉講學習氣。時同門爭宗旨，昀曰：「道在躬行，但騰口説，非師門所望於吾曹也。」

疾亟，門人問曰：「夫子今日之事何如？」曰：「心中並無一物，惟知誠敬而已。」既卒，撝謙經紀其喪，無以爲殮，爲之涕泣不食。或問之，曰：「吾不敢輕受賻襚以玷先生也。」撝謙之徒姚弘仁曰：「如某何如？」曰：「子乃先生夙許，殆可也。」於是遂殮而葬之。

弟蘭彧，字方稷，去諸生。究易理，講學河渚以終。

陳確，字乾初，海寧人。諸生。少讀書，卓犖不喜理學家言，如是者四十年。已問學劉宗周，乃刮磨故習。宗周卒，得其遺書，盡讀之，憬然而悟。著性解、禪障、大學辨。嘗與黄宗羲書曰：「世儒習氣，敢於誣孔孟，必不敢背程朱，言之痛心。」宗羲稱其於聖學已見頭腦，惟主張太過，不善會諸儒意者有之。張履祥貽書諍之，不顧也。居家有法度。天未明，機杼之聲達於外，男僕昧爽操事，無遊墮之色。子姪力行孝友，雍雍然。議禮尤精。弘光時，行鬻爵令，童試者納銀免府縣考。曰：「此輸銀就試之心，即異日迎敵獻降之本也。」父兄令子弟以是進取，必不以節義相勉。人心如此，天下何幸乎？」國亡，與蔡遵杜門，足不及中庭者二十年。卒年七十四。

從子枚，字爰立，去諸生。孝友，工詩書。先卒。

遵，字養吾，海寧人。與祝淵友。淵死託孤，周旋艱險。

確同門屠安世，字子威，秀水人。宗周卒，從父兄偕隱海鹽之鄉。力疾鈔宗周書，反躬責己，無時或怠。

鄭宏，字休明，秀水人。國亡，躬灌園養母，屢空，晏如。不肯見富貴人，雖故人仕宦勿與通。

葉敦艮，字靜遠，衢州西安人。國亡，棄諸生。性端重。晚貽書陸世儀論學，世儀喜曰：「證人尚有緒言，吾得慰未見之憾。」其見重如此。

施博，字約庵，嘉興人。研精理學，以知明處當，爲獨慎切要工夫。與黃宗羲善。有往復論學者，嘗曰：「劉蕺山，吾師乎，然未嘗執贄其門也。」弘光後，寓東塔寺，終身儒冠博袖。晚乃講學放鶴洲，引接後進。有舉成弘名臣諸疏請正者，博即下拜曰：「僕老衰愚，無志當世。君能爲世道留意，追蹤前賢，甚善，幸厚自愛。」蓋其故國之思，耿耿不忘也。久之卒。

潘平格，字用徵，慈谿人。成童時，即以豪傑自命，謂忠孝節義我優爲之。年十七，有必爲聖賢之志，因從事程朱學，竭力參求，慚痛交迫者久之，已親證渾然天地萬物一體，當下知孔曾一貫之道。其論爲學之要：必須立明明德於天下之欲，大學之格物。物是身家國天下，格是格通人我。格物之學，即孟子强恕反求，擴充四端，體認親切。篤志力行者有年，乃筆之書，以授其徒，自謂剖析精微，與堯舜禹湯文武周孔顏曾思孟之道若合符節。其深信不疑如此。國亡，同陳瑚講學，歸莊奉以爲師。隱居卒。

同時陶履平，字水若，會稽人。祭酒望齡子。從父講學，明性道，博羣書，遊南雍，絶進取。著書卒，年七十二。

陳其蒽，字生南，東陽人。從陳時芳遊，篤學甚鋭。親喪，泣血絶水漿，夜枕塊席地卧，足不入内者六年。時芳殁，喪之如己親。講學永康、東陽，引導後學，智愚感動。學以致良知爲本。國亡，去諸生。布袍草履，樵牧耕耘，自食其力。及門數十人，趙忠濟、王同龎最著。

忠濟，字濟卿，東陽人。性至孝，親杖跪受。

同巃，字天球，永康人。歲貢。學姚江而得其氣象。主五峯。著書。卒年七十三。

惲日初，字仲升，武進人。崇禎六年副貢。十六年，應詔上備邊五策，不報。南京亡，隱天台山中。魯王監國，姜垓薦知兵，授副使。日初意以監國爲不然，固辭不赴。清兵陷浙，走福京。福京陷，走廣州。廣州陷，爲僧，名明曇。已之建陽。

王祁起兵建寧，屬縣多響應。建陽士民數百人乞起兵，乃至建寧見祁，曰：「建寧，八閩門户。建寧守則諸郡安然。不得仙霞嶺，建寧終不守也。欲取仙霞嶺，宜先取浦城。」時御史徐雲兵連復數州縣，鋭甚。日初説令夜襲浦城。會長子楨自嘗州至，命與副總兵謝南雲繼進，自督後軍爲殿。適大雷雨，人馬淖行，不能速。將達城下，已黎明，軍遂潰，楨、南雲皆死。清陳錦、張存仁、李率泰以六萬人圍建寧。昭宗命揭重熙赴援。日初請逕下浦城，斷仙霞嶺餉道，俟敵餒亂，選精卒南下，與圍中諸將夾擊之。重熙至邵武，不能進，建寧遂陷，祁戰死。日初收散兵走廣信，尋入封禁山，與姚志卓合。糧乏勢益弱，喟然曰：「天下事壞散已數十年，如何救正？然威宗殉社稷，普天率土，齧齒腐心。小臣愚妄，謂即此可延天命。今乃至於此。天也！」遂散衆，獨行歸里。

久之，鄭成功圍南京，敗走。訛傳張煌言弟鴻言，日初門人，從匿。守令將收之，色如恒，曰：「吾當死久矣。」既而事解。卒年七十八。

日初少與楊廷樞交。爲文縱麗，於百氏無所不窺，尤喜宋儒書。及師劉宗周，學益進。宗周下獄，嘗上書申救。隆永中，累至山陰哭祭。既歸嘗州，仍僧服，而言學者多宗之。高世泰重葺東林書院，與同志習禮其間。知府駱鍾麟屢求見，不納。

次子桓、幼子格，於建寧陷被略。桓死，格幸免。格，字壽平，晚號南田，以父兄死國，不應舉。攻古文詞，尤擅花鳥。家貧，風雨嘗閉門寒餓，以畫爲生。

同邑楊瑀，字組玉，去諸生。少好奇節。既，厚自刻厲，率諸子鍵户讀書。自經史外，分授天官、地理、曆律、兵農之書。出則與日初講學南田及東林書院。如是者三十餘年卒。顧炎武嘗曰：「讀書爲己，探賾索微，吾愧不如。」從兄珅，字逢玉，名在復社。國亡，去諸生，窮經。宗灝欲中以法，珅曰：「亡國之人辦死久矣。」卒不能鍛鍊。

陸士楷，字介侯。國亡，去諸生，潛心理學，師事李顒，以聖賢名教自任。

陸世儀，字道威，太倉人。諸生。少即篤志聖賢，從劉宗周遊。時寇氛日熾，世儀謂：「平寇在良將，尤在良有司。宜大破成格，凡進士舉貢諸生，不拘資地，但有文武幹略者，輒與便宜，委以治兵積粟守城之事，有功即以爲其地之牧令。如此，則將兵者所至皆有呼應。今拘以吏部之法，重以賄賂，隨人充數，是賣封疆也。」時不能用。安宗立，復上書南京，不見聽。吴易兵起，參其事。事敗歸，鑿池十畝，築亭，擁書坐卧其中，不通賓客，榜曰「桴亭」。門弟子詢之，曰：「吾藉此作浮海觀耳。」風波少定，始應諸生請，講學東林毘陵間。尋還里中。當事者累欲薦之，力辭不出。

少好養生説，已而翻然悟，乃亟棄之，作格致篇以自考，曰：「敬天者，敬吾之心也。敬吾心如敬天，則天人可合一矣。故敬天爲入德之門。」及讀薛瑄書，有云「敬天當自敬心始」，乃嘆曰：「先得我心哉！」教人先小學，後大學，以立志居敬爲本，以聖經八條目爲程，主敦守禮法，講明實用，然後漸進於天人之微，旁及百家之言。其先後次序，悉朱子遺法也。所著思辨録，分小學、大學、立志、居敬、格致、誠正、修齊治平、天道人道、諸儒、異學、經、子、史、籍十四門，自象緯、律曆以至禮、樂、兵、農、刑政、河、漕、鹽、屯諸務，以及歷代先儒之異同得失，旁及異端，莫不究其所以然。故不喜新會姚江之學，而持論甚平。又善貫槊舞劍、彎弓注矢，擊刺妙天下。蓋其學敦守禮法，不虚談誠敬之旨；施行實政，不空爲心性之功，於諸儒爲篤實云。

友人馬負圖，字伯河，武進人。以名節自勵。國變後，去諸生。交世儀，乃參心性，通名物象數。與惲日初講學嘗州。晚隱滆湖西。

陳瑚，字言夏，太倉人。父朝典，字徵五，教授鄉里。瑚，崇禎十五年舉於鄉。博通古今。見天下多故，與陸世儀講求經濟之學，於河漕、農田水利、兵法陣圖，無不研貫，兼能舞劍。謂全史浩煩難讀，以政、事、人、文，分爲四大部。政部分曹，事部分代，人部分類，文部分體。手録小字數十帙，畧能背誦。

其論申韓也，曰：「申韓刑名之學。刑者形也，其法在審合形名。故曰不知其名，復修其形，形名參同，用其所生。」又曰：「君操其名，臣效其形。形名參同，上下和調，蓋循名責實之謂。今直以爲刑法之刑，過矣。」

其論理財，曰：「管子富國之法，大約籠山澤之利，操輕重之權，在上不在下，而富商大賈無所牟利。漢桑孔之徒師其意，以爲均輸、平準之法，而不知其合變。何也？管子霸道也，可施之一國，不可施於天下。苟利吾國，鄰國雖害，不卹也。爲天下則不然。此有餘，彼不足，不足者亦王土也。此享其利，彼受其弊，弊者亦王民也。故桑孔用之漢而耗，王吕用之宋而亡。」

其論賦役，曰：「有田則有租，即粟米之征；有身則有庸，即力役之征；有户則有調，即布縷之征。唐租庸調，三代之遺法也。楊炎變爲兩税，即今之條編，合丁田户三者而一之矣。陸贄論唐法之不善，以爲專治資産。竊以爲不然。田産當從兩税，而有身之庸，則但役於本邑，如今之牙行匠户，當官相似，問丁不問田可也。至如白糧之類解送京師，自當計畝出財，行僱役之法，如今之官運可也。至有户之調，則亦當問户不問田，但輕其税可也。今之併户田爲一者，亦非也。」

明年，會試報罷歸，值婁江湮塞，水旱洊至，民大饑。瑚上當事救荒四政。其豫備之政四：曰築圍岸，開港浦，廣樹藝，豫積儲。防挽之政四：曰慎災眚，早奏報，懲遊惰，勸節省。補苴之政四：曰通商，勸分，興役，弭亂。軫恤之政四：曰招流亡，緩征索，審刑獄，卹病困。又陳支吾三議。其議食四條：曰勸義助，勤轉輸，招商米，優米鋪。議兵八條：曰嚴保甲，練鄉民，設偵探，勸習射，練脚夫，練牙兵，備城守之人，備城守之器。議信六條：曰勵士節，和大户，巡郊野，安典鋪，清獄囚，嚴督察。皆精切可施行，而時無能用者。

自言其學如醫之治病：求之於古，猶治方藥也；求之於今，猶切脈也。按脈以求病，按病以定方，按方以用藥，故百發不爽。然主人諱疾，則良醫束手。識者以爲篤論。

南京亡，行遯不與人事。清徵，力拒。嘗冬寒單袷衣。客有欲解重裘贈者，竟夕不敢發聲，退語人曰：「乃知今世有陳無己也。」晚益困，至絶食卒。

瑚嘗避兵崑山蔚村。村田沮洳，導里人築圍岸禦水，用兵家束伍法，不日而成，村民至今賴之。

同州顧夢麟，字麟士。以副貢立應社吳中，詩文雅馴。國亡，絶跡城市，與瑚行鹿洞遺規。

王日新，字鑑明，諸生。通經學，留意天文、地理、經世，通達治體。國亡，躬耕終。又楊彝，字子嘗，嘗熟人。歲貢。授嵩江訓導，遷都昌知縣，道阻弗赴。萬曆之季，士子喜倡新説，畔傳注。彝與夢麟力明先儒之説，天下翕然從風，稱楊顧學。國亡隱居。晚歲目盲，猶令人讀書其側，講説不少倦。卒年七十九。

盛敬，字聖傳，太倉人。年十五，遇陸世儀，即甚相得，與同學者三年。厭薄聲華，不事舉業。後罹家阨，流離播徙。至崇禎九年，始與世儀、陳瑚、江士韶有講學之約。時絶學初興，慮驚世駭俗，深用韜祕。四人者，風雨聯床，或横經論難，或即事窮理，反復以求一是。甚有商榷未定，徹夜忘寢，質明而後斷。或未斷而復辨者。已而同志漸多，旬月皆有嘗會，會必講貫終日。凡身心性命之奥，天文、地利、河渠、兵法之學，太極、陰陽、鬼神之祕，儒釋之辨，經史百家之賾，罔弗根究本末，要於中正。講論之樂，嘗恨古人不及見之。退則倣先儒讀書記之法，各有所録。旬日不著録，即互相糾，以爲學問進退之別。世儀所著思辨録，皆十二年間俯讀仰思有所見則疾書以識其所得者也。顧所記皆隨筆，無條貫。敬與士韶乃纂輯精要，分類書之。國亡，棄諸生，隱居卒。

士韶，字虞九，太倉人。諸生。主躬行。晚年取所作火之，不傳。

芮長恤，字蒿子，本名城，字巖尹，溧陽人。諸生。極極羣書，文行爲一時冠。有書賈挾二十一史截僻句挑之，應聲指卷葉，無一錯，賈不取直而去。與同邑陳名夏、趙理之、吴穎、彭旭、史燧、馬世傑、世俊等合社講學，以忠孝大節相切劘，稱「瀨上十三子」。名夏、世俊師事之。

北京亡，名夏降，長恤悲咤憤恨，賦滄溟吟數十篇。安宗立，捕諸從逆者，名夏逃歸，詣長恤，長恤面壁卧曰：「君亡不死，安用子見爲？」名夏跪且哭曰：「嘗再經，不幸爲救者誤。」長恤厲聲曰：「胡不三？」亟麾令去，曰：「吾不忍鳴汝罪也。」時旭率諸同學訐名夏。名夏入清修舊隙，中旭以法，成獄矣。會名夏歸，長恤肩輿往，扃其外。名夏喜出迎，叩何言。長恤隔帷語曰：「從子乞旭耳。」名夏諾，即釋旭，然訖不一見而返。

鄭成功至南京，厚幣聘之，未及赴而兵敗。自是耕窮山中，足不履城市四十年。名夏以大學士還鄉，求一面，卒不可得。貽書候問，亦不發視，曰：「山澤之臞，一與清貴接，便失所守矣。」時目謂真隱。

長恤在天崇時以制藝名，既潛心理學，曰：「學者自有富貴大路，安用科第爲！然欲得程朱真傳者，須取太極圖、西銘、易傳叙、春秋傳叙四篇精討研究，豁然無疑，然後可上問濂雒關閩之學。」生平端方，言動必軌於道。其爲學博而能醇，經史疑義，考證尤精。嘗以綱目分注爲趙師淵作，不出朱子手，乃取分注之刪削通鑑失其本事者，悉列原文於前，而推求事理考辨於後，爲綱目分注補遺，一時學者宗之。

蔡所性，字仲全，武進人。國亡，棄諸生，研究經史、曆算、律呂、皇極、洪範，以絕學自任。友人從之講五經同異，踞高坐，言如河漢，聽者屏息。性孝友。父病目，舐以舌。病結，以指導糞。居喪，蔬食異寢如古禮。修入，代弟完逋賦。然有機權，談言能微中。高三倭擁衆湖中，多殺掠，清兵不敢近。所性説之解甲，一方以安。

同邑吴光，字與嚴，諸生。文軌韓歐，説理而華。既究心經濟，博綜典墳及九流百家，自成一家言。國亡，太息流涕，日求死。一夕，取著作付火。結廬滆東僻壤，玩易自適。清吏物色之，不出，作野翁傳以見志。晚窮象數義理，所得尤深。李顒至，論學甚契，稱光所著十箋，足爲來學指南。

陸卿鵠，字儁公。尚書完學子。副貢。任中書舍人。國亡，潛心聖賢遺訓，躬行窮踐，學與光齊名。

張怡，字瑤星，初名鹿徵，上元人。父可大，都督總兵，戰登萊死難。怡以諸生任錦衣千户。威宗崩，殯西華門。百官無至者，怡獨縗服哭臨，守梓宫不去，護喪葬天壽山，微服南歸。安宗即位，仍故官，遷指揮使。馬阮亂政，怡於城南建嵩風閣，將歸隱焉。阮大鋮欲殺周雷，怡持不可，故獄久不決。其後羅織復社諸生，將盡殺之，緹騎四出，逮陳貞慧、吴應箕。怡與馮可宗會鞫，語可宗曰：「此皆志節之士，有何罪而拷問？」得不加刑。左兵東下，乃陰縱之。掛冠入攝山白雲觀，自號白雲道者。南京亡，終身白衣冠，曰：「先帝仇未報，服何可除？」

性嗜學，惡喧，喜晏坐。其學務博，而兼主姚江良知之説，所著數十百卷。或請一之，不許，曰：「吾盡吾年耳。」市二甕，下棺則並藏焉。清高其節，數招之，不往。或造謁，則踰垣走。雖再三，不得見。間往來嵩風閣，望故宫闕，輒泫然流涕。卒年九十三。

雷士俊，字伯籲，涇陽人。居江都。以諸生攻古文，專力經史。已究心性理書，著讀大學、孟子二篇，其言合於濂、雒、關、閩之旨。又謂「欲亦原於天。天有理有氣，人得其理以成性，得其氣以成形。有形而有欲。使無欲，理亦無從附而見，又何殊於釋氏絕色聲香味而歸於虚無寂滅之道哉！」黄道周以劾楊嗣昌抵罪，或譏好名。士俊斥之，有好名辨。安宗立，著甲申私議，謂宜正位號，樹藩衛，飭紀綱，上之史可法。揚州亡，爲室艾陵湖上，閉門悲憤卒。

同時雷子霖，字午天，朝邑人。崇禎六年舉於鄉。國亡，不應徵辟。事親孝。學守張載，湯斌敬事之。

李顒，字中孚，盩厔人。父可從，以材官從督師汪喬年襄城。瀕行，抉一齒與婦彭曰：「戰危事。不捷，吾當委骨沙場。子其善教兒矣。」時顒年十六，家貧甚。已而兵敗，可從死。訃聞，彭欲以身殉。顒哭曰：「母殉父，兒必殉母，如是則父且絕矣。」彭乃制淚撫之，然無以爲活。親族謂可令兒傭，或給事縣廷。彭皆弗許，乃令從師受學。顧修脯不具，已而彭曰：「經書固在，亦何必師！」時顒已麤解文義，母能言忠孝大節，以督課之。煢煢相依，或一日不再食，或數日不火食，恬如也。顒以昌明關學爲己任。家故無書，從人借之。自經史子集至二氏書，無不博覽。

其論學，曰：「天下大根本，人心而已；天下大肯綮，提醒天下之人心而已。是故天下之治亂，繇人心之邪正；人心之邪正，繇學術之晦明。」嘗曰：「下愚之與聖人，本無以異，但氣質蔽之，物欲誘之，積而爲過，此其道在悔。知悔必改，改之必盡，盡則吾之本原已復，復則聖矣。易曰『知幾其神』，夫子謂顏子庶幾，以其有不善必知，知必改也。顏子所以能之者，繇於心齋，靜極而明，則知過矣。上士之於過知，其皆繇於吾心，則直向根源剗除之，故爲力易。然中材稍難矣，要之以靜坐觀心爲入手，靜坐乃能知過，知過乃能悔過，悔過乃能改過。」

其論朱陸之學，曰：「學者當先觀象山、慈湖、陽明、白沙之書，闡明心性，直指本初。熟讀之，則可以洞斯道之大源。然後取程、朱以及康齋、敬軒、涇野、整庵之書，玩索以盡踐履之功。繇工夫以合本體，下學上達，内外本末，一以貫之。至諸儒之說，醇駁相間，去短集長，當善讀之。不然，醇厚者乏通慧，穎悟者雜竺乾。不問是朱是陸，皆未能於道有得者。」

於是關中士子爭就之學。關中自横渠而後，三原、涇野、少墟累作累替，至顒而復盛。當事慕顒名，踵門求見，力辭不得者，則一見之，終不報。曰：「山人不可入公府也。」再至，並不復見。有所餽遺，雖十反亦不受。或曰：「交道接禮，孟子不卻。先生得無已甚？」答曰：「我輩百不能學孟子。即此一事，稍不守孟子家法，正自無害。」當事者請主關中書院，勉就之。既而悔曰：「合六州鐵，不足鑄此錯也。」亟舍去。尋陝撫欲薦之，力拒得免。學使將進其所著書，亦不可。

初，母彭葬可從齒曰齒冢，留穴以待身後。母卒，服闋，徒往襄城，覓父骸不得，斬衰晝夜哭，泣盡繼血。襄城令出迎適館，辭不受。令因爲可從立祠，且造冢於故戰場，以慰孝子心。門下駱鍾麟知嘗州，請南下謁道南書院，發顧高遺書，講學以振東林墜緒。顒赴之，遠近從遊者雲集。凡開講於無錫、江陰、宜興間，日無寧晷。忽靜中雪涕如雨，搥胸自詈曰：「不孝。汝此行爲何事，竟喋喋於此，尚爲有人心乎？雖但見諸賢遺籍，何益？」申旦不寐，即戒行。嘗州學者固留之，不可。時祠事已畢，還至襄城設祭，伏地大哭，於是立碑曰「義林」，西歸，更持服如初喪。

已而制府以隱逸薦，顒辭以書曰：「僕少失學問，又無他技能，徒抱皋魚之至痛，敢希和靖之芳蹤哉？古人學真行實，輕於一出，尚受謗於當時，困辱其身。況如僕者，而使之應對殿廷。明公此舉，必當爲我曲成。如必不獲所請，即當以死繼之，斷不惜此餘生，以爲大典之辱。」牘凡八上，更辭以病。命「俟病愈，敦促至京」。自是大吏歲時問起居，遂稱廢疾，長卧不起。無何，部臣以海內真儒薦。時鴻博科剡章徧海內，而顒獨有昌明絕學之目，官司勸行益急，檄縣守之。不獲已，舁床詣省，布政使而下親至榻前慫恿之，顒乃絶粒，水漿不入口者六日。大吏猶强之，突出佩刀自刺。於是諸官屬駭絶，始得予假療治。已復歎曰：「此事恐不死不止。所謂生我名者殺我身，不幸有此，皆生平學道不純，洗心不密，不能自晦所致。」戒其子曰：「我日抱隱痛，自期永棲堊宅。平生心跡，惟在堊室録感一書。萬一見逼死，宜癰衣白棺，以是書殉。厝室中三年後葬。毋受弔，使我泉下重有憾也。」自是當道亦不復敦迫。荆扉反鐍，弗與世通。

始與李因篤、李柏交。及因篤仕清，顒曰：「是借徑南山者也。」遂不見。惟顧炎武、惠思誠至，則具雞黍盡歡。

越年，清聖祖西幸，令督臣傳旨引見。顒驚泣曰：「吾其死矣。」辭以廢疾。乃書「關中大儒」四字以顔其廬。卒年七十六。子孫守其戒，力耕無應舉者。

顒年四十以前，著有十三經二十一史糾繆及象數、反身録諸書。已以爲近口耳之學，不復示人。晚歲遷居富平，四方之士不遠而至。當是時，北孫奇逢、南黄宗羲暨顒，稱海内三大儒。而顒起自孤根，一無憑藉，尤爲人所莫及云。

柏，字雪木，郿縣人。少貧，傭酒家。有先達異其貌，爲誦詩十章，皆上口，授書過目不忘。勸之學，乃入太白山十年，卒成大儒，名公多招之。柏讀書躬耕養母。母歿，廬墓三年。朝夕謳吟，拾山中槲葉書之。雪後輒獨上高峯看月，熊羆虎豹叫嘯前後。性寥鬱孤憤，與世相齟齬不可合。居恒奇服詭行以玩世。於河東買大牛高八尺，頭尾長一丈二尺，騎牛入城。市中兒童噪，且隨之。牛歸卧場圃，柏便坐牛髀脅間擊缶，被髮歌呼烏烏，名其牛曰牛蒲團。歲荒，避地鳳翔，徙漢上，多見窘於田夫俗人。又大旱，芻茭不繼，牛亦餓死。嘗馴一鶴曰嵩友者，柏出遊歸，鶴折其一足。柏刲生彘啖之，涕泗並下。鶴死，至操杖詈駡其老妻。任率放誕，率如此。卒年七十一。

思誠，字含真，盩厔人。去諸生。

白奂彩，字含章，華州人。諸生。與張太乙、武陸海，同及馮從吾門。聞其緒論，私竊向往，遂棄帖括，一反之經。玩易洗心，詩禮春秋多所自得。崇禎末，與馬嗣煜論學寄園，律身愈嚴。永曆二十二年，聞李顒倡道盩厔，與同州党湛、李士璸、王四服、馬棫、張珥，蒲城王化泰迎顒於家。諸人年長於顒，折節北面，請教惟謹。奂彩於進修之要，靡不究極。最後以向上一機請顒，欣然告以安身立命之旨，脱去支離，直探原本。奂彩録之以告同學，題曰學髓，後編入二曲集中。顒既西去，奂彩率同志結社切劘，恪守師説，不入城市，不謁官府，終日宴坐一室，手不釋卷。卒年七十八。奂彩、四服、化泰皆先顒卒。顒表三人墓曰高士墓。

党湛，字子澄，同州人。與白奂彩、王化泰、張承烈遊。嘗言：「人生須作天地間第一等事，爲天地間第一等人。」故自號兩一。性至孝。父病心疾，家人不近，侍養不離側；殁，廬墓三年。根究理道，玩諸儒論學語，揭其會心者於壁。居恒默坐土室，澄心反觀，久之怳然有契，自是動靜云爲，卓有把持。及從李顒學，盤桓日夜，未有惰容。卒年八十四。顒表曰「理學孝子墓」。

化泰，字省庵，蒲城人。篤志理學，得知行合一之旨。與顒多商證。隱於醫。卒年七十五。

承烈，字爾晋，武功人。初喜任俠，三變而留心正學，折節讀儒先書。言動以之繩準，髮毫不苟。去諸生，隱。

蔡啟胤，字紹元，秦安人。兒時知禮讓，食必待親。自爲諸生，即肆力身心性命之學。國亡，自經不死，又迫親命，於是杜門謝客。與弟啟賢相勉於學。李顒倡明絶學，與往復講論千萬言，視爲畏友。後夢登西山夷齊廟，有指示埋身語，乃大以向者未死國變爲恨。遂遘疾，著麻衣，抱親頸不能開，遺命暴屍於野三日，然後葬西山，以踐夢約。所定冠婚喪祭禮，邑人至今遵焉。

同時賈漢英，字仲儒，甘州人。諸生。少志聖賢之學，辨義利，嚴取與，孝親信友，刻厲爲學。家貧，鄰人憫其困乏，或餽之粟，不受。清屢徵隱逸，不赴。晚，學益粹，貧日甚。絃誦聲達户外，雖饔飧不繼，怡如也。

南明史卷九十二

列傳第六十八

無錫錢海岳撰

儒林二

王夫之兄介之等　譚允琳　歐陽㥾　唐端笏　顧天錫　謝文洊子德宏　黄扉　邵睿明　李𦶜林等　曾日都　李其聰　傅與　高識　甘京等　鄧觀　孔鼎等　魯啟聖　王宣　陳畫等　宋之盛　查轍　余晫　查世球　黄采等　彭士望從弟士時　方嘉渭　周分封　史簡　李騰蛟　丘維屏等　曾燦　彭任等　温應摶　危習山　張自勳　張時爲　朱用純　費經虞子密　李生光　党成等　范芸茂　崔嗣達　宋時旌　胡承諾　彭大壽　應撝謙　姚弘仁　淩嘉印等　秦雲爽等　廖泰子全仁等　詹明章　高世泰　顧樞　錢肅潤　華時亨　華允誼　汪佑　施璜　吴㟁　吴曰慎　汪知默　汪恒　洪嘉植　湯之錡　金敞　顧培等　嚴㲄　張夏　堵景濂　王弘撰兄弘學等　王

建嘗　劉懿宗　劉源淥　朱之瑜　子大成等　兄啟明　陳元贇等

王夫之，字而農，衡陽人。父朝聘，字修侯，副貢，學務克己，斂華就實，隱南嶽蓮花峯。夫之與兄介之能大其業，而夫之尤奇偉，崇禎十五年兄弟同舉於鄉。張獻忠入衡州，迫諸名士受官，兄弟走匿，獻忠縶朝聘爲質。夫之自引刀刺其肢體，舁往易父，父子俱得脱。北京亡，涕泣不食。何騰蛟、堵胤錫共駐湖南，不相能，上書章曠，請調和南北軍，防潰變。曠不用，諸鎮卒散去，曠亦死。

永曆元年，走桂林。瞿式耜疏薦，以父憂請終制。服闋，授行人，轉徙楚粤滇黔間。金堡下獄將死，謁嚴起恒曰：「諸臣棄墳墓，捐妻子，崎嶇隨扈，而以黨人殺之，則志士將解體，誰與共危亡者？」起恒感其言，跽御舟力救。王化澄爲言者劾罷，吴貞毓等請召還，合攻起恒。夫之三上疏糾化澄，化澄必欲殺之，以高必正力救得免。返桂林，依式耜。後以母病間歸。式耜起恒先後死，滇京凶問，益自晦，匿嘗寧瑶峒，變姓名爲瑶人。已居衡陽石船山，築土室曰觀生居，杜門著書。

夫之學深博無涯涘，一以漢儒爲門户，宋五子爲堂奧。所作大學衍、中庸衍，皆力闢良知之説，以羽翼朱子。而正蒙一書，尤有神契，謂張子上承孔孟，究觀天人之故，推本陰陽法象之原，就正蒙精繹而暢衍之，與自著思問録，皆本隱之顯，原始要終，炳然如揭日月。至於扶樹道教，辨上蔡、象山、姚江之誤。或疑其言過，然議論嚴，粹然一規於正。清經生言根柢，有以爲創獲者，不知皆夫之所已言云。

吴三桂稱帝衡州，有以勸進表屬者。辭曰：「某亡國遺臣，欠一死耳。今汝亦安用此不祥之人哉！」逃之山中，久之卒。自題其墓曰「明遺臣王夫之之墓」。又自銘曰：「抱劉越石之孤忠而命無從致，希張横渠之心學而力不能企。幸全歸於兹丘，固銜恤以永世。」蓋滄桑黍離之戚，至死不忘。所著有周易稗疏等七十餘種。

介之，字石子。築室衡永山中，鰥居不娶，鶉衣草食終其身，卒年八十一。弟參之字立三，弘光元年選貢，未幾卒。介之子敳，字膴原，隆武時諸生。敳卒。

邑人譚允琳，字玉卿。孝母，去諸生，夫之舅氏。

歐陽惺，字叔敬，去諸生。永曆十年投湘死，夫之中表弟。

唐端笏，字須竹。父克峻，字欽文，書史自怡，夫之友。端笏，諸生。性至孝。父母有疾，侍醫藥，終夜不解帶。親終，附身之物纖毫不苟，以此見賞於夫之。嘗得白沙、定山集、傳習録讀之而嗜。迎夫之住駁閣巖，爲指示淵流。夫之示以近思録内外編、周易内外傳。夫之殁，築室山中以卒。

顧天錫，字重光，蘄州人。爲人挺略。初冠，通書、禮、春秋，文章露崖崿光錟，董其昌器之。父卒，衰絰處別寢者三年。與張溥、艾南英等聲氣遥集，倡爲古學。以國子生對策，及奄寺，主司大恐，落其名。同監生請生祀魏忠賢太學，强署名，投筆徑去。客遊京、津、河間，以詩禮教子弟，用洪範、五行、皇極經世推明天人，儆戒後世，作戒史。凡五試太學，再登乙榜，以積分除中牟知縣，不就。辟特用，不應。出都日，黄道周嘆曰：「劉向南矣。」歸里，深究天文、曆算、醫卜、導引。嘗論大統曆刻漏之誤，與西洋曆學得失，縷分條析，人莫能知，不用也。北京亡，威宗殉國，不食，東居崑山，留南直者八年。歸里結茅。歲饑，嚼柏葉飲水。環堵無門，石爲几榻，氈腕著書，十年石稜盡滅。卒年七十五。子景星，自有傳。

謝文洊，字約齋，南豐人。少爲諸生，見天下方亂，慨然有出世志，入廣昌香山，闢精廬，誦佛經。既讀王畿書，服之；復讀王守仁書，遂與黄扉、邵睿明、李萼林、封濬、黄炤、曾日都、危龍光、湯其仁、李其聰、李德贇，傅與講陽明之學。年四十六矣，一日詣新城神童峯會講，有王聖瑞者，力攻陽明。文洊詰難累日，心忽動。歸取羅欽順困知記讀之，始一意程朱。闢程山學舍於城西，名其堂曰「尊雒」。著大學中庸切己録及講義，發明張子主敬之旨。時寧都易堂九子、星子髻山七子，俱以文章節概名天下，而文洊獨與高識等反己闇修，務求自得。其程山十則亦以躬行實踐爲主。宋之盛過訪程山，遂約魏禧、彭任會講旬餘，於是諸子皆推宗程山，謂其篤躬行，識道本。甘京初與爲友，已而服其誠也，遂師事之。

子德宏，字子實，隱於醫。清徵不應。

扉，永新人。崇禎十五年舉於鄉。崇明教諭。

睿明，字先士，去諸生。研性理。梁份，其門下也。

萼林，字仲闇，弟芸林，皆去諸生。與蕭士麟隱蕭田。士麟，字時瑞，去諸生。

日都，字美公。

其聰，字作謀。去舉業，爲古文。

與，字同人。去諸生。

識，字敏生。去諸生，入山。

京，字健齋。去諸生。負氣如陳亮，爲有用學。清欲以重金招入幕，不應。及與鄧觀師文洊，立身砥行，温潤栗理，魏禧兄事之。子表，字中素，從父程山易堂。清薦不出。

觀，字我生。戢閩、羅、宋兵，保西田爲長關。國亡，去諸生，著書。文洊講學程山，以觀能持公論，恤患難，甚重之。著書十種，尤留心醫學。卒年九十。皆南豐人。

同時孔鼎，字正叔，建昌新城人。父尚舉，字心恕。鼎去諸生，爲室鬚眉峯，研探易傳及天官、地理之學，禧奉以爲師。金聲桓反正，迎益王子入城，命世子傅陳承恩訪之，不值，留書而去。

邑人魯啟聖，字公望。恬澹謹飭。及門皆成才。或勸應試，曰：「自度才智迂疏，不足爲時緩急，兒輩能讀父書，不墜家聲足矣。」居鄉善俗，抑然自下。邑令招鄉飲大賓，力辭不赴。

王宣，字化卿，金谿人。諸生。專心著述，與左光斗、方孔炤以文行相砥礪，左光先、方以智從受業。邃於易，五十年而大明。泊於聲利，周延儒、馮銓招之不往。永曆二年卒，年八十四。

邑人陳晝，字惟易，廩生。亦精易。國亡，大吏聘之不出。弟疇，字惟範，諸生。南京亡，與兄講學終。艾南英題曰「理學粹於一門」。

宋之盛，字未有，星子人。少孤，事二兄如父。崇禎十二年舉於鄉。國變後，與邑人查轍、吴一聖、余晫、查世球、夏偉及門人周祥發結廬髻山，足不入城市，以講學明道爲己任，時稱「髻山七隱」。其學以識仁爲要。於二氏微言奥旨，皆能抉摘異同，非若世之闢異論者，舍精而攻其麤也。嘗與甘京論祭立尸喪復之禮不可廢，魏禧亟稱之。禧語京：「學道必工文，使其言可法而傳。」之盛非之曰：「若是，則教儒者以作文矣。」晚讀胡居仁居業録，持敬之功益密。

轍，字小蘇。通天文、律呂、勾股之學。國亡，亦棄諸生，山居不出，卒年九十。

晫，字卓人。隱於教授。

世球，字天球，諸生。與余應桂、吴江傾財招兵。兵敗，與江並執，與妻羅同死。

又黄采，字亮工，南城人。言動不苟，師事謝文洊，篤志力行。事父母醇孝。繼母周狂疾，尤委曲以事，恒於賓客前唾罵，長跪負罪，三十年如一日。及卒，年邁，哀痛盡禮。以小學、家禮倡引後進。與弟曒以學道相勸勉。卒年八十四。

彭士望，字達生，南昌人。諸生。性慷慨尚氣節。崇禎十三年，父晳病且革，閲邸鈔，見黄道周平臺召對語，拊枕嘆曰：「鐵漢也。」顧謂兒當師之。」士望治喪畢，即裹糧往謁。時道周已下詔獄，士望周旋緹騎間。會涂仲吉上疏訟道周冤，並下獄，詞連士望，被逮。久之始解。

北京亡，宗室華堞疏授兵部司務，宣諭楚、豫各寨。與梅之熉、王綱、歐陽斌元、舒益生、許大任同薦，馬士英抑之。已佐史可法揚州，請用左良玉、高傑兵清君側之惡。

江右兵起，應楊廷麟薦，遷監紀推官，與曹志建、周之藩、吴長蔭、徐必達、吴玉簡、童以振馳驅兵間。廷麟復吉安，諸將氣驕，揚帆回贛求封，語不遜，李永茂無以制。士望與永茂重入必達軍，調和諸將，諸將始返吉安，營梅林，扼江而守。擢湖西副使，調湖東，以監紀推官楊文琦接運東餉。田仰欲屬以兵事赴江西，不從。

永曆元年，偕斌元應姜曰廣招，之南昌，與胡以寧、吴尊周、黎士彦計事。初，廷麟殉難，以孤屬彭錕。及寧都陷，錕死，孤爲清兵所掠，士望解衣贖之歸。時兵氛四起，乃避地翠微，與魏禧定交，講學易堂。

士望身雖不用，知交滿天下，聲氣結納，志未嘗一日忘恢復。自四年，得方嘉渭死耗，以事留盱汝間，主許世英、周分封、傅占衡。訪楊益介天峯，僧慶宜廬山，沈士柱蕪湖，曾燦鎮江，李顧、劉瞿、余張、余秦及三茅山道士張仲符揚州，回山。六年，再出巘山，自是行蹤不一，與陳孝逸等遊。十一年，居冠石間，訪謝文洊南豐。十二年，之湖口，胡映日、黄建來學。偕弟士時、士貞，門人任安世，傭魏際瑞所。十三年，再回冠石。十四年，依宋之盛南康。又之白石赤岡，與查世球、查轍遊廬山。冬之湖口，會史簡、史堅、許琮、王應乾、陳萬幾、王覺、周剛。十五年，會方中發、中德、楊森、曹台嶽皖上，歲盡回。十六年，會胡長庚兄弟及夏商於南京，羅京、劉師俊於揚州。十七年，再會潘陸、談允謙鎮江，顧有孝、陳濟生、程棅、施諲蘇州，又之福建。十八年，歸翠微。

士望學以躬行爲本，一宗王守仁、羅洪先，晚求實用。之盛、文洊不爲然，自信益堅，不悔也。爲文排奡倜儻，卓然稱大家。卒年七十四。

士時，字習生。力田工詩。

嘉渭，字涇友，貴池人。武舉。詩劍意氣自豪。與士望同送道周回杭。南京亡，至南昌爲道士，從斌元學易。未幾爲僧。南昌受圍，尊周乞師廣東，以家相託，乃不去。後入西山、寧都。

分封，臨川人。簡，鄱陽人。皆崇禎十二年舉於鄉。與士望同隱者李騰蛟、丘維屏、曾燦、彭任，皆寧都人。

騰蛟，字力負。四歲，父攜至書室中，指案上卦圖以問。父爲言畫數卦名，覆之對不失，以爲偶然。他日三四覆之，乃大驚。長爲諸生，與陳際泰、羅萬藻、李世熊爲文會。國變後隱翠微。騰蛟年長，諸子兄事之。後徙居三巘峯，授徒自給，衣冠三十年不易。兄琯，選貢，監紀推官。

維屏，字邦士，禧姊壻。性高簡，讀書多玄悟。少爲諸生，侯峒曾奇賞其文。禧嘗從學古文，已又同講學易堂。維屏學本六經、左、國、史、漢，旁及諸子百家，顧獨有得於泰西之書，心悟神解。方以智來易堂，嘗與布算，退語人曰：「此神人也。」馮溥欲邀一見，卒不往。家貧甚，居室卑隘，床竈雞彘雜陳，衣破敝不能易。弟維寧，字而康，亦去諸生。入山。

燦，字青藜，應遴子，與兄畹並工詞章，重然諾。時天下多故，思以功業自見，折節下士，士翕然歸之。廷麟起兵贛州，年二十三，與畹俱授監軍、職方主事。應遴以閩嶠山澤間，有衆十萬，俾往撫之。既行而應遴卒，贛亦陷。後四營兵走雩都，以數千人獨扼茅店不去。衆尋散去，乃爲僧，遨遊閩、浙、兩廣間。已歸寧都，以大母命受室，築六嵩草堂，躬耕不出。後入易堂。少有詩名，選海内名家詩號過日集。僑居吳下最久。

任，字遜仕，諸生。爲有用學。少與温應摶、危習山友。應摶死難，時兵燹蒼黄，人莫敢畫行，任獨往購其屍，哭而殮之。國變，結廬巘山，足不履城市。後亦講學易堂。嘗一訪文洊、甘京於程山，未嘗再他適也。卒年八十四。

應摶，字九卿，寧都人。諸生。工書畫。中書舍人周尊可疏薦。

習山，南昌人。後去書爲賈，依士望寧都傭耕。

張自勳，字不兢，宜春人。歲貢。與兄自烈齊名。端方孝友，重然諾，慎取予。少即潛心性理。論學以求放心爲本。謂陽明言良知，是偶有所見，故從此推出，遂主張主説不若言正心，尤爲探本窮源之論。施閏章建昌黎、白鷺二書院，集多士會講。自勳與論學，閏章推服無間言。

生平極觀羣書，性恥蹈襲，絶無剿説。以綱目一書，非惟分注非朱子手定，即正綱亦多出趙師淵手，劉友益誤以晚年未定之本爲中年已定之本，遂不求端訊末，强辨誣真。因詳加考證，辨别是非，著綱目續麟及較正凡例附録彙覽。如唐以前太子即位皆書名，至唐獨不書。友益曲爲之説，自勳則以爲太子即位，前史皆書名，至唐書本紀獨否，綱目不過誤從史文，不必强爲穿鑿。又唐貞觀元年，書徵隋祕書監劉子翼不至。友益、尹起莘俱以爲美之，自勳據唐書劉禕之傳，載子翼後復召，拜吴王府功曹參軍，終著作郎、弘文館直學士，謂綱目失考，誤以爲陶潛一例。如斯之類，皆鑿鑿有徵，足破陋儒附會之説。

張時爲，字景明，餘干人。幼孤，育於外祖母。既長，傭耕以養，好學不輟。弘光時恩貢。憮然曰：「仕以爲親也，而養不逮，棲棲何爲？」乃棄去。性方嚴，以道自任。讀禮至「頭容直、目容端」，懔然心省，自是一從事於禮。自題讀書處曰「内續」，欲内力相續不間斷也。及髦，復悟曰：「專求諸内，有徑約之失。」乃取主一無適之旨，密求之無事，則存養此心，有事則念不他及。又隨所得作劄記，曰六一瘖言，謂前此夢，今始覺也。江右之士多宗陸氏，時爲生胡居仁之鄉，獨從居仁宗朱子，故其言平正篤實爲多。

朱用純，字致一，崑山人。集璜子。諸生。以父死國難，慕王裒攀柏之義，自號柏廬。隱居味道，不求仕進。

其學，確守程朱，知行並進，而一以主敬爲程。其教學者，必以授以小學、近思録，繼之以四子書。每歲孟春，率諸弟子行釋奠先師禮畢，講四子書。進止肅恭誠意，激發興起者衆。已又患學者空言無實得，復作輟講語，反躬自責，言尤痛切。論學未嘗持異同，曰：「知所當知、行所當行可矣。」與徐枋善，屢以書問學，辨析甚至。平居動止有嘗，晨起謁家廟，退即莊誦孝經，數手書其文教學者。置義田，修墓祭，友愛諸弟，白首無間。遇事變，嶄然不撓。自言看得天理熟，當機立應，如離弦之矢，更不疑義，更不矜張，行所無事。鴻博科開，或欲以薦，固辭乃免。其後有司欲舉爲鄉飲賓，亦弗應。將卒，顧門弟子曰：「學問在性命，事業在忠孝。勉之哉！」卒年七十二。著作甚富，其治家格言，尤膾炙人口云。

費經虞，字仲若，新繁人。早孤，事母孝，嘗刲臂療其疾。好學敦行，州里重之。崇禎九年舉於鄉。民變圍城，單騎出諭解散。授昆明知縣，薄徵省訟，重士勸農。吾必奎敗，其徒數百人皆當誅。經虞察之皆良民，縶縛饑困，氣息僅屬，乃釋其縛，居之廡之，煮糜哺之，寢以蓐草，夜具牒白其冤。上官屢訊，執如初。乃罪十二人而釋其餘，給資遣歸鄉里，其人歡呼叩頭去。沙定洲逐沐天波，羣僚憚其兇威，獨經虞與之抗禮。遷雲南同知。已以吴兆元薦，陞廣西知府，乞歸。孫可望入滇，流寓雅州。兵戈饑饉，瀕於危難者十年。乃東遊揚州，杜門著述。

治學以漢儒注説爲宗。居恒屏人獨坐，喃喃私語，或咄咄書空，若有事係心而不能遣去者。朝夕必東向再拜，如是者十餘年卒。年七十三。

子密，字此度。年十四，經虞病，醫言嘗糞甘苦，可知生死。密嘗而甘，經虞病果起。張獻忠攻蜀，上書劉之勃陳戰守策，不省，遂聚兵什邡高定關，寇不敢犯。會李調燮譖於朱化龍，乃去兵入滇奉經虞。楊展薦授中書舍人，説屯田救蜀民。與展子璟新屯滎經瓦屋山楊村，以次舉其法，行之州縣。展遇害，整師爲復仇。嘗與袁韜、武大定戰，躬自擐甲，左手刃傷。還成都省墓，至新津，爲大定所執。嘆曰：「既不能報國，又不能庇親及身，不如舍而他去。」遂奉經虞入陝，下南直，客泰州，傳經虞業。從孫奇逢蘇門，學益純正。及歸，奇逢題「吾道其南」四字爲贈。杜門著書三十年。密一足跛。工詩古文。晚取給授徒賣文。以不得養親，忌日輒泣下。人咸重其行而悲其遇。卒年七十七。

李生光，字闇章，絳州人。少爲諸生。聞同里辛全倡學河汾，遂往受業，質疑問難無虛日。生平篤於躬行，事親至孝。北京之變，生光北向慟哭，焚其青衿，構草堂，讀書其中，自號汾曲逸民。諸弟子列侍，談經課藝外，訓以二南大義、程朱微言，所成就者衆。著有儒教辨正、崇正黜邪編，衛道之力甚勇。又著正氣猶存、西山閣筆、友于集，皆直寫胸肊，以淺近語寓覺世牖民之意。

同州党成，字憲公，去諸生。學志聖賢。村居鍵户，日誦濂雒關閩書，以身體之。其學以明禮去私爲本。生平不求人知。范鄗鼎曾揚之於人，意不懌。州守表閭，鄉舉純孝實學，置若罔聞。魏裔介請開講，三反不答，時目爲狷者。家貧，取與不苟。與人語，悉本諸經。其辨朱陸同異，氣平而當。卒年八十三。弟子同里李毓秀傳其學。

又范芸茂，字補衮，洪洞人。及全之門。天性孝友，力行執敬之學。負母避寇，又隻身代父，入見僞官，俱免。國亡，去諸生，杜門不出。子即鄗鼎。

崔嗣達，字季通，陽曲人。選貢。學問淹博，而恪宗程朱。國亡，安貧不試。卒年七十二。

宋時旌，字君召，交城人。幼有志聖賢之學，長而博通六經，以道自任。讀書求至理，不事呫嗶。爲文根據性命，不蹈浮華，尤工書法詩文。天性端愨，律己嚴而接人恭，學者多樂師之。暮年持心益謹。天人理欲之際，未嘗纖毫假借，而以心學教子弟者尤殷。及卒，陸世儀聞而嘆曰：「此古之遺直也。」其見重時賢如此。

胡承諾，字君信，景陵人。崇禎十五年舉於鄉。國變後，隱居天門巾柘間，窮年誦讀。書無所不窺，而深自韜晦，足不出庭户。生平無講學名，而析理至精，議事又極平實。著繹志。繹志者，繹己所志也。繇聖賢修身立命，以及帝王之任官、行政、制事、治人，名臣賢士之所以持躬成業，凡民之所以居室盡倫。自志學至自叙，凡六十一篇二十萬餘言，皆根柢經史，旁羅百氏，而折衷於周程張朱之説。原本道德，切近人情，酌古議今，爲有體有用之學。自擬其書於徐幹中論、顏之推家訓。然其精粹奥衍，非二書所及。又續書説，文體如淮南、抱朴，鱗雜細碎，隨事觀理而體察之，與繹志相表裏。詩亦弘深博大，不屑爲新穎秀發，以趨時尚。卒年七十五。

同時彭大壽，字嵩友，孝感人。去諸生，有志伊雒。博擇先儒語録，參考經傳，寒暑不輟。絶意進取，授徒雲夢金蓮陂。屢空，晏如也。有招會講者，曰：「閉户潛修，固貴同志商訂，然徒僕僕都邑，互標榜，意將何爲？」清大吏幾一見，以老辭。卒年七十九。所著言身心治道，有功聖學。

應撝謙，字嗣寅，仁和人。父尚倫，故孝子。撝謙生而有文在手，爲八卦，左重耳，右重瞳。踰冠，作君子貴自勉論。偕其同志之士虞畯民、張伏生、蔣與恒者爲狷社，取有所不爲也。其時大江以南社事盛，杭則讀書、小築、登樓諸社，大都以文詞相雄長。狷社稍後出，而相淬勵者，乃以斯道爲任。生平不爲術數之學，一日見白蛇墮地，曰：「兵象也。」奉親逃之山中。母病，服勤數年。母憐之曰：「吾爲汝娶婦以助汝。」撝謙終不入私室。母卒除喪，始成禮。性坦白直諒，終日無疾言遽色。簞瓢屢空，晏如也。既遭喪亂，自以大明諸生，絶意進取，嘆曰：「今日唯正人心而維世教，庶不負所生耳。」乃益盡力著書。

清舉博學鴻詞，遂稱癈疾。海寧令許酉山請主講席，造廬者再，不見；致書者再，不赴。已而曰：「是非君子中庸之道也。」扁舟報之。令喜曰：「應先生其許我乎！」乃逡巡對曰：「使君學道，但從事於愛人足矣。彼口説者，適所以長客氣也。」令默然不怡。既出，即解維疾行。弟子曰：「使君已戒車騎，且即至，何耝也？」笑曰：「使君好事，必有束帛之將。拒之則益其慢，受之則非我心所安。行已，莫更濡遲也。」異日，杭守以志局召，辭之，一報謁而已。同里御史姜圖南以視鹺歸，遇撝謙於塗，盛暑衣木棉衣，蕉萃躑躅。歸以越葛二投之，曰：「雅知先生不肯受人一絲，然此區區者，非盜跖物，幸毋拒。」輒謝曰：「昨偶感寒耳。感厚意，然吾自有絺綌，實不需。」卒舉還之。

門弟子甚盛，以樓上樓下爲差。里中一少年使酒無厲，忽來聽講，撝謙許之，曰：「來者不拒，去者不追，是孟子之教也。」其人聽三日不復至，酒如故。一日醉，持刀擊人於道，洶洶莫能阻。忽有人曰：「應先生來。」其人頓失魄，投刀垂手。乃前撫之曰：「一朝之忿何至此？盍歸乎！」乃俯首謝過而去。

平生不喜陸王。其論性、論太極，於程朱亦不盡同也。弟子錢塘姚弘仁、淩嘉印、沈士則。

弘仁，字敬恒。晚年陷獄。憲使入獄慮囚，聞方朗誦大學，異之，入其室，案皆程朱書。與語大驚，即日釋之。竟以貧死。

嘉印，字文衡；士則，字志可，深理學。

時同里秦雲爽，字開地。父驥生，字良倩。去諸生。隱白蕩。雲爽受學虞鈖。鈖學兼陸王而以朱子爲正。雲爽始從事王學，後頗疑朱子晚年定論之說，乃著紫陽大旨。其說頗涉調停。

廖泰，字侗人，天興永福人。少失怙恃，事王父母孝。讀書研求聖賢，語言真實，所在以體諸己。不爲八比，絕意進取。專究周易、小學、性理。初以主敬爲宗。祖母歿，哀毀。

值福京亡，從王父入蕉坪山，不復與世接。嘗訓子曰：「世雖亂，心不可不治。任世變紛紜，愈當讀書。書以正人心致太平之本也。世亂實繇吾輩不知讀古人書、求實學，以虛文浮名成世變。今日至此，可惶愧也。」

子全仁，字而純，選貢。入山。承志、全禮，亦去諸生。

同時詹明章，字莪士，海澄人。日不再食，慨然有志聖人之道。其學從太極圖入，玩索數年，然後豁然有得。不仕著書，於易尤精邃，河圖先後天解，説切警，發前人所未發。晚居建昌，結易林社。卒年九十三。

高世泰，字彙旃，無錫人。尚書攀龍從子。崇禎十年進士。歷禮部主事、郎中，湖廣督學副使。少侍攀龍講席，篤守家學。晚年以東林先緒爲己任，葺道南祠、麗澤堂於里中，與從子愈等講習其中。祁州刁包往返論學，尤莫逆，有南梁北祁之目。歙人汪學聖者，所學近禪。既見世泰，乃大悟前失。其同里施璜、汪璲、吴曰慎、汪知默、陳二曲、胡淠、汪佑、朱弘輩方講朱子之學於紫陽書院，因學聖以問業東林，志相得，乃作紫陽通志録。世泰，國亡後卒。所著有五朝三楚文獻録，網羅放失，兩楚推爲宗師。

顧樞，字所止，無錫人。侍郎憲成孫，天啟元年舉於鄉。少從高攀龍講性命之學，邃於易，晚作易稿，折衷至當。嘗曰：「吾祖於易最精，獨無著述，小子可妄穿鑿乎！」其論儒則服膺薛胡，而謂陳王不免差失。又謂：「吾祖主無欲，吾師主格物，並直接宋儒。」時人服其議論醇正。國亡後，韜形遁跡，不入城市，不赴講會。久之卒。

時同邑講東林之學者：

錢肅潤，字礎日，諸生。高世泰弟子。國亡，以義師事連，夾足脛至折，曰：「夔一足，庸何傷？」遂跛足。卒年八十八。

華時亨，字仲通，諸生。攀龍弟子。刲股療母。攀龍之逮，先期詗知，得從容衣冠死。奄詰責漏洩詔旨甚厲，泊如也。攀龍死，褒衣大帶，自命東林弟子，日夜痛哭幾危。嘗曰：「向者分握三寸管，從師地下，今遲二十年矣。」晚歲目失明。以不薙髮繫獄，命在漏刻，口講指畫，著書不輟。未幾得脫。

華允誼，字汝正，允誠兄。歲貢。攀龍、錢一本弟子。主講席。卒年八十四。

汪佑，字啟我，休寧人。少讀四子書，謂：「幸生朱子之鄉，願私淑以終身。」篤好小學、近思録，遵朱子半日靜坐、半日讀書法。崇禎末，兵事棘，著平寇十六策，思效伊川詣闕上書故事。以時不可爲，不果上，遂隱居事親，學日進。

楊景陶邀赴還古書院會講。佑見所講多雜陸王之説，乃與同人發明程朱正學。嘗曰：「有善無惡性之體，有善有惡性之動，知善知惡爲良知，爲善去惡爲良能，擴而充之盡其才，窮理盡性至於命，斯爲大中至正，斯爲至誠無妄。乃陽明宗旨，反以無善無惡爲心之體，何耶？顧憲成有言：『釋氏三藏十二部五千四百八十卷，一言以蔽之，曰無善無惡，其害可勝言哉！』紫陽書院正吾黨講學明道之壇坫也。」遂集諸子振興紫陽大會，歲以朱子生日行釋菜禮，講學三日，一遵鹿洞遺規，嚴斥歧趨，循正軌。蓋佑自遯世後，視富貴如浮雲，避勢利如蛇蝎，格格不諧於俗者四十年；而一時同人，皆知崇正學，則爲功多矣。所著明儒通考，擇精而語詳。高世泰千里借鈔，以謂得見此書，雖瞑目而無憾。

施璜，字虹玉，休寧人。少應郡試，見鄉先生講學紫陽，瞿然曰：「學者當如是矣。」遂棄舉業，以復性爲宗旨，主敬爲工夫，尤發憤自力於躬行。每會講，先一日齋宿，務設誠以感人。已而遊無錫，事高世泰。將歸，期某年月日當赴講。及期，世泰設榻以待。或曰：「千里之期，能必信乎？」世泰曰：「施生篤行君子也，如不信者，吾不復交天下士矣。」言未既，璜已絜子擔囊至矣。著思誠録、小學近思録發明，張伯行謂其見道卓，行道勇，衛道力，不愧朱子嫡系，因編璜文集刊行之。

同門吴㟲，字蕊明，休寧人。食貧好古，以孝友稱。國亡，去諸生，講學紫陽。璜輯其詩文行世。

吴曰慎，字徽仲，歙縣人。去諸生。與汪知默、汪恒、洪嘉植致力五子書，以誠敬爲宗。歸講學紫陽、還古書院，學者日衆。有周易粹言。伯行見其書，謂析理精，解經密，不淆於俗而能救俗之弊。

知默，字聞增，歙縣人。後主紫陽書院。

恒，字于嘗，歙縣人。去諸生。

嘉植，字去蕪，歙縣人。兼能文。清薦，以親老辭。

湯之錡，字世調，宜興人。年二十四國亡，棄諸生，屏居田野。至性純篤，親喪一遵古禮，事諸父如父。於儒先書無所不讀，而以周子主静之説爲宗。嘗居無錫，四方來學者衆。之錡仿高攀龍復七規春秋兩會，教以默識大原，實體倫物，學者宗之。郡守駱鍾麟聘，不至。聘主延陵、東林二書院，不就。嘗論出處之道，曰：「潛龍勿用。潛須確如不拔，則遯世不見知而無悶矣。古來多少高明，止爲此一悔所誤。故學務切近，無緣飾」。或詢陽明良知之説及朱陸異同者。曰：「顧力行何如耳，論何益。」弟子金敞、顧培。

敞，字廓明，靖江人。少負氣節，有經世才。嘗從吴起龍江西軍，已扈監國魯王海上，官僉事，顛沛不忘忠孝。事敗，易服歸，從之錡遊。長之錡三歲，執禮甚恭。輯顧、高書，謂聖賢爲必可學。之錡卒後，卜居無錫，立山居會約，興起者衆。疾革，呼弟子取缶，吐血盈器，曰：「一腔熱血盡矣。」乃卒。

培，字畇滋，無錫人。與族弟鏊同從之錡遊。之錡卒，爲共學山居，以延敞朝夕講貫，守高子學。卒年七十九。

鏊，字雋生。習靜三十年。與培共主講席。嚴縠懇摯，爲學者所服。

嚴縠，字佩之，無錫人。篤學好古，潛心於易、春秋。嘗課其弟縠曰：「讀書以明道也。吾自得高子遺書，所學乃有歸宿。」已與同志講道東林，高世泰推爲主席。重修道南祠，葺高攀龍年譜、高子節要。國亡後，棄諸生，屏跡不出。學使慕其名，貽「力扶正學」額，終不一報謁也。以布衣終。

邑人張夏，字秋紹，去諸生。初事馬世奇，已入東林書院。其爲學先經後史，博覽强記，工詩文，而歸本自治。文乘死，保其遺孤。世泰殁，學者推夏主講席。湯斌嘗延至蘇州學宮講孝經、小學。隱居菰川卒。年八十一。

堵景濂，字濂生，崇禎十五年舉於鄉。祁彪佳延之幕府。晚歲目盲，家居教生徒，先後從學者八百餘人。少學東林。一念慮之失，輒自記注，有自知録。

王弘撰，字無異，華陰人。父右都御史之良，死國難。弘撰少與兄弘學、弘嘉互相師友。弘撰以諸生嗜學，工古文，收藏古書畫金石最富，尤深於易。李自成入西安，將走京師告急，並爲守河之議。及河道阻，歸。國亡出遊，哭孝陵、思陵，捐資葬夏完淳，歸隱華山，築讀易廬居之。其論易，闢焦京之術，闡周文之理，推本經義，一以朱子、邵子爲師，尤究心濂雒關閩之學。嘗以周無極之説，陸九淵爭之於前；朱格物之説，王守仁軋之於後。弘撰則謂格物當以朱所注爲是，無極則以陸所辨爲是。顧炎武至華陰，爲營齋舍，同謀興復大計。嘗一至延安，有屯田議。清徵博學鴻詞，居京西昊天寺。魏象樞招，不見。以老病不試，歸。初與李因篤同學友善，及因篤就徵，遂與之絶。炎武嘗曰：「好學不倦，篤於朋友，吾所不如。」卒年八十一。湯斌題像曰：「胸懷淵穆，立行介確。蓋具經綸天下之才，而退藏不見其崖畧也。」推挹至此。古文簡而有法，得史遷遺意，關中碑志，以兼工書法，出其手者尤多。

學不仕。

弘學，字而時，太學生。及馮從吾門，篤守宋儒。不受自成命。國亡，與弘嘉隱居，力學不仕。

王建嘗，字仲復，長武人。尚書心一從子。家貧遭亂，棄諸生，與劉懿宗韜跡渭濱，教授生徒，足不履城市，鋭意正學。顧炎武慕之，數以疑義相質，見所著律呂圖說，嘆曰：「吳中未有也。」清督學以金爲壽，不受；又以詩請和，不答。其學以主敬存誠爲功，窮理守道爲務。生平注意，尤在小學句讀記，以此爲入德之門。嘗自言：「年三十時國變，即謝絶世故，啖薺讀書。至近八十，又值歲饑，或日不舉火，然泰然自得，未啟口告人。蓋幸聞朱子述其師延平之說。」王弘撰以父妾張節孝，爲加禮，繞以治喪。建嘗貽書炎武，謂：「發乎情，不能止乎禮義，非賢者所爲。」其嚴於矩矱若此。弘撰嘗言：「關西高蹈，當推仲復獨步云。」

懿宗，字孟嘗，渭南人。崇禎十五年舉於鄉。

劉源淥，字崑石，安丘人。廩生。生五歲，問身所從來，父奇之。十四歲而孤，事母至孝。遇難，負母逃，卒免禍。

崇禎末，盜賊蠭起，原渌與仲兄率鄉人壘而守，閉婦女一室中，約戰敗則火之。及賊薄壘，鄉人多死。仲兄身中九矢，鬬益力。原渌從之，發數十矢。矢盡，仲兄麾之下，原渌大呼曰：「離兄一步，非死所也。」卒斬首二。賊遁，一鄉得全。亂定，盡力耕作，推膏腴與仲兄，分其餘爲長兄立後，贍其亡姊家。大購經史，閉關讀書。

初閱養生家言，喜之。已讀宋儒語録，乃篤信朱子之學，反復研究者四十餘年。嘗曰：「學者居敬、窮理二者，皆法文王而已矣。小心翼翼，昭事上帝，居敬之功也。不識不知，順天之則，窮理之功也。」又曰：「讀書乃身上之用，而人以爲紙上之用；居官乃辛苦之時，而人以爲快樂之時；衰學正勤學之日，而人以爲養安之日；科第本消退之根，而人以爲長進之根，皆可嘆也。」

每五更起謁祠堂，退居一室，與諸弟子講論，嘗至夜分。建朱子祠於東郊，春秋祀焉。以喪祭禮廢，俗日偷，乃酌古今之宜，定爲品式。祭必嚴齋戒，涖事極虔。仲兄疾，籲天祈以身代。兄卒，七日中止三食。久之，一邑皆化於禮。又爲鄉人置義倉，煮粥以食饑人。嘗言：「人與我一天而已，何畛域之有焉。」卒年八十二。

朱之瑜，字魯璵，餘姚人。選貢。崇禎末，兩膺徵辟。弘光時，方國安薦授江西副使、職方郎中監軍。時馬阮用事，招之，力辭。馬士英劾其偃蹇，將逮治，會南京亡，乃已。改依黄斌卿舟山。監國魯王授御史，不起。贊王翊軍，與馮京第徵兵日本。京第先歸，之瑜留。永曆三年，魯王在舟山，劉世勳薦爲監紀，擢兵科給事中，改吏科。吴鍾巒以國家第一人薦，將召爲翰林，復辭。舟山陷，往來安南、暹羅。安南王欲官之，以死力拒。八年，徵還。敕書達安南，焚香開讀，痛哭流涕。十三年，朝魯王金門。鄭成功北伐，在馬信、陳輝軍，從復瓜鎮。事敗，走日本。水户藩主德川光國爲築室駒籠别莊。

日本未有學，之瑜著學宫圖説，凡古升、古尺、簠、豆、籩、鉶之屬皆備，俊秀從受釋奠禮。之瑜傳陽明學，學者萬餘人，均夫子而不名。三十六年卒，年八十三。臨終遺言：「不棺不履，亡國人死當速朽。墓門西向。胡運一日不終，一日不願歸葬。」弟子乃爲築墳日本。

子大成，字集之；大咸，字咸一，皆死國難。

兄啟明，天啟五年武進士。歷都督同知、南京神武營總兵，忤奄削籍。魯王監國，起督漕運。國變未赴。清强起之，不可。隱居卒。

之瑜學問賅博，著有舜水遺書。

又陳元贇、沈詮，亦遁日本不歸，日人重之。元贇，進士，後爲僧西京。詮，字南蘋，工畫，居長崎。

南明史卷九十三

列傳第六十九

無錫錢海岳撰

儒林三

顧炎武 弟紓 黄宗炎 弟宗會 錢秉鐙 子法祖等 楊致和 吴龍禎 姚子壯 金鐘 陳世箕
戴弘宗 朱鶴齡 陳啟源 顧文亨等 惠有聲等 柴紹炳 孫穀 兄慤 喻國人 張爾岐
黄生 薛鳳祚 俞汝言 陳藎謨 萬斯選 弟斯大 毛乾乾 子磐 宋應星 王錫闡
游藝 陳胤昌 揭暄 父衷熙 子匡聞等 駱而翔 王徵 薄玨

顧炎武，本名絳，字寧人，崑山人。少爲諸生，落落有大志。雙瞳子中白而邊黑，讀書目十行下。南京亡，從楊永言奉王永祚起兵，監國魯王授兵部司務。事敗，母王不食卒。

隆武二年，福京以職方主事召，母喪未葬，不果赴。永曆元年，碩吴勝兆反正，密謀欲朝王於閩，道梗不得前。四年，有怨家將陷之，乃變衣冠作商賈，遊沿江上下。有三世僕曰陸恩者，見其日出遊，家中落，畔投里豪葉方恒，且欲告其通海狀。炎武數其罪而沈諸河。方恒訟之，獄急，歸莊私爲門人刺求救於錢謙益。炎武知之，索刺還，不得，乃列揭通衢以自白。會路澤溥言諸兵道，事得解。

炎武既不爲鄉里所善，乃復浩然出遊。墾田章丘長白山下，東北遊榆關外。次年復歸，東遊至紹興。已復踰太原、大同入關中，北抵榆林。與李因篤等鳩資墾田雁門之北五臺之東。自十一年迄三十一年二十年間，六謁天壽山陵，謁孝陵、思陵者亦各六。中間，浙江莊廷鑨、萊州黄培、蘇州陳濟生之獄，幾不免，而皆以智自脱。

初年恢復之懷，耿耿未下，奔走四方，以求一當。既知無可爲，而又不欲南歸。謂秦人重處士，持清議，實他邦所少；華陰綰轂關河之口，亦有事天下之資，遂定居焉。置田五十畝，供晨夕；而東西開墾所入，則別儲之。

博學鴻詞、明史局開，大臣多薦之，辭曰：「刀繩俱在，毋速我死。」華下諸生請講學，謝之曰：「近日二曲徒以講學得名，招逼迫，幾凶死，雖曰威武不屈，然名之爲累則已甚。又況東林覆轍之進於此乎！」

其論學，則曰：「孔子嘗言：博我以文，約之以禮。劉康公亦云：民受天地之中以生。所謂命也，是以有動作禮義威儀之則以定命，然則君子爲學，舍禮何繇？近來講學之師，專以聚徒立幟爲心，而其心不肅」。又與友人論學，云：

百餘年來之爲學者，往往言心言性，而茫然不得其解。命與仁，夫子所罕言。性與天道，子貢所未得聞。性命之理，著之易傳，未嘗數以語人。其答問士，則曰行己有恥。其爲學，則曰好古敏求。其與門弟子言，但曰允執厥中，四海困窮，天祿永終，其告哀公，明善之功先之以博學。顏子幾於聖人，猶曰博我以文。自曾子而下，篤實莫過子夏，言仁則曰博學而篤志，切問而近思。今之君子則不然，聚賓客門人數十百人，與之言心言性，舍多學而識，以求一貫之方；置四海困窮不言，而講危微精一。是必其道高於夫子，而其弟子之賢於子貢也。我弗敢知也。

孟子一書，言心言性，亦諄諄矣。乃至萬章、公孫丑、陳代、陳臻、周霄、彭更之所問，與孟子之所答，恒在乎出處去就、辭受取與之間。

是故性也、命也、天也，夫子之所罕言，而今之君子之所恒言也。出處去就、辭受取與之辨，孔子、孟子之所恒言，而今之君子所罕言也。

愚所謂聖人之道者如之何？曰博學於文，曰行己有恥。自一身以至於天下國家，皆學之事也。自子臣弟友以至出入往來、辭受取與之間，皆有恥之事也。士而不先言恥，則爲無本之人；非好古多聞，則爲空虚之學。以無本之人而講空虚之學，吾見其日從事於聖人，去之彌遠也。

又曰：「經學即理學。自有舍經學而言理學者，禪學也。不取之五經、論語，而但資之語録，不知本矣。」

其論治，主綜覈名實，於夷夏之防、風俗之變，尤三致意焉。其言曰：「有亡國，有亡天下。易姓改號，謂之亡國。仁義充塞，而至於率獸食人，人將相食，謂之亡天下。是故知保天下，然後知保其國。保國者，其君其臣謀之。保天下者，匹夫與有責焉。」

其論文，非有關於經旨世務者，皆謂之巧言，不以措筆。

蓋炎武之學悉本朱子，而又主斂華就實，救敝扶衰。凡國家典制、郡邑掌故、天文儀象、河漕兵農之屬，莫不窮究原委，考正得失。生平精力絶人，自少至老，無一刻離書。所撰天下郡國利病書，歷覽諸子、圖經、實録、文編、説部，取其關於民生利病者；且周流西北，歷二十年，其書始成。别有肇域志，則考索利病之餘，合圖經而成者。

好言韻學，撰音論、詩本音，主陳第詩無協韻之説，不與吴棫本音爭，亦全不用補音之例，但即本經之韻互考，且證以他書，明古音原作是讀，非有遷就，故曰本音。又即周易以求古音作易音。又唐韻正、韻補正、古音表，皆能追復三代以來之音，分部正帙而知其變，一洗宋明儒之陋，爲後江戴段王所誦法。世之能讀古經注疏自此始。

又謂金石之文可證經史，撰金石文字記、求古録。以杜預左傳集解時有闕失，作杜解正。其他著作，並有補於學術世道。

每遊以二馬二騾載書自隨，所至阨塞，呼老兵退卒詢曲折，或與平昔所聞不合，即坊肆中發書對勘之。或徑行平原大野，無足留意，則於鞍上默誦諸經注疏，遺忘則發書熟復之。

既懷恢復之志而不得一遂，所至小試之，墾田度地，累致千金，故隨寓即饒足。

徐元文、乾學兄弟，甥也。未遇時，卵翼之。至是鼎貴，累書迎請南歸，終不應。或叩之，對曰：「昔歲孤生，飄摇風雨。今茲親串，崛起雲霄。思歸尼父之轅，恐近伯鸞之竈。且天仍夢夢，世尚滔滔，猶吾大夫，未見君子，徘徊渭川，以畢餘年足矣。」

三十四年，妻殁里中，僅寄詩輓之。三十六年，竟客死曲沃，年七十。

弟紓，字子嚴，負經世才。居親喪，哭過哀，目遂盲。國亡，絶意仕進，隱千墩卒。

黄宗炎，字晦木，餘姚人。宗羲弟。崇禎中以貢入太學。學術畧與宗羲等，而性情冪岸過之。十二年，鄉試報罷，與弟宗會約，閉關盡讀天下書，而後出而問世。

畫江之役，兄弟鬻家資，帥家丁，荷殳前驅，婦女執爨以餉，步迎監國魯王於蒿壩。宗羲西復海寧，宗炎留龕山治輜重，所謂「世忠營」也。事敗，走四明山道巖，爲馮京第監軍，奔走諸寨間。

永曆四年，山寨軍殲，宗炎亦被執。京第之嫂，其妻母也，匿於家。跡得之，驗實，待死牢户中。宗羲還鄞，謀以計活之，馮愷愈、高斗魁等爲畫策。會日暮行刑，潛載死囚隨之，法場火忽滅，暗中有突出負宗炎去者，冥行十里始息肩，入一室，則萬泰之白雲莊也。負之者，泰子斯程也。鄞之遺民畢至，爲解縛，置酒慰驚魂。宗炎陶然而醉，已聞絃管聲出隔岸，掉小舟往聽之，因自取調之曰：「廣陵散幸無恙哉！」尋京第故部復合，再與共事。慈湖寨主沈爾緒、毛光祚又以孥寄，再遭名捕。宗羲嘆曰：「死矣。」故人朱湛侯、諸雅六救之免。於是盡喪其資，提藥籠遊海寧、崇德間，賣藝文以自給。

生平於象緯、律吕、軌革、壬遁之學，皆有密授。著周易象辭、尋門餘論、圖書辨惑，力闢先天太極圖説之非，謂周易未經秦火，不應獨禁其圖，轉爲道家藏匿二千年，至陳摶而始出。謂摶之圖書，乃道家養生之術，與元陳應潤説合。謂周子太極圖説，圖雜以仙真，説冒以易道，亦與朱彝尊、毛奇齡所考畧同。作詩幾萬首，沈冤淒結。

晚更頹唐。性極僻，雖其伯兄，時有不滿意處。晚年作一石函，錮著述，懸之梁上，謂其子曰：「有急，則埋之安化山丙舍。」身後果有索之者，其子遂埋之。

宗會，字澤望，崇禎十七年選貢。性更狷介。詩文古澹而有根柢。國亡，髡髮作頭陀狀，浪遊名山。後俱以抑塞卒。

錢秉鐙，字幼光，後改名澄之，字飲光，桐城人。少爲諸生。有奄黨御史按皖，盛威儀謁孔廟。諸生方出迓，秉鐙忽前攀車而攬其帷，昌言詆之，繇此名聞天下。

崇禎中，貢太學，上書言時政得失，不報。遊直浙間，復社、幾社名流引重，遂爲雲龍社，以聯吴、淓，冀接武東林、雲間。尋受易於黄道周。與陳子龍、夏允彝友善。弘光時，馬阮興大獄，秉鐙名在捕中，變姓名，逸震澤。紹宗立，道周薦試吏部，授瑞昌知縣，遷吉安推官，改延平。秉鐙以薦舉得官爲恥，請候鄉試，不許。轉精膳主事，册封東陽王。與朱東觀使忠貞營歸。

永曆元年七月，起兵沙縣，以衆數千人迎新建王由模，承制擢文選郎中。德化王慈爗敗歿，間關入粤。

三年御試，賜進士，改庶吉士，連疏請經營江西，恢復中原。南雄陷，倉卒移蹕，同館楊致和卒，吴龍禎、姚子壯、涂弘猷皆聞警去。及幸梧州，命撰罪己詔，掌誥敕。凡一時大著作，悉秉鐙視草。金堡下獄，營救之，王化澄因側目，將改職方主事。嚴起恒持不可，具言秉鐙有著作才，乃轉編修知制誥。

高必正、党守素朝梧州，吴貞毓、郭之奇郊迎，欲藉以殺五虎、逐起恒。適秉鐙過劉遠生舟，必正等先在，曰：「舉朝皆惡嚴公，諒非正人。」秉鐙曰：「公見幾人？」必正曰：「過半矣。」秉鐙笑曰：「爲言嚴公惡，故見公耳，若某不來矣。且言嚴公惡者，爲救『五虎』也。『五虎』訐嚴公，而嚴公反救『五虎』，公以爲何如乎？」必正大感悟，曰：「君言是也。然如孔子，就無人參。」秉鐙曰：「孔子適齊，爲晏子參；適楚，爲子西參。」必正大喜，曰：「孔子故有人參。」乃入對，力言起恒公忠無私，堡處分過當，事得解。秉鐙又疏言之，乃移堡清浪。以朱天麟疾之，引病乞假，至桂林。桂林陷，爲僧名西頑。久之歸里，課耕自給，卒年八十二。

子法祖，字孝則。從扈肇慶，以詩古文名。兄秉鐔，字幼安，歲貢。隱。

秉鐙著田間易學，初從京房、邵雍入，故言數頗詳，蓋道周之餘緒也；後乃講求義理，參取注疏及程傳本義，而本旨以朱子爲宗。其説不廢圖，而以陳搏先天圖及河雒二圖皆因易而生，非易因此而作。圖中奇偶之數，乃揲蓍之法，非畫卦之本。持論極爲允當。又田間詩學，謂詩與尚書、春秋相表裏，必考之三禮以詳其制作，徵之三傳以審其本末，稽之五雅以覈其名物，即今輿紀以考古之圖經，而參以平生所親歷。其書以小序首句爲主，所採諸儒論說，自注疏集傳外，凡程子、張子至道周、何楷都二十家。持論精覈，無所攻亦無所主，而於名物訓詁、山川地理言之尤詳。

致和，黔陽人。秉鐙同年進士，改庶吉士，授編修。

龍禎，字雲御，南海人。崇禎十五年舉於鄉。少篤儒行，劉士斗深器之。北京亡，寇盜充斥，躬率鄉人守禦，一方賴之。秉鐙同年進士，改庶吉士，授編修。隱金茆，築勿庵，日與樵牧處。博聞强記。卒年八十。

子壯，字六康，歸善人。崇禎六年舉於鄉。隆武時，廷試授庶萃士，以待詔用。秉鐙同年進士，改庶吉士。入清出仕。

同時金鐘，字聲庵，江寧人。父亮卿，仕永曆朝，以隱終。鐘於北京亡後，教授浙海。阮進廢居，鐘資贍之。顧明楫薦之張名振，與張煌言同參其軍，授監軍御史。隆武元年八月，張存仁令杭、嘉民薙髮，民爭渡江，多溺死者。寧、紹紳士欲絕江渡，防奸宄。鐘曰：「清以數千輕騎踰河渡江，是必有一軍走襄陽、武昌，自上而下，需更替於江南，而後敢議圖浙；剽攜掠貨財，收降將多人，虜性猜疑，此時計得之心不勝患失之慮。今當任從士民渡江來歸。江上尚可二三月無事，請乘彼大勢未定，速收拾杭、嘉。若以西興一隅足恃，吾恐清守杭既固，則越、閩勢阻，與江南、中原聲息隔絶，非上策也。且進有吴易、盧象觀、陳萬良、黄蜚相應，恢復有機；過此則無及矣。」衆然之。陸清源被執，促陳潛夫至方國安營止之，而自往督師陣前急陳其事，請令救之，不及。紹興亡，名振命理屯田南田。永曆二年十一月，監國魯王命謁肇慶，上疏請師期。昭宗遷河南道，命赴河南、山東、河北會義師元帥張文儀、梁敏、田俊、戚守忠、張福寰、侯應龍、張漢士、胡耀明、郝麟、葉士彦等以兵會南京。不果，歸，從名振軍。黄斌卿與名振不和，斌卿曰：「名振必與我戰。伊母兄妻女在此，余戮辱之，然後一決，未知鹿死誰手？」鐘力諫之。卒以二人不和，棄去，間關從扈滇京，累擢侍講。著皇明末造録。

陳世箕，石屏人。永曆三年御試，授簡討。治春秋，滇南推爲文宗。

戴弘宗，字曉了，昆明人。永曆十一年舉雲興鄉試。自賓川知州歷簡討、侍讀。國亡，隱雞足山爲僧，居大理海東魯川二十餘年卒。

朱鶴齡，字長孺，吴江人。諸生。國變後，絶意仕進，與顧炎武、陳啟源、顧文亨相友善。以朱子掊擊小序太過，乃集諸家説，疏通序義，爲詩經通義。以蔡氏釋書未精，作尚書埤傳。以胡氏説春秋多偏見鑿説，乃合唐宋以來諸儒之解，撰春秋集説。又以杜氏注左傳未盡合，俗儒又以林注亂之，撰讀左日鈔。又撰禹貢長箋，旁引曲證，多所創獲。卒年七十八。

啟源，字長發。著毛詩稽古編。自記謂閱時十四載，稿凡三易乃成。引據賅博，疏證詳明，爲唐以前專門之學。

文亨，字石父，諸生。嗜學，通皇極、經世，著書數百卷。隱。卒年七十四。子宗瑋，字連叔，究圖緯學，先卒。皆吴江人。

又惠有聲，字律和，吴縣人。歲貢。通左氏春秋，著有補注。國亡，與徐枋等足跡不入城市。後其子周惕、孫士奇、曾孫棟，以經學世其家。

柴紹炳，字虎臣，仁和人。諸生。父應權，爲興化教諭，卒官。紹炳迎柩歸葬，躬自負土成墳。時節祭奠，涕淚迸涌，嵩草爲之萎絶。既除喪而猶哭。友問：「禮有卒哭謂何？」答曰：「謂不設行哭禮耳。哀至則哭，豈能忍哉！」

里中有避父笞出亡者，紹炳遇之曰：「爾有父笞非苦，我無父笞，乃苦耳。」其人垂泣，卒爲孝子。

夜有偷兒入室，覺其爲鄰人也，默不言；攫及衣被，徐曰：「汝獨不能留此爲吾禦寒地耶？」偷兒驚絶，乃慰諭之，且勸其改行，其人泣而去。

素爲吴麟徵、劉宗周、倪元璐、黄道周所器。及諸人先後殉難，依宋子俊，以郭有道故事，服心喪期年。

安宗立，授待詔，未赴。南京亡，隱居南屏山，授徒賣藥自給。有餽餉，輒麾去。清舉山林隱逸，固辭。巡撫范承謨訪之，請刊行所著書，亦卻之。

紹炳於象緯、律曆、輿地、禮制、農田水利、戎兵服役，莫不研究。治古文，精力於九經諸史以及漢魏六朝諸家文，不及唐以後也。與陸圻、吴百朋、丁澎、張丹、陳廷會、孫治、毛先舒、沈謙等結社賦詩，稱「西泠十子」，而紹炳文名最著。尤研心音韻，著古韻通。嘗以顧炎武書多可疵謫，遺書糾正，炎武無以難也。

孫瑴，字子雙，華容人。兄穀，事別見。慤，字士先，有文名。國亡後卒。瑴著述甚富，采秦漢以前逸書曰樊微；漢晋間箋疏曰綫微；徵皇古七十二代之文曰闕微；集尚書十一種，春秋十一種，易八重，禮、樂、詩三種，論語四種，孝經九種，河圖十種，雒書五種之讖緯，曰删微，統名之曰古微書。又著唐紀，以正新舊唐書之踳駮者。今均佚，惟删微獨存，四庫書提要稱其書，使學者生千百年後猶見東京以上之遺文，有功經籍不少云。

同時喻國人，字春山，郴州人。研天人性命之學。崇禎十五年舉於鄉。國亡隱居，以斯道爲己任，博極羣書。著責己録等三十五種，大旨以求仁爲歸，明倫爲要，湖南學者推以爲師。

張爾岐，字稷若，濟陽人。父行素，石首丞，殉難。爾岐少爲諸生，學宗程朱，曉天文推步，能前知，兼工古文。

年三十，讀儀禮，以周公之所定，孔子之所述，當時聖君賢相士君子之所遵行，可斷不疑者，而以難讀廢，乃因鄭玄注文古質，賈公彦釋義曼衍，學者不能尋端緒，乃以經與注章句之，定其句讀，疏其節，録其要，取其明注而止，爲儀禮鄭注句讀。成書，年五十九矣。顧炎武謂：「爾岐所作，根本先儒，立言簡當。」又云：「獨精三禮，卓然經師，吾所不如。」炎武著日知録，於喪禮、停喪二事，備載其説。

性孝友，喪葬遵古禮，以沃産讓兩弟。國亡，隱居卒。

黄生，字扶孟，歙縣人。去諸生。淹貫羣籍，於六書、訓詁尤有專長。嘗著字詁，根據奥博，字有新義。如謂大鼏七個之鼏，當從冂諧聲，與從冂者不同，似蛇之鱓既借徒何切之鱓，又借張演切之饘，而皆轉爲嘗演切，漢書注誤以張連切之饘爲釋。又謂周禮玉人注瓚讀爲餰餍之餍，說文饡以羹澆飯，釋文膏餍作膏饡，故玉篇餍即饡字，内則釋文酏讀爲餰之然反，餍本又作餰，竝之然反，此蓋明酏餍當竝讀爲餰，非謂餍即餰字，若以諸延切餍，何以處玉人注之餰餍乎。又謂干、乾字通，引後漢書獨行傳，云明堂之奠，干飯寒水，在晋帖所云淡悶干嘔之前。若此之類，尤爲精覈。

又著義府，凡經史子集以至趙明誠金石録、洪适隸釋、酈玄水經注所載古碑，陶弘景、周子良冥通記訓詁及外教之書，其古音古訓，皆爲考證。如據說文周禮毴毨正賈公彥、丁度之誤；引賈誼論陳琳檄，證尚書漂杵爲漂櫓；引爾雅證禮記鄭注烹魚去乙之誤；引吕覽證朱襮非朱領；引檀弓彌牟爲木，證勃鞮爲披；引左傳及詩序，證檀弓請庚之之庚訓道路；引唐書廉訪，證周官六計之廉訓察；引吴越春秋，證鄂不即鄂跗；引左傳證出於其類之出訓産；引周禮載師、閭師，證夫布、里布爲二事；引詩王風，證孟子施施；引左傳劉子語，證司中；引繫詞證信信當讀申；引禮記稱說命爲兑命解行路兑矣當訓說；引漢書證志微噍殺當爲纖微憔悴；引周頌、爾雅證鄭衆解牘應雅之訛；引爾雅證終軍、許慎解豹文鼠之所以異；引後漢書李膺傳證顔師古解軒中之訛；引孝經疏證、後漢書辜較估較辜榷酤榷之義；引史記貨殖傳證刁悍當爲雕悍；引潛夫論證闟龍即豢龍；引莊子證列子蕉鹿之蕉爲樵」，引世説注詺茗艼即酩酊。皆根柢訓典，鑿鑿可憑。論者謂其書不在方以智通雅下。

生平著述，好以古人書名其書，又有論衡及識林，總名一本堂集，皆淹通詳確，旁無師友，獨發其緒。論者謂雍乾徽學聲音訓詁之盛，皆生所開云。

薛鳳祚，字儀甫，淄川人。師事鹿善繼、孫奇逢。著聖學心傳，發明認理尋樂之旨。李自成兵起，練鄉兵，修南山堡自保。凡戰陣攻守，皆出新意於古法之外。一時郡邑皆破，惟鳳祚所居五十里獨全。國亡，棄諸生，不語數十年。

嘗從魏文魁學天文，主持舊法。譯穆尼閣説爲天步真原，謹守繩尺。著曆學會通十餘種。蓋新法初行，欲以中西文字會而通之，故曰「會通」也。其曰：「對數比例者，即西法之假數也。」曰：「中法四綫者，以西法六十分爲度，不便於算，改從古法百分爲度。表所列止正弦、餘弦、正切、餘切，故曰四綫。」其書之目：曰太陽太陰諸行法原、曰木火土三星經行法原、曰交食法原、曰歷年甲子、曰求歲實、曰五星高行、曰交食表、曰經星中星，曰西域回回術、曰西域表、曰今西法選要、曰今法表。以乙未天正冬至爲元。諸應皆從百起算，以三百六十五日二十三刻三分五十七秒五微爲歲，實黄、赤道交度有加減恒星歲行五十一秒，與天步真原法同。梅文鼎天算書紀所謂青州之學也。

鳳祚又著兩河清彙，詳究黄、運北自昌平、通州，南至浙江河湖泉水諸水，皆詳載之，又紀黄河職官夫役道里之數，及歷代至國朝治河成績，援據古今，疏證頗明。別爲海運一篇，欲倣元運故道，與漕河並行，蓋祖丘濬舊説云。

俞汝言，字右吉，秀水人。少孤力學，具經世才，有聲復社。國亡，棄諸生，自號浙川老民。魏禧來訪，與論古今人物治亂得失，窮十晝夜，禧爲傾倒。家貧，無隔宿舂，而浩然自得。族父某，富無子，汝言次，當後。或覬之，遂謝去，出遊直、豫、閩、粵，越大同、雁門，歸而閉户著述。篇帙之富，當代無比。

嘗以春秋四傳互有異同，皆各據所見，非聖人本指，乃廣搜百家書，擇其確當者，以釋經義，著春秋平義。自序謂：「傳經之失，不在於淺而在於深，春秋尤甚。」故其書簡汰精審，多得經意。又摘列四傳之失，隨事辨正。區爲六類：一曰尊聖而忘其濳，二曰執禮而近於迂，三曰尚異而鄰於鑿，四曰臆測而近於誣，五曰稱美而失實情，六曰摘瑕而傷鍥刻，著春秋四傳糾正。論者謂其立義正大，持論簡明，足爲治春秋者之藥石。嘗著春秋時，年已六十餘矣，映窗繼燭，竟夕無倦。其手稿塗乙補綴，朱墨縱横。用心甚篤，卒以是失明，然猶口授諸書，使人以筆記之。生平熟精諸史，博稽明三百年掌故，爲大臣年表，尤稱簡賅云。

邑人陳藎謨，字獻可，去諸生。專精音韻、象數之學。年九十餘，篤好不倦。手製渾天儀傳世。

萬斯選，字公擇，鄞縣人。泰五子。沈潛理學，躬行實踐。李鄴嗣嘗曰：「粹然有得，造次儒者，吾不如公擇。」既卒，黄宗羲哭之曰：「甬上從遊，能振蕺山之絶學者，惟斯選一人耳。」嘗言：「宋儒自游楊後，雖朱陸不免夾染二氏，明儒尤甚。其於諸儒書彈駁疵纇，至數十萬言。」

弟斯大，字充宗。泰六子。少有志操，遭亂不事舉業，湛思諸經。以爲非盡通諸經，不能通一經；非悟傳注之失，不能通經；非以經釋經，亦無繇悟傳注之失。於是融會考證，奉正朔以批閏位，百注遂無堅城。舉諸家聚訟，條分而縷析之。尤精春秋、三禮，排纂説禮之言，持論精覈，多發前人所未發。又輯春秋，絶筆於昭公。臨終曰：「吾魂魄猶彷彿與劉原父諸人論季武子立後一事。」其覃精如此。爲人剛毅嗜義。張煌言死，委骨荒郊，與張文嘉葬之南屏山，春秋野祭。父友陸符死無後，爲制服葬之。嘗遊杭州玉龍山，見張縉彦神主，碎之，觀者辟易。久之卒。

毛乾乾，字心易，星子人。天性純篤，言動不苟，有志於聖賢身體力行之學。及長，毅然以明道爲己任，盡焚諸制藝，以格物窮理爲主，尤精中西推數。國亡，棄諸生，隱廬山，不復出。著古衣冠講學，村農負販聽者圜立，皆稱爲毛先生也。

中州謝廷逸往訪之，以所著推步全儀爲贄，乾乾見而驚曰：「辨析幾微，窮極杪忽，古人無此儀器也。」與之論方圓分體、方圓合義、方圓衍數，俱不謀合，嘆曰：「野人肥遯山中，日講經術，以世人罕知曆數，不談久矣。今見子，豈可謂世無人耶！」以女妻之，偕居宜興。梅文鼎造門求見，與論周徑之理、方圓相容相變、諸率先後天、八卦位次不合者，文鼎師事之。乾乾嘗曰：「文鼎、廷逸，老人之畏友也。」

乾乾審五音之輕重，六律之短長，著律學雜著、樂述，六易稿乃成。子磐，於算數甚有精思，能傳其學。

時有宋應星者，字長庚，奉新人。萬曆四十三年舉於鄉。傾財平李肅十亂，授分宜教諭。歷汀州推官、亳州知州。弘隆間轉滁州僉事，南瑞副使。國亡不仕，專研實學。深感王孫帝子生長深宮，御橱玉粒正馨而未辨耒耜，尚宮錦衣方翦而不知機絲，乃著天工開物。

分乃粒、乃服、彰施、粹精、作鹹、甘嗜、陶埏、冶鑄、舟車、錘鍊、燔石、膏液、殺青、五金、佳兵、丹青、麴糵、珠玉十八章，於人生實用、飲食、衣服、燃料、器皿及采礦、運輸、武備、百工生産，繪圖説明綦詳，古未有也。又著畫音歸正。皆傳於世。兄應昇，事别見。

王錫闡，字寅旭，吴江人。少友張履祥，講學以濂雒爲宗，精究推步，通中西之學。崇禎中，徐光啟等修新法，時聚訟盈庭。錫闡獨閉門著書，潛心測算。遇天色晴霽，輒登屋卧鴟吻間，仰望星象，竟夕不寐，務求精符天象，不屑屑於門户之分。性耿介拔俗，詩才清妙。國亡後卒。

著有大統曆、西曆啟蒙、曉庵新法諸書。顧炎武云：「學究天人，確乎不拔，吾不如寅旭。」梅文鼎曰：「從來言交食者，止有食甚分數，未及其邊。惟寅旭則以日月圓體，分爲三百六十度，而論其食甚時所虧之邊凡幾何度。今推衍其法，頗爲精確。」迨清聖祖定曆象考成，所采文鼎以上下左右算方交食方向法，蓋實本於錫闡云。

同時游藝，字子六，建陽人。家貧好學。初受格致草原象原理於熊明遇，著天經或問，凡天地之象、日月星辰之行、薄蝕朒朓之故，與風雲雷電雨露霜霧虹蜺之屬，設爲問答，反復推闡其所以然，於占驗之術，悉屏不言，尤有深識。清兵入閩，以便宜登進遺逸，有司交薦，力辭以卒。

陳胤昌，字充彝，丹徒人。諸生。通天文、地理、律曆。管紹寧薦欽天監副，更定曆法。初，光啟推定曆用勾股測弧法，主黃道緯度。胤昌言未悉合，參取郭守敬、劉基，一折衷利瑪竇。間爲占候。清未渡河，輒數語人某時渡河，某時渡江，言皆有中。

揭暄，字子宣，建昌廣昌人。父衷熙，字靜叔，諸生。頎偉負經世才，痛天下事不可爲，往往周繞堂室，與暄對泣。暄，諸生。好論兵，慷慨自任，著兵經戰書，爲學使吴炳所器。南京亡，衷熙益痛，與暄發憤舉義，偕族重熙，邑人何三省、駱而翔先後起兵。紹宗授衷熙推官，暄職方主事。已衷熙以護餉遇兵死，暄謁福京，上天時地勢人事及攻守戰禦機要凡十策，上納之。用郭維經薦，調江西，副炳。甫行，又命安撫閣總諸營。及贛州，聞衷熙死，歸。日夜枕戈圖報，卒禽兵獻墓門，斬首釃血以祭。於時，上崩汀州，炳入粵，乃與子匡聞深居林藪，籜冠野服，嗚咽以終。

暄研天文西法有精詣，嘗與方中通質難。

匡聞，亦諸生。弟㭊，字款男，廩生，隱。初衷熙之死，兵質其骸以要，妻萬知書，有智畧，率家人百十，持刀槊火器，舁浮竹，夜襲取骸，順流疾歸，兵奪氣，不敢追。

而翔，崇禎十二年舉於鄉。授順慶推官，後降於清。

王徵，字良甫，涇陽人。天啟二年進士。授廣平推官，調揚州、徽州。黄山獄興，其富人多賈揚，主者大羅織。徵曰：「吾在，必不冤無辜。」保全之。大吏建魏忠賢祠，徵獨不與。以邊才薦登萊監軍僉事，告歸。秦中兵起，郡邑多破。倡立忠統營，出奇卻之，涇陽遂完。

徵好學湛思，索奇探賾。嘗惟國家制器尚象之旨不講，乃製爲虹吸、鶴飲、輪壺、代耕及自轉磨、自行車諸器。少研泰西文字，與龍華民、鄧玉函、湯若望遊，於是窺西儒所著諸器圖說，而先從事於度數之學，就玉函口授而譯次之。既發明重學之原理，又演爲圖說，成重解、器解、力解、動解，所精者尤在重解。要其所言，大率分靜重學、動重學二類云。

葉向高、徐光啟交薦，未起。李自成入西安，下縣致徵，徵引刃坐所事天主堂中待命。子永春以病上，遂執永春行，後亦免。清兵陷北京，徵乃設大行皇帝位，不食七日死，年七十四。

薄玨，字子玨，長洲人。諸生。其學精微博奥，凡陰陽、占步、戰陣、屯牧、製造、雕鏤，皆以口代書，以手代口，遠近嘆服，然莫知所授。崇禎九年，爲仇誣陷大逆，以魏學濂救免。安慶告警，張國維命造銅礮，礮發三十里，每發礮，設千里鏡，視敵所在，寇先後糜爛。又製水車、水銃、地雷、地弩等，殲寇無算。國維疏薦，不報。歸里蕭然蓬户，室中器具畢備。嘗造渾天，周圍不踰尺，而日月之盈縮朓朒、星辰之宿離伏逆，不爽累黍。其法用直綫分割圓輪，以有定之角絜無定之邊，東西南北遠至億萬里，如在咫尺，即勾股法也。於古來諸曆家，獨推郭守敬授時曆。海外亦重其名。以遭逢國亡，遂窮餓死。

南明史卷九十四

列傳第七十

文苑一

無錫錢海岳撰

明季文章，歸之東鄉、華亭。江浙之間，社集未墜，珠槃玉敦，爭執牛耳。朝廷於貔師虓虎流離播越之中，頓天網以羅英俊。民之秀者，觀國光而賓王廷，故懷道抱謂之士，奮張羽翮，依附風雲。廊廟著作，詩歌詔誥，黼黻治平，伐鼉鼓而鏗鯨鐘，錯繪繡而播韶濩，彬彬蔚蔚，依然盛世之音已。而巖穴之間，能言之士，獵史漁經，蒐苗百氏，鉥心劌肝，揣合銖寸，鴻昌俊偉，鬱然以文采表見。雖未能抵轢唐宋，上軋二京，然亦一代之彥。名成體立，不可謂無人也。迨乾坤既毀，遷逐遁荒，輪囷離奇鬱蒸之氣，一出而爲叱咤悲憤痛哭之聲，汐社西臺，同尚合志，生死不相背負，飛繁霜、泣鬼神者，亦自不少。今采其人之著者著於篇，俾後之考藝林者有徵焉。

紀映鍾 父青 王潢 王亦臨等 張可仕等 朱尚雲 張飆 宗元預 王應憲 趙起元 王之輔等
陳筮姜 房宏中 李詩 文士英 魏之璜 楊廷俊等 汪泌 黃士珙 郭延庚 趙述先等 樊圻 鄧斌
周敏求 顧與治 崔璨 鄧良材 周掌文 吳宏 張琪等 方湛蓋等 方夏 方沂 胡其毅等 胡
岳 江五岳 竇宗泗 李源 馬伯繩 錢府等 周斯等 陳周 趙綸 陳洵等 孔瑜 趙彝 邢昉 孔
尚熹 夏衷愷 張司瑨 林古度 余懷 楊彭齡 先著 龔賢 劉髡殘 性枝 靳應昇 閻修齡
張養重等 岳薦 沃起龍等 劉源長 李挺秀等 吳瑰等 郭魯確 孫文顯 孫蘭 張奇 史以甲
吳山 王光魯 張大倫等 李潛昭等 葉彌廣 文二訓 徐石麒 施悅 郝明龍 蕭廷珅等 范荃 張
元珙等 呂尊舟等 魏衛 張弓 高廷獻 王崇謙 何震 孫枝蔚 王大經 王巖 劉心學 張
瑋 魯申 陶季等 高懋賢 湯廷頌 朱克宣 鄭在湄 施光祖 梁如聳 孫世勳 喬寅 孫兆祥
李盤 從子沛等 陸廷掄 袁繼鳳 王貴一等 鄭毓鳳 顧士吉 顧大信等 顧符真 夏書 吳嘉
紀 戴勝徵 黃雲 張一儕 沈聃開 王大成 王衷丹等 王言綸等 盧生 冒襄 吳協姞 黃一鑑
夏官 張圯授 邵潛 淩潞庚 陳遠 顧國琬等 淩彔 顧熙 吳谷王 保長治 徐可進 李玉柱
陳宏裔 蔣易 明河 徐枋 弟柯 許元溥 姚宗典等 范公柱 鄭敷教等 彭德先等 袁徵 文

從簡等　吳傳鼎　韓沐等　方夏　朱鎰　蔣獻陛　周埏　卞文瑜　洪儲　讀徹　圓通　通門　**李魁春**
沈欽圻　杜雲鳳　徐樹丕等　葉襄　孫俁　沈明掄　蔣永譽等　蔣元允　蔡德馨　陳元素等　張丑　徐
汝璞等　莫叔明　施武　宋學程　陸壽言　道源　**金俊明**　子侃　馮夢龍　陳宗之　李玉　陸槤　顧
韡　徐波　沈國元　楊補等　顧苓　周廖　張掄　黃傳祖　汪撰　朱隗　丘岳　**周茂蘭**　弟茂藻等
周永年等　周延祚　李遜之　**楊無咎**　欽楫等　華渚　沈磐　王武　丘民瞻　秦嘉銓　許元功　鄭元
亨　周采　鄭圃　邵彌　施醒　葉崙　葉有馨　葉英　葉嵩　勞澂　張爾溫　王煥如　吳鼎芳等　吳明
初　葛晙　徐增　楊焯等　葉闇　張蟾　慧澄　**程智**　**顧有孝**　徐白　俞南史　周安等　徐嵩　包
捷等　張拱乾　俞粲　顧樵　鈕棨　朱銘德等　戴笠　史玄　費晢　趙渙　卜舜年　吳翻等　潘凱　潘
爾夔　潘陸　趙瀚　鄒甲芳　趙淑　沈自友等　王載　毛瑩　李培　翁遜　任大任　胡梅　吳與湛　張
澤　王定　**孫淳**　陳紹文　計大章　沈自晉等　吳振鯤　徐天俊　尤本欽　戚勳　沈應瑞　徐韞奇
施世傑　章夢易　沈寵綏　仲沈洙　仲時鉉等　王孫謀　沈世楙　沈以介　鈕貞　趙震東等　宋國用等
　潘道謙　顧偉　際可　**歸莊**　父昌世　叔兄繼登　**葛芝**　徐開任　梁逸　鍾曉　奚濤　周同谷　王
艮　夏世臣　呼谷　陳蘭徵　周如凱等　王志長　柴永清　宋汶　呂熊　陸友白　李子柴　**毛晉**　葉
樹廉　**馮班**　兄舒　陸元泓　唐瑀　陳梅等　陳式　張璘　湯日新　包福明　薛熙　何述稷　范賀
歸晟　趙汝揆　顧德基等　嚴衍　談允厚　殷陛　嚴鈺　李宜之　宣坦　朱樵　蘇融　唐節　朱子素

顧予謙　王時敏 子挺　王鑑　蕭雲從　查士標　江韜等　孫逸　朱明鎬　吴殳　黄鴻儒　張鴻磐　許旭　趙學基　張深　王儀　郁法等　王育　龔挺等　曹耀　袁嶽等　陶鴻祚　毛雲漢等　周西臣　朱汝礪　顧元真　王爾銓　呂于韶　紺雪老人　沈寓　吴騏 金是瀛等　徐懋勳　陳王陛　薛正平　楊時衡　孫鼎徵等　張彦之　顧在觀　趙洞　夏治　蔣石　翁歷　李之駒　林希灝　王應麒　王元一　莫秉清　馬是騏等　曹棻　曹思邈　曹燕　計安　唐醇等　李蒸　錢德震　范元錫　董黄　韓范　郁彬　陶啟昭　蘇遯　葉舟　柏古等　蕭詩　林子襄等　嘗瑩　王光承 父丕顯　弟光烈　何安世　沈求等　王大綬　葉有年　黄中理　陳曼　陸起鳳　顧用　陸景醇等　朱錚　瞿穀　邵梅芬　施世則　孫逸　陸希倕　林企俊等　通證等　王懋忠　陳治　熊日蘭

紀映鍾，字伯紫，上元人。父青，字竺遠。南京亡，去諸生，入天台山爲僧。映鍾，諸生。崇禎時，張溥、楊廷樞、張采、周鍾舉復社，四方雲集響應。南京既人文薈萃，映鍾尤喜納結，衆推映鍾及顧與治爲職志。南京亡後，躬耕養母，自曰鍾山遺老。少與龔鼎孳友善。鼎孳招至京師，下榻寓京十年，此外未嘗輕投一刺。尤負詩名，泰州鄧漢儀稱其詩宗唐。惟其讀史十年，故下筆嶄然，獨與人異。及卒，友人爲文祭之曰：「依隱玩世，壯語高姿。達官訪以當世之務，名士題以風流之師。」時以爲實録。

同邑王潢，字元倬，崇禎九年舉於鄉。倪嘉慶薦於朝，念世亂親老，賦南陔詩以見志，不赴。爲詩深婉和摯。顧炎武稱之。卒年八十四。

王亦臨，字穆如，崇禎十二年舉於鄉。蕭疏澹遠，與潢結尋秋社。詩感慨興亡。弟亦將，字儀如，樓居不下，醉吟竟日。

張可仕，字文峙，都督可大弟。范景文參贊留務，延爲上客，陳防江戰守策。南京亡，痛哭，著作以終。弟可度，字二嚴，亦工文。

朱尚雲，字槐里，歲貢。以詩文名。南京亡，閉户日涕泣。

張飌，字大風，去諸生。短後衣北走盧龍，謁天壽山，歸寓僧房。爲山水，烟雲迷離，咫尺千里。

宗元預，字子發。父萬化，永曆時潮州通判，卒官。元預，蔬食，不除服。去諸生，讀書窮鄉十餘年，淹貫羣籍。後隱興化土室，不謀朝夕。賣文揚鎮。狷介不干人。富貴者訪之，則遁去。

王應憲，字德卿，博古多著述。卒年九十。

趙起元，字庶先，通百氏學，日注五經，爲金聲、黄道周所重。去諸生，講學木蘭書院，戒門人不可干禄。

王之輔，字左車，篤行好古，遯居荒村。子槩，字安節，擅詩文。蓍，字宓草，工畫。臯，字汝陳，能畫治印。皆不應試。

陳箴姜，字翼仲，詩如與治。

房宏中，字子潤，詩古文名家。一夕，留詩別妻子入匡廬。尋走峨眉，不知所終。

李詩，字元白。好著述，卒年八十三。

文士英，字及先，工書畫，能詩。

魏之璜，字考叔，以書畫名。公卿訪之，不報。

楊廷俊，字籲之。柳應芳，字陳父。陳昂，字雲仲。皆工詩，窮死。

汪泌，字心臣，善詩畫。

黄士珙，字今玉，去諸生，吟詩。

郭延庚，字埒元。母病嘗糞，泣以身代。母愈，詔立孝子坊。工文。去諸生，隱江北，不入城市。

趙述先，字容庵。王萬禩，字日華，歲貢。皆以詩文鳴。

樊圻，字會公，畫推八家之一。

鄧斌，字南廬，畫入宋元人室。

周敏求，工詩畫，不求聞達。

顧與治，字夢遊，江寧人。十歲爲落花賦，稱神童。以歲貢擅詩古文詞，與四方名賢結。曹學佺輯十二代詩選，亟録其詩。又善行草，閒逸自喜。阮大鋮雅重之，及得位，謝病不造門。韓宗騋與方外交。入清，禍發繫獄，白刃交頸，詞色不改，卒免於難。隆武二年，清伐神烈山孝陵木爲薪，市者塞途，不取尺寸，問故不答。無何城閉，至裂柱以炊，不悔也。

同邑崔璨，字季韞，精山水。南京亡，去諸生，日賦詩見志。

鄧良材，字干霄，學宗陸王，留心世務。去諸生，入山。

周掌文，字澤公，楷篆稱二妙。去諸生，隱冶城。

吴宏，字遠度，山水縱横森秀，直抒胸臆。

張琪，字興公，去諸生。隱雨華山。子揔，字僧持，去諸生。皆好山水，詩如王孟。揔選唐風懷，一時紙貴。後與弟童求爲僧。

方湛藎，字寶臣，去諸生。與與治、王潢交，工詩。從兄兆曾，字沂夢，亦工詩。

方夏，字寶瑋，去諸生。文如歐曾，詩追蘇陸，爲與治所重。

方沂，字宏祐，荷樵板橋新林間，高吟放歌。

胡其毅，字致果。胡玉昆，字元潤。楊大郁，字炯伯。楊達旦，字介立，與宗騄交。皆以詩文名。

句容胡岳，字秩宗，去諸生。文章淵懿。

江五岳，字己山，去諸生。一力詩文文獻。

竇宗泗，字長源，工文。去諸生，隱絳巖山。

溧陽李源，字長公，崇禎十五年舉於鄉。以詩名世。

馬伯繩，字正則，去諸生。能詩山水，隱洮湖。

錢府，字六修。弟泉，字允升。孝友，以文相伯仲。南京亡，去舉業，教授弟子，從遊者甚衆。卒年皆八十一。

周斯，字盛際，與從子廷英，從周鑣、沈壽民遊。學尚程朱，文高簡，以正人心風俗爲主。鑣逮，周旋不避艱險。南京亡，哭文廟，去諸生，與蔣種芳、芮城周其韜皆不應試。斯作方外裝入閩。廷英字光升，去諸生，遁宜興，自號一明道人。

陳周，字二遊，博通經史，入𠀉山。清薦鴻博，不應。

趙綸，字理之，去諸生。文窮理藴，先本行而後文藝，四方宗之。卒年八十一。

陳洵，字闇儒，高攀龍弟子。兄先登，字爾先，副貢。弟演，字繹如。從子硎，字劒穎。

均篤學經史，閉門著述。

溧水孔瑜，字元胄，去諸生。治詩文。廬墓。

高淳趙彝，字孟敦，崇禎十三年進士。詩畫高遠，兼嫻韜畧。入山。

邢昉，字孟貞，有聲復社。陳繼儒見其所作，曰：「幽奇似焦氏易林，今之古人也。」從楊文驄浙東、嘗、鎮。南京亡，去諸生，隱石臼湖，沽酒爲生，與宗䝟唱和。陳名夏存問，不與通。詩淒清悲壯，出入韋孟錢劉間，王士禛重之。

孔尚熹，字鶴翀，名在復社。去諸生，布袍痛哭終。

夏衷愷，字威如，邃於易。去諸生，隱湖濱，結社爲詩。

張司璿，博學雄文。去諸生。

林古度，字茂之，福清人。少居南京，交當世名士。曹學佺偕登臨，爲詩清綺婉縟，相友善。萬曆中，鍾惺、譚元春來遊，一見悅之，招同入楚，於是一變爲楚音。又四十年，兩京傾覆，舊家華林園側，池館化爲灰燼，別卜數椽珍珠橋南，陋巷堀門，海内士大夫過必訪之。年八十許，貧日益甚，又失明，暑無蚊幬，冬夜眠敗絮中。或遺之帷帳，則舉以易米。施閏章憐之，謂曰：「暑無幬，病於寒無氈，君能守之，當爲計。」古度笑謂：「願守之以虎。」客皆絶倒。乃製紵帳，書絶句於上，屬詩人各題詩以寄之，慮其不能守也。兒時一萬曆錢，終身佩之。王士禛過之，同遊雨花臺、靈谷寺，悵惘者累日。卒年九十。

同時齊名者：

余懷，字澹心，莆田人。亦居南京。才情豔逸，工詩，生亂離之際，詞多淒厲。閔國之所以亡，爲東山談苑、板橋雜記，備載亡國之俗，自比夢華録。作金陵懷古六十詠，始舊京，終大本堂。皆有寄意。後隱蘇州，徵歌選曲，有如少年。八十餘卒。

楊彭齡，字商賢，文登人。維垣子。廩生。與金鉉講經世略。學宗朱子，通六經、諸儒書，有志節。國亡，與徐延吳遊，賣卜自給，不受餉遺。弟子尚書王熙迭迎，不去。

先著，字遷夫，瀘州人。流寓南京。詩文追古作者。

龔賢，字半千，崑山人。隱清涼山，足不入市。山水沈鬱渾雄，元氣淋漓，爲八家之一。草書亦奔放。

劉髡殘，字石溪，武陵人。國亡，爲僧牛首山。詩名興亡之感。

性枝，字徹融，侯官人。世家子。爲僧南京，詩以澹遠勝。

靳應昇，字璧星，淮安山陽人。歲貢。結望社里中，爲詩勁雅。

閻修齡，字再彭，從黃道周遊，博通經史。去諸生。遯跡白馬湖，以耕釣自匿。詩靜潔成家。

張養重，字子瞻，自號虞山逸民。晚歸自廣東，戴椰子冠，又號冠椰道人。詩文俊逸。從子鎮世，字爾嘗，選貢。山居。工詩。

岳薦，字西來，去諸生。專研宋學。

沃起龍，字荀伯。弟起鳳，字儀仲。皆崇禎十七年恩貢，著述自娱。

劉源長，字介祉，去諸生。倡明正學，不應辟召。

李挺秀，字穎升。郭爲珙，字子駿。皆著名望社。去諸生。詩古文爲時所宗。

吴瑰，字荆玉。弟璜，字姬望。珊，字嵩山。父安邦，字君輔，好義。南京亡，召諸子曰：「汝輩知陶靖節乎？」三子會意，皆去諸生，同遊天下名山大川，傷今弔古，一發於文，足稱史料。

鹽城郭魯確，字石城，去諸生。詩多亡國音。

安東孫文顯，字維章，太學生。貫通經史，詩酒自娱。卒年八十四。

孫蘭，字滋九，江都人。諸生。通六書、九章。從湯若望治曆，得西洋推步之術。明季西洋地質學未入中國，蘭從西洋人遊，獨窺其深。其學以致用爲宗，旁及語言文字，兼擅書畫。詩多唐音。晚居北湖，卒年九十餘。

同邑張奇，字正甫，去諸生。研兵家言，並長詩畫，居南京。

史以甲，字子仁，去諸生。隱艾陵，篤專百氏書。

吳山，字西爽，孝於事親。妻陸死兵，高卧不出。文有奇氣，詩古淡。

王光魯，字漢恭，去諸生。爲考訂學。

張大倫，字印亭。崇禎末負詩名。子連翼，字朗生，亦能詩。

李潛昭，字梅舟，去諸生。隱黃子湖，不入城市。與阮玉鉉、葉彌廣、强惟良齊名。玉鉉工書。

彌廣，字博之，恩貢。揚州陷，一門死。惟良，字真長，工詩。

文二訓，字命時，畫蘭重一時。居北湖，種柳千枝，高人從之遊。

徐石麒，字又陵，精研名理，學極天人。著述之富，推淮南第一。所居極園林之勝。王士禛招之，不往。

施悦，字念山，書畫吟咏。

郝明龍，字雲蒸，太僕卿景春子，任子。著書卒，年九十。

蕭廷珅，字聞百，去諸生。蔣士紀，字玉行。李蘅，字杜若。王醇，字先民。皆工文。

范荃，字德一，去諸生。工詩。

張元珙，字瑶房，偕弟赤城，以詩歌自娱。

吕蓴舟，好禪學，與黄儋園、陳浩海、談子正遊。

儀真魏衛，字郭功，詩澄澹，匹吴嘉紀。

張弓，字抑高。父總兵。落魄工詩，卒年八十。

高廷獻，字獻公，弘光元年恩貢。

王崇謙，字威吉，去諸生。詩文成家。

泰興何震，字茂遠，去諸生。爲人高潔，觴咏水繪園。

孫枝蔚，字豹人，三原人。諸生。卓犖負奇氣。清康熙時，舉博學鴻詞，吏部集驗於庭，見鬚眉白，曰：「君老矣。」枝蔚曰：「未也，年四十即如此。且我前以老求免試，公必以爲壯。今我不欲以老得官，公又以爲老。何耶？」部臣愕然，卒以老授司經局正字，放歸。

始延綏兵起，嘗結里中少年奮戈自保，失足墮土坎中，幸不死，乃賈揚州，累致千金，輒散之。既而折節讀書，肆力詩古文。僦居董相祠，高不見之節。王士禛官揚州，特訪之，先之以詩，稱爲奇人，遂訂交。然未嘗一日忘故鄉也，因顏所居曰「溉堂」，以寓西歸之思。時徐乾學方激揚士類，一時才俊爭趨之，枝蔚獨弗屑也。久之卒。

其爲詩詞氣近豪，然有真意，稱其人品之高。詩餘原本秦聲，多激壯詞。

王大經，字倫表，寶應人。家貧，年二十始肆力於學，通六經子史百家言，爲古文有奇氣。當崇禎末，以布衣談天下事，多奇中。國亡後，授徒養親，不復出。會舉博學鴻詞，力辭。

其學以濂雒爲宗。所爲文，議論獨出己見，不蹈襲前人。嘗作許繇巢父論，謂堯、舜、巢、許皆治亂之聖人。有堯、舜而養人之欲，給人之求，使天下安然各得其所欲，各遂其所求，而天下之亂以治。有許繇、巢父而一無所欲，一無所求，使天下之貪者廉，躁者静，競者讓，澹焉各懷一無欲無求之意，以去泰去甚，而天下之亂又以治。學堯舜者，必先自學巢許始。晚爲室淘水之東，顏曰「獨善」，學者多歸之。卒年七十二。

王巖，字築夫，寶應人。諸生。爲人端嚴，事母以孝聞。凡祀其先人，致齋三日，獨處於外。國亡，絶意仕進，從雷士俊遊。與同邑劉心學、張珥、魯申、陶季、高懋賢、湯廷頌、朱克宣、鄭在湄、施光祖、梁如聳、孫世勳、喬寅，高郵孫兆祥倡爲古文，考據經典，而取徑於北宋諸家。執經問字者踵相接，其文爲當世所稱，不在魏禧下。朱彝尊謂其「立言淳質，於奸聲獶雜之際，獨能道古」。卒年七十七。

心學，字近思，主事永澄子。少承叔永沁教。爲廩生，構興讓堂，延諸正人講學。劉宗周曰：「近思以垂髫繼父業。余往來江淮，必過其廬，爲留旬日，相與闡身心性命之旨，悉了悟無所疑。竊幸練江之學不墜。」嘗侍其祖疾，輟鄉試，浹旬不解衣。國亡，隱棋酒間。

琎，字韞仲，崇禎十五年舉於鄉。梁以樟居寶應，與友善，以理學節義相切劘。

申，字維岳，歲貢。

季，本名瀓，字季深。幼負異才，潛心經史。國亡，棄諸生，專力詩古文詞。與董樵同遊京師。時方詔舉博學鴻詞，公卿爭薦，力辭不應。性嗜遊，北至燕趙，南極湘沅，西上太行，東登海岱。所著詩多於舟車中得之，曰舟車集。王士禛刪定其客滇南、閩中詩，以高、岑、龍標相況。

懋賢，字聖期，隱蘆村講易。

廷頌，字欽哉，去諸生。

克宣，字元膺。父迫應試，碎硯去。

在湄，字九起，工詩畫。

光祖，字昌之。

如聳，字叔鸞。

世勳，字東山。

寅，字孚五，去諸生。隱安豐。詩歌慷慨。

兆祥，字泰階，歲貢。隱。

李盤，一名長科，字小有，興化人。大學士春芳孫，舉方正。授懷集知縣，建南溪書院。瑶亂，立十九營防守，率狼兵破寇仙人寨。遷兵科給事中，歸。爲古今有用學，尤負韜畧。弘光時，上金湯借箸十二籌。

從子：沛，字平子，以忠義自許，去諸生。樓居日痛哭，髮盡白。好飲，酒酣仰天歌嗚嗚。言及前事，椎心跌足，大呼蒼天者再。博物洽聞。詩典則，長於五古。濬，字梅隱，諸生。檄試，以死拒。濯，字若練，去諸生。講武事。上在安龍，人有言恢復者，多與之金，其人去，輒日日南望。凡志士自遠至言中興事者，必留話日夜。或有言將萬里行者，必資之。久之不繼，前所遊者終不至。抑抑死。沂，字子化，去諸生。爲僧。詩醇雅，入盛唐之室。

王士禛訪之，不見。瀚，字士翔，歲貢。不試。善談名理。法，字子薦，去舉業，工詩古文。邑人陸廷掄，字懸圃，篤專史學，體大思精。坐卧小樓，不入城市者三十年。袁繼鳳，字翰臣，文富才藻。卜居東村。交高士魯洞一、僧鑑庵，釣舟吟鉢終老。王貴一，字象山，參政繼美子，王鐸故門下也。及入相，招之，不往。南京亡，去諸生，治古文。子仲濡，字景州，亦去諸主，以詩名。

鄭毓鳳，字君翔，博學能文。去舉業，躬耕。

顧士吉，字叔向，副貢。講經世學，文多氣節忠孝事。故人洪承疇聘，不應。

顧大信，字成之。陸王棨，字皇錫。皆去諸生，著述。

顧符真，字瑟如，去舉業。館李清許。擅畫。士禛欲延入幕，不赴。

夏書，字大士，去諸生。工詩文。爲道士廬山。

吴嘉紀，字賓賢，泰州人。布衣。家安豐鹽場之東淘，地濱海，無交遊，自名所居曰「陋軒」。貧甚，雖豐歲恒乏食。獨喜吟詩，晨夕嘯詠自適，不交當世。郡人汪楫、孫枝蔚與友善，時稱道之，遂爲王士禛所知，尤激賞其五言，清冷古淡，雪夜酌酒爲之序，馳使三百里致之，繇是四方知名士爭與唱和。嘉紀工爲危苦嚴冷之詞，嘗爲今樂府，淒急幽奧，能變通陳跡，自爲一家。所著多佚。詩風骨遒勁，運思亦鑱刻。繇愴懷國變，每多怨咽之音。而篤行潛修，特爲一時推重云。

同州戴勝徵，字岳子，居東淘，與嘉紀相唱和。

黄雲，字仙裳，受知知府陳素。素，國亡被禍破家，周旋之。晚食貧辭聘，一力詩歌，東南宗之。

張一儕，字爾弼，早名復社，博通經史。國亡，去諸生，潛心理學，不入城市。歲凶，采薇不厭。卒年七十七。

沈聃開，字亦季，與嘉紀、王大成、王大經、王衷丹齊名。

大成，字集之，能文。醫隱。

衷丹，字大丹，諸生。上書史可法圖恢復，隱。詩入高岑之室。從子劍，字水心，去諸生，爲僧名殘容，日痛哭沈飲。

王言綸，字鴻寶，去諸生。與嘉紀、聃開稱三隱。卒年八十。弟斌，字爲憲，去諸生；爛，字萊衣，工書，與從子禹開居揚州，死難。

盧生，字歇庵，講學揚州。

勃。

冒襄，字辟疆，如皋人。起宗子，副貢。少遊董其昌門，其昌序其十四歲時詩，方之王

性至孝。時中原兵起，起宗以副使犯權貴忌，抑襄陽監軍，置必死地。襄走京師，泣血

上書，乃調寶慶，於是孝子之名聞天下。

所與遊，皆當時雄俊。與方以智、陳貞慧、侯朝宗矜名節，持正論，品覈執政，裁量公卿，時稱「四公子」。襄負盛氣，高才飈湧，尤能傾動人，嘗置酒桃渡，會東林六君子諸孤。酒酣，輒狂以悲，訶詈奄黨，因與諸孤結社南京相抗。

弘光初廷試，授台州推官。馬阮當國，憾之。黨獄興，僅免。國亡後，遂無意用世。

性好客，家故有水繪園，擅池沼亭館之勝，四方名士招致無虚日。嘗恣遊大江南北，窮覽山水。每於歌樓酒壁，傾談前代名卿黨逆、門户排擊、是非邪正之事，以及南京才人學士、名娼狎客、文酒遊宴之歡，風流文采，映炤一時。當事屢薦，不起。

貞慧子維嵩，少而才，邀至家，飲食教誨之，以成其名。好周三鄗之急，嘗鬻産兩救凶荒，以全活者無算，家乃中落。晚年卻埽家居，構匿峯廬，以圖書自娱。年八十，猶作擘窠大書，體勢益媚，人爭寶之。

邑人吴協姞，字徵蘭，歲貢，不試。工詩。

黄一鑑，字伯明，工詩。

夏官，字圻父，去諸生。工詩書畫。

張圯授，字孺子，去諸生。工詩，與襄善。

邵濳，字濳夫，揚州通州人。嘗試有司，不得收，棄而爲詩歌，提一劍囊，囊其詩走燕、齊、吴、越。時李維楨、曹學佺先後官南中，好客，招天下奇士，雅重之。濳素立崖岸，不諧俗，嘗於鍾惺舟中面詆其文。與譚元春詣錢謙益，閽者緩之，痛叱返。倦遊歸，值南京亡，里門蕩析，轉徙如皋，居委巷，三椽黝黑，門無牡，户無扊，一里嫗給餔食而已。王士禎按縣徒，訪之，相與踞竈觚酌酒，流留移晷乃去。詩和平婉麗。卒年八十五。

同州淩潞庚，字季元，去諸生。詩有小雅怨悱之意。

陳遠，字于到，歲貢。美風致，文有卓識。不赴廷對。

顧國琬，字去非，尚書養謙孫，去諸生。詩清幽要眇，王猷定重之。子道含，字同束，亦去諸生，淹貫羣書。

淩录，字水道，去諸生。工詩。

顧熙，字輯公，去諸生。精史傳，抗聲歌哭。

吴谷王，字笠澤，去諸生。負奇氣，爲兵家言，浮海東南，不得志歸。

保長治，字五臣。有氣節，所作詩文，臨殁火之，曰：「傷今思古，愁苦之言，不足存也。」

徐可進，字振甫，通經史古文。南京亡，絶粒，救免，隱塔山，卒年八十三。

李玉柱，字扶青，有史筆。

陳宏裔，字文起，去諸生。詩筆生劖。

蔣昜，字前民，去諸生。亦以詩名。

明河，字汰如，耽詞翰，主中峯，與蒼雪齊名。

徐枋，字昭法，長洲人。汧子。崇禎十五年舉於鄉。痛汧死國難，避地靈巖、支硎間，久乃築澗上草堂老焉。書法孫過庭，畫法巨然。終其身以書畫自給，足不入城市。達官貴人訪之，輒踰垣避去。總督蔡毓榮致幣物，不受。巡撫湯斌嘗屏從騎徒步叩門者再，卒不見。與許元溥、姚宗典、范公柱、鄭敷教、彭德先、袁徵、楊補、顧苓、文從簡、吴傳鼎、韓沐、方夏、朱鎰、蔣覿陛、周埏、卞文瑜及僧洪儲、讀徹善。洪儲每以香火資周所急，曰：「此世外清淨物，得獨留。」所居當天平山麓，平遠清勝，讀書染翰之外，竟日不出一語。與李確、巢鳴盛稱「海内三高士」。既卒，弟子潘耒與戴易葬之鄧尉真如隖。

弟柯，字貫時，去諸生。詩文有逸氣。

元溥，字孟弘，崇禎三年舉於鄉。所居梅花墅，收藏至富。淹通經義，尤精於易。晚立高陽社，課子弟，不仕。

宗典，字文初，侍郎希孟子。崇禎十五年舉於鄉，不仕。弟宗昌，字瑞初，去諸生。

公杜，字方天，崇禎十五年舉於鄉，不應試。

敷教，字士敬，崇禎三年舉於鄉。湛深經術，詩追杜甫，書如蘇、米，與楊廷樞齊名，生徒之盛亦如之。後舉孝廉方正，力辭。卒年七十。子之謨，字仙弢，去諸生。錢謙益薦，不應。

德先，字敬輿，歲貢。爲經世學。祁彪佳開禮賢館，上書言兵事，蠲苛税。命正賦役。隱太湖，卒年七十六。弟行先，字務敏，選貢。授知縣，不赴。書出入晉唐，與敷教、金俊明稱「三逸」。從孫定求、孤孫寧求登上第，益鍵户。斌請見，以疾辭。及入朝，清聖祖訪人物，首以行先對。卒授徒終，年九十二。

徵，字公白，去諸生。

從簡，字彦可，待詔徵明曾孫，選貢。授教諭，不赴。國亡杜門。書畫傳家法。子枬，字端文。國亡，去諸生，奉從簡寒山。從簡卒，徙陸墓躬耕，卒年七十二。妹俶，與夫趙靈均，隱寒山，工花鳥草蟲。

傳鼎，字禹存。時餽枋米。

沐，字日生，崇禎十五年舉於鄉。居陸墓，一夕投水死。弟洽，字君望，去諸生，隱陽山。詩推明季吳中第一。

夏，字南明，去諸生。

鎰，字彥兼，待詔陛宣子。詩文有聲復社。去諸生，爲道士。

獻陛，字君玉。至性孝友。去諸生，著書。卒年八十二。

埏，字載夫，去諸生。博極羣書，詩文清佚。王穉登心折之，時與唱和。

文瑜，字潤甫，山水不名一家。寺居，無定所。吳偉業畫中九友之一。皆長洲人。

洪儲，字繼起，興化人，本李氏。早歲爲僧靈巖。隆武以後東南起義者，皆相結納。爲人厚重不洩，排大難最多，世不盡知也。永曆五年，竟被連染。諸義士爭救之，久而得脫，好義如故。或以前事戒之，則曰：「道人家得力，正於不如意中求之。使憂患得其宜，湯火亦樂國也。」北京亡後，每年三月十九日素服焚香，北面揮淚，二十年如一日。

讀徹，字蒼雪，本姓趙，呈貢人。少祝髮昆明，中歲出遊南直，與董其昌、偉業交，住吳中峯，詩名籍甚。國亡，激楚蒼涼，不忍卒讀。

又圓通，號呆道人。國亡，卓錫蘇州，傳爲故進士。工文詩畫。

通門，字牧雲，本張姓，嘗熟人。崇禎末，爲僧興福林。工詩。

李魁春，字元英，長洲人。諸生。聞北京破，與許琰北向號哭。家人知其有死志，日夕環守，不得死。後琰死，乃收葬其骨，並厚卹其家。自是方袍角巾，屏居田野。爲詩文蒼涼感喟。李森先按吴，訪之勸駕。曰：「君子愛人以德。既已自誤，又誤人，知必不爲也。願全薛方、逄萌之節，否則有死而已。」森先慚而去。尋以「高隱弘儒」額贈，笑而裂之。卒年八十。

邑人沈欽圻，字得輿。南京亡，棄諸生，與魁春相唱和。詩如陶杜。子德潛，事見清史。

杜雲鳳，字若撫。當鍾譚勢盛，爲詩壹守盛唐。以困頓終。

徐樹丕，字武子，工八分書。去諸生，隱居郊西，布衣藿食。卒年八十八。子晟，字禎起，去諸生。以陶潛自比，題其詩爲陶庵詩删。年六十六，父歿毁卒。

葉襄，字聖野，文如六朝，與姜垓詩篇唱和，力屏鍾譚邪説。

孫俠，字商聲，工古文，後發憤水死。

沈明掄，字伯叙，副貢。篤專春秋。隱三十年卒。

蔣永譽，字公郁，通天文地理。去諸生，奉母西山。晚歲遊滇。吳三桂招，不出。康王傑書召，不赴。自稱「明逸士」。

蔣元允，去諸生，以著述自娱。

蔡德馨，字惟明，家西山。精易，好丹青，與陸坦友。

陳元素，字古白。夏錫祚，字玄龍。張明勳，字元卿。弟明烈。張屈，字醒公。皆去諸生，以詩文名。

張丑，字青父，能鑒古。

徐汝璞，字我石，去諸生。居周莊。歌咏煙波，有時賣藥，卒年七十二。弟汝珍，字次玉，任俠。馬阮用事，遁吳山。

莫叔明，字公遠，居杭州。工詩。卒。自書石曰「明詩人墓」。

施武，字魯孫，工詩。

宋學程，字幼淳，去諸生。弟學朱，殉難。撫孤講學，本程子易傳、朱子本傳。

陸壽言，字德符，去諸生。工詩，爲僧。

又道源，字石林，太倉人。爲僧北禪寺。類纂子史百家爲小碎集，又以餘力注李商隱詩，朱鶴齡多取其說。

金俊明，本名衮，字孝章，吴縣人。諸生。性和而介。少隨父寧夏，往來燕趙間，以任俠自喜。邊帥爭延幕府，不就。歸，折節讀書，自經史子集以至天文、水利，靡不究。著名復社中。嘗應鄉試，以焦氏易筮之，得蠱之艮，愀然曰：「天豈欲我高尚其事乎！」乃不試。國亡，隱市廛間，矮屋數椽，傭書自給。

工詩古文，善書畫。小楷師曹娥碑，草書師聖教序。四方士大夫以詩文書來請者不絶。晚益自成一家，三吴碑版多出其手。喜繪樹石，尤工墨梅，時擬之鄭思肖蘭。生而孝友，修行絶潔。居喪手書孝經數百本以示人。有學使慕名欲招之，不可。嘆曰：「清真絶俗，雖古之沈冥，不過也。」與汪琬交，琬謂其「激昂奇偉之才，與傲兀不平之氣，不得已寓之書畫間」云。卒年七十四。

子侃，字亦陶，守志不試。

邑人馮夢龍，字猶龍，歲貢。崇禎時，授壽寧知縣，愛民禮士，政簡刑清。致仕後，潛心經學，詩文麗藻。福京亡後死。

陳宗之，字玉玉，崇禎六年舉於鄉。授推官，不赴。力學，工古文。

李玉，字玄玉，副貢。淹雅博洽，以詞曲名。

陸槤，字茂璩，兩中武科。祝髮蓮子峯下，名了緣。

顧韡，字開林，去諸生。入山。

徐波，字元歎，諸生。與譚元春善。高弘圖勸出，不允。爲落木庵天池，以枯禪死，卒年七十四。

沈國元，字飛仲，去諸生。整理舊聞，有史才。

楊補，字無補，工詩畫，周遊四海名山大川，見知於董其昌、文震孟。弘光時，阮大鋮招之，不赴。大鋮將害徐汧，説楊文驄寢其事。薙髮令下，隱鄧尉山，飾巾待盡，抑抑死。子炤，字明遠，年少負高才，去諸生。妻子凍餒，吟咏不顧。

顧苓，字云美，弘光元年恩貢。隱虎丘。室懸威宗御容，日肅衣冠，再拜涕泣。著金陵野抄，時稱實録。

周瘳，字澹城，工詩，爲僧南潯，名淨孝。

張掄，字無擇，通天文、地理、醫藥，尤擅六書，徐晟重之。

黃傳祖，字心甫，嘗甄綜明一代詩曰扶輪集。隱於酒，以貧死。

汪撰，字巽三。工詩，與杜濬、錢秉鐙、曾燦、費密相唱和。

朱隗，字雲子，有名復社。清當貢，不出隱。

丘岳，字青谷，以書畫稱。

周茂蘭，字子佩，吴縣人。太嘗卿順昌子，諸生。順昌死奄禍，崇禎初刺十指血書疏訟父冤，後以疏中有「鼎湖勸進」字非宜，因復刺舌血改書以進，卒得白。詔以所贈官推及其祖父。茂蘭更請給三世誥命，建祠賜額，悉報可，且命先後慘死諸臣咸視此例。茂蘭好學砥行，不就蔭叙。順昌忠清絶世，無家産。子女八人，轉側閭巷間，次第婚嫁，並得父嘗賜塋，起特祠。奉母吴尤盡孝，以憂勞毁瘠，成痼疾，後以導引術乃瘳。國亡，杜門不出。清修明史，薦弗就。

晚喜靜坐，及讀先儒語録，尤邃易，間及二氏書。與里中耆逸方外揮麈清遊，灑然自得。時天童、三峯兩家聚訟不解，青原、南嶽又有派數多寡之爭，茂蘭以調人爲騎郵，不辭勞攘。湯斌請見，固請應賓筵，不赴。卒年八十二。

弟茂藻、茂蕚，皆守志。茂藻，字子潔，去諸生。

同時吴江周永年，字安期，太僕卿宗建弟，諸生，任中書舍人。詩文敏洽。弘光時條列東南戰守中興建置事宜。弟永言，字安仁，諸生；永肩，字安石，太學生，皆任中書舍人，工詩。國亡，隱西山。

周延祚，字長生，宗建子。崇禎初以長錐刺父仇，捶死獄卒。任中書舍人。

江陰李遜之，字膚公，太僕卿應昇子。安宗立，伏闕爲父請謚。南京亡，棄諸生，以學行稱。

楊無咎，字震百，吴縣人。廷樞子。廷樞殉難，無咎年十二，痛未從死，杜門隱居七十餘年。與徐枋、朱用純友善。三人者並以先人死忠，乃益以名節相砥礪，時稱「吴中三高士」。幼穎異，覃思經學，多前人所未發。工書鼓琴，自遭大故，絶不復鼓。生平著述甚富。枋將殁，招至，命五歲孫出拜曰：「此亡兒，文止遺腹子也。兒向辱先生教，不幸早世。今余且死，念非先生無可託者，願以此累先生。」其爲枋信重如此。卒年八十九。妻張，工詩詞，作采蓮賦，爲通人所許。窮居偕隱，日手經史教二子。子繩武最知名。

邑人欽楫，字遠猶，通五經，爲僧。山水韶秀如宋元。弟蘭，字序三，去諸生。文博雅，詩追漢魏。

華渚，字方雷，去諸生。少遊張溥、張采、廷樞門，博通經史，文章古峭。

沈磐，字石杓，廷樞會文第一。去諸生，以詩名。

王武，字勤中，去諸生。長丹青花鳥，神韻生動入妙品。姊壻宋德宜招出，不應，觴咏終。

丘民瞻，字天民，去諸生。專心史學，不入城市。

秦嘉銓，字存古，居西山，詩歌俊逸。

許元功，字茂勳，立高閣東山烏柏中，日飲歌哭，與名士贈答。

鄭元亨，字世貞，建西樓東山，日事詩酒，後爲僧。

周采，字亮臣，居東山，去諸生。詩文自娱。

鄭圃，字薇令，居東山，去諸生。自火其作，隱於圃。

邵彌，字僧彌，好學多才，詩如陶韋，書得鍾王法，山水清瘦枯逸。嘗與吴偉業登雞籠山東望，泣下霑襟。

施醒，字佩宜，居東山。好學，弔古江湖，吟咏灌園。用純重之。

葉崙，字羽遐，居東山。任俠。精六書學，篆法八分，古勁。

葉有馨，字予聞，居東山。去諸生。著名復社。足跡半天下。

葉英，字菊存，居東山。工詩，賣藥嵩江。

葉嵩，字梅友，居東山。詩真淳樸茂，林古度爲之序。

勞澂，字在茲，居西山。遊川、黔、滇、粵二十年歸，授徒爲生。

張爾温，字君玉，去諸生。工詩文。與從父懋祥完髮。爾温作僧裝東山。

王焕如，字至翁，博通文獻，張國維命爲吴中水利書。去諸生。

吴鼎芳，字凝父，居西山。詩蕭灑出塵。晚爲僧湖州，名大香。與范汭友。汭，字東山，烏程人。

吴明初，居鄧尉山，去諸生。子長源，亦去舉業。

葛晙，本名駿，字月駟，居東山。去儒，野服。

徐增，字子能，隱石湖。

楊焯，字俊三；湯祖武，字允繩；湯濬，字桴莊；章美，字拙生；湯濩，字聖弘；湯祖祐，字耿遥，皆以詩文名。

葉闇，僧居東山。工駢雅書。傲遊直、浙、秦、楚、燕、粵。詩文成家，晚號林屋，爲張有譽所稱。

張蟾，字永輝，善人物，補啟禎先賢像，有婁東十老圖。

慧澄，字訥含，本丘氏，主東山高峯寺，與朱羽文結水雲社。陳繼儒序其集。卒年七十六。

程智，字極士，休寧人。家貧失學。年十九，不識一丁。一日，棄家往徑山，投異僧，居門下。久之，不聞一語指示，因登山大哭，或笑或歌，人皆以爲狂。忽從靜中大悟，下山讀儒書，如夙習。見論語，曰：「聖人之糟粕也。」見三禮，曰：「形器也。」見大學、中庸，曰：「近之，然猶條目耳。」一日，又見符籙，曰：「某符當不驗。」道流異之，證之廣信張真人則果然。他奇事多不勝述。後見周易，曰：「道在是矣。」因徒謁太昊陵。歸居蘇州，設座講學。金聲、劉之綸並受教於智。劉宗周、黃道周、黃宗羲亦稱之。智於三易外，又爲公孫龍術，參禪老之言，傅會以成其辨。國亡後卒。

顧有孝，字茂倫，吴江人。諸生。國亡不出，舉鴻博不就，居釣雪灘，以選詩爲事。唐律及國朝近體詩皆有選本。詩雋永，不苟作。家貧，好賓客，至輒留，有「虀菜孟嘗」之目，每脱粟對飯，欣然一飽而去。生平胸無柴棘。負海内重望，不欲自顯於時。所交率高士，與徐白、俞南史、周安、徐嵩稱莫逆。有孝長身玉立，意氣自豪，樗蒱博塞，窮日夜不休。四方過吴江者，必停橈相問訊，以是名滿大江南北。少受業陳子龍之門。其歿也，夢子龍招之，自爲遺令，屬門生勿擬私謚，親友勿作祭文，以頭陀殮。

白，字介白，詩畫蕭疏拔俗。種菜靈巖上沙，不出山者三十餘年，卒年八十三。

南史，字無殊，安期子。兄爲僧，名通問，字箬庵。南史去諸生，工詩。

安，字安節，詩蟬蜕風塵。子威亮，字幼良，去諸生，侘傺死。

嵩，字嵩之，吴江人。

同邑同隱者：包捷、張拱乾、俞粲、顧樵、鈕棨、朱銘德、戴笠、史玄、費誓、趙涣、卜舜年、吴翩、潘凱、潘爾夔、潘陸、趙瀚、鄒甲芳、趙溆、沈自友、沈自然、沈自昌、沈自東、沈自繼、王載、毛瑩、李培、翁遜、任大任、胡梅、吴與湛、張澤、王定。

捷，字驚幾，崇禎十五年舉於鄉。性真摯。孫兆奎死，哭之内橋。吴易死杭州，收葬之。隱居，灌園以終。弟掄、振。掄，字尚賢，去諸生，隆武元年八月死於兵。振，崇禎十五年舉於鄉。

拱乾，字九臨，諸生。有文名。弘光時，以作文討馬阮，被逮。國亡，又以不薙髮見收。陳名夏薦中書，不應，遁歸爲僧。卒年七十四。

粲，字受子，去諸生。谷隱巖耕，不入城市。

樵，字樵水，山水入能品，詩書與有孝齊名。

棨，字易庵，去諸生。

銘德，字不遠，去諸生。歲三月十九日，陳俎豆，望祭號慟。匿跡山澤，衣冠不改。著勾吳外史，記亡國時事。莊史之獄，亦與分纂，以卷不列名，得免。後窮餓死。

笠，字耘野，去諸生。爲僧秀峯山，炊煙時絶。著殉國彙編。

玄，字弱翁，工詩文，與易相唱和。嘗參楊文驄軍，後抱恨死。

誓，字所中，去諸生。博學能文，好談兵，急友人難，野服終。

渙，字少文，工五言古詩，名匹於易，抑抑死。

舜年，字孟碩，擅畫。國亡，人有乞者，自題「泥無身」。

翻，字扶九，歲貢。少負大名，傾家創復社，大會羣彥吳中，凡應、匡、幾、聞、南則諸社皆合。温體仁子請入社，堅拒之。吕純如招見，不得。以陸文聲疏禍將發，日在憂中。國亡杜門。弟翶，字振六，詩文藻麗。

凱，字仲和，爲詩典雅，去諸生。子樫章，自有傳。

爾夔，字友龍，爾彪弟，亦去諸生。

陸，字江如，工詩。

瀚，字砥之，力田。清貢，不應。

甲芳，字子先，去諸生。有司曰：「不出，將遣戍。」不爲動。

淑，字叔子，從易軍。扈監國魯王海上歸，去諸生。卒年七十三。

自友，字君張，都御史珣子，太學生。自然，字君服；自昌，字君念，太學生；自東，字君山，珫少子，諸生；自繼，字君善，自炳兄，太學生，皆有才名，謝絶人事。自然母憂，先毁卒。

載，本名建，字咸平，去諸生。博通羣經，從遊者甚多。晚隱湖浦。

瑩，字湛先，善詩文，去諸生。隱禊湖，與屠彦徵、鄭任、徐汝璞社集蘭芷軒。

培，字上材，篤專良知之學。

遜，字仲謙，居湖浦草堂。詩多淡苦。窮餓死。

大任，字鈞衡，去諸生。舉隱逸，辭。

梅，字白叔，市藥蘇州，曹學佺重之。

與湛，字子淵，沈湎於酒。

澤，字草臣，去諸生。

定，字來威，與吴如晦皆著文名。

孫淳，字長源，吴江人。諸生。少負才名。張溥倡應社，爲效奔走，造舟曰渡青，乘之周遊直、浙，一時有孫鋪司之目。崇禎初，又與吴翻等肇舉復社，渡淮、泗、齊、魯至京師；

於時嵩江幾社以及浙西、江北、江西、山東諸社，僉會於吴，合於復社，先後大會者三，復社之名動天下。十年，陸文聲訐奏，社禍以起，社集亦輟。淳年老，家中落，爲梅緡居於南潯居之，以詩自娱。隆武二年卒。

邑人陳紹文，字西美，崇禎十二年舉於鄉。潛心濂雒之學，兼工詩文。

計大章，字采臣，講學著述，卒年八十二。

沈自晋，字伯明，去諸生。卒年八十三。子永隆，字治佐，去諸生。皆以詩詞名。族永馨，字廷芳，工詩歌。

吴振鯤，字鵬先，崇禎三年舉於鄉，日大醉賦詩。

徐天俊，字俊人，去諸生。入山深研理學。

尤本欽，字伯諧，詩清麗，長詞曲，隱韭溪。

戚勳，字元功，去諸生。隱平望。詩閒淡清，真如淵明。

沈應瑞，字聖符，詩文名復社。舉賢良，去諸生。卒年八十五。

徐韞奇，孝友，破家脱友難。好古博學。去諸生。著述。

施世傑，字漢三，去諸生。著酉戌雜記，紀邑中兵事。

章夢易，字兩生，受知陳際泰、艾南英。去舉業，攻經史内典。卒年八十二。

沈寵綏，字君徵，精音律，去諸生。

仲沈洙，字儒文，去諸生。爲躬行之學，講學浙西。

仲時鉉，字儒璋；弟時鎔，字儒範，皆去諸生。

王孫謀，以字行，隱文史。

沈世懋，字旃美，工詩，與顧有孝結社。

沈以介，一名華植，字芝房，長地理。吴炎、潘檉章修國史，以年表、曆法委王錫闡。流寇委戴笠，地理委以介。

鈕貞，字元錫，去舉業，以畫自娱。

趙震東，字青雷；沈承休，字白卿，皆去諸生。工詩。

宋國用，字調生，義俠，嘗北出塞，南之閩粵。辟，不應。弟國顯，字調元，埋身土室，卒年九十。

潘道謙，字非鳴，去諸生。工詩。

顧偉，字英白，博極羣書。不進取，窮死。

際可，字曇英，廣東人。傳舉於鄉。爲僧平望。好酒，詩畫超絶。

歸莊，字玄恭，崑山人。太僕丞有光曾孫。父昌世，字文休，諸生。授待詔。南京亡，行歌野哭，卒年七十二。

莊，諸生。負才氣，善駡人。少入復社，博涉羣書，古文得有光家法，工詩，善草隸，與顧炎武學行相推許。嘗題其齋柱，曰「入其室，空空如也；問其人，囂囂然曰。」時皆笑之，有「歸奇顧怪」之目。

弘光時，仲兄昭殉揚州；叔兄繼登死長興。莊與崑山義師。閻茂才至，莊率衆斬之，城守。城陷，嫂陸、張及姊妹死。清究前事，亡命去。亂定，尋兄骨歸葬，奉母廬金潼里祖塋側，嘗作萬古愁曲，瓌瑋恣肆，於古之聖賢君相無不詆訶，而獨痛哭於桑海之際，爲世所傳誦，擬之離騷、天問。魏禧至吴門。莊訪之，出所爲文相攻謫。禧初以爲狂，至是始心折焉。

崇禎中，嘗請於學使，改名祚明。自是或曰歸妹，或曰歸乎來；表字或稱玄功，或稱圂公、懸弓。

炎武奔走四方，莊不出里閈，而寓書相切劘。炎武嘗言：「音韻必宗上古，孔子亦未免有誤。」莊規之曰：「君學益博則僻益甚，將不獨音韻爲然。郤子語迂，單子知其不免，況加之以怪乎！願抑賢知之過，以就中庸也。」炎武有贈詩云：「如君節行真古人，一門内外惟孤身。出營甘旨入奉母，崎嶇州里良苦辛。」莊卒，哭以詩云：「弱歲始同遊，文章相砥礪。中年共墨衰，出入三江汭。悲深宗國墟，勇盡澄清計。不獲騁良圖，斯人竟云逝。」其見重如此。

繼登，字爾復，崇禎九年舉於鄉。授德清教諭。錢爾登走，署長興知縣。黄蜚死，其將王志剛屯太湖，長興人應之，繼登爲亂民所害。

葛芝，字瑞五，崑山人。諸生。少厲名行，於書無所不窺，工古文。九歲聞周順昌被禍，吴氓殺緹騎，垂涕曰：「更益我數歲，詎不能相從於難乎！」時婁東二張負天下望。芝爲張采壻，張溥高弟子，名重一時。

國亡，年未三十，潛心求道，一以姚江爲宗。焚香危坐土室，閉户謝客。嘗渡浙入石浪山，訪沈國模、史孝咸，講性命之學。久之忽豁悟，因徧叩同學，以所得質孝咸。孝咸復書，謂：「既瞥地證入，猶當造純一不已之域。」芝入山瞑坐過十旬，時攜婦張於林下從容笑言。婦亦知玄學。夫婦自相師友，闇闇如也。

其論學，謂：「心本無欲，無欲者非心。」又謂：「利欲不能攻，得喪不能撼，生死不能易。舉天下之物，莫能役之，其學定也。」又謂：「情出於性，而害性者必情。猶之火生於木，而害木者必火。」嘗取謝康樂詩語，名其軒曰「雙寂」。謂：「張良之借箸，房玄齡之善謀，謝安之圍棋賭墅，劉穆之之五官並用，孟珙之軍中讀易，皆得之寂。」論者謂頗雜於禪。

邑人徐開任，字季重，去諸生。邃史學，詩本少陵。不應鄉飲。卒年八十五。

梁逸，字逸民，居蘇州紅葉村。甘晦以老，年八十六。五言沖遠，吴殳重之。

鍾曉，字人雅。食鮮一飽，而行吟不輟。見堊牆，輒以所作題擘窠書。夏日沈飲大醉，溺水死。

奚濤，字大蒙，講武，散千金，欲有所爲，志不克伸，去諸生。詩出入高岑王孟。

周同谷，字翰西，參史可法軍，稱諳練，去諸生。以詩名。

王艮，本名煒，字不庵，博學，研性理。與顧炎武遊，已與弟默逃禪。

夏世臣，字永侯。城陷，赴水不死。嘗主邑許氏，一門殉，一子刃未殊，爲醫治，撫之成立。早去諸生，與門人朱用純講性命之學。卒年八十。

呼谷，字德下，去諸生。詩多哀音。

陳蘭徵，字猗之，去諸生。工詩，仰天歌呼，以琴梅自娛。

周如凱，字元暘；何法，字方衡，皆有詩名。

王志長，字平仲，崇禎三年舉於鄉。通經學。

柴永清，字集勳，刲股療母。母殁，三年不入内。文章高朗。去諸生。

宋汶，字子弗。城陷，妻楊殉；汶傷，未死。工詩畫。

吕熊，蔡懋德記室，工詩。

陸友白，字剩庵。父兄母姊死難，爲僧。工詩畫草書。

李子柴，字木公，擅人物花鳥。去諸生，爲僧武夷，名詮修，字二勝。

毛晋，本名鳳苞，字子九，後改今名，字子晋，常熟人。諸生。好古博覽，爲汲古閣目耕樓，藏書數萬卷，延名士較勘，刻十三經、十七史、古今百家及從未梓行之詩詞、曲本、别集、稗官。天下購善本書者，必望走隱湖毛氏。所用紙，歲從江西特造，厚者曰毛邊，薄者曰毛太，至今猶沿其名。

爲人孝友恭謹，與人交有終始。好施予，遇歲歉，載米徧給貧家，水鄉橋梁，往往獨力成之。

著書數百卷。其所藏祕籍，以宋本元本橢圓印别之，又以甲字印鈐於首。其餘藏印，用姓名及「汲古」字者以十數。别有印：曰「子孫永寶」、曰「子孫世昌」、曰「在在處處有神物護持」、曰「開卷一樂」、曰「筆研精良人生一樂」、曰「汲溪」、曰「絃歌草堂」、曰「仲雍故國人家」、曰「汲古得修綆」云。

同時葉樹廉，字石君，吴縣人。居嘗熟。博學好古，讀書窮壼奥，好爲詩。錢謙益推文章宗匠，著述箋疏，舉世宗之；獨樹廉有異同之見。購書數千卷。國亡，書散，歸洞庭東山。已又居嘗熟，搜羅宋、元抄本，考訂精審。樸學齋藏書爲徐乾學、何焯所重。

馮班，字定遠，嘗熟人。少爲諸生，與兄舒齊名。連蹇不得志，遂棄去，發憤讀書。工詩。其詩沈酣六代，出入温李小杜之間。其論詩，謂：「王李死擬盛唐，戒不讀唐以後書，詩道因以大壞。」爰窮流溯源，自三百篇以下，一一考其根柢，明其變化。又嘗與舒評點才調集，以晚近風氣，矯太倉、歷下之習，競尚宋詩，遂藉以排斥江西，尊奉崑體。又著嚴氏糾繆，辨滄浪詩話之非。班博雅善持論，爲文亦考據精確，了無牽合附會。嘗謂：「韓吏部之文，古文也。歐公之文，祇是今文，不如宋人四六，尚有古意古語。」著鈍吟雜録，其論事多達物情，論文皆究古法，雖有偏駁，而所得爲多。

性不諧俗，意所不可，掉臂而去；胸有所得，曼聲長吟，旁若無人。然當其被酒無聊，抑鬱憤悶，亡國之痛，輒就座中慟哭。班行第二，時目爲「二癡」。

趙執信於近代文家多訾謷，獨折服班，一見所著，即嘆爲至論，至具朝服下拜；嘗謁班墓，以私淑門人刺焚冢前，傾倒甚至。

書四體皆精，尤工小楷，有晉唐人風致。

舒，字己蒼，少篤讀書。國亡，棄諸生。與弟班並自爲馮氏一家之學，吴中稱二馮。其學肆力於古，含咀經史，穿穴百家，尤邃於詩。賓筵客坐，辨論蠭起。凡當世所推尚，若前後七子，悉受掊擊。嘉定程嘉燧，時目爲「詩老」，而舒塗乙其集幾盡。家藏皆宋、元善本，丹黄甲乙，手自讐勘。構小閣，設二厨，各題一銘，以寶藏之。張溥倡復社，屢招舒，舒謝勿往。平生亢直，遇事敢爲，不避權勢，小人嫉之如仇。錢謙益、瞿式耜爲奸民張漢儒誣訐，委曲調救。漢儒黨陳履謙竄名捕檄中，遂並逮下錦衣獄。訟繫經冬，誦讀不輟。會漢儒等敗，乃得歸里。邑中漕糧諸弊，惟舒洞悉其詳，思甦民困，屢上書爭之。清令瞿四達貪酷，憾甚，羣小構釁其間，指所選懷舊集爲謗訕，曲殺之，士林痛焉。

邑人陸元泓，字秋玉，以志節自勵，詩多恢奇。無家，圖像於水墨尺幅中，號水墨山人。

唐瑀，字仙佩，去諸生。工詩。授徒沙溪直塘間，與汪琬友。

陳梅，字鼎和，去諸生。顧炎武主其家。殁以故衣冠殮。孫芳績，字亮工，從炎武遊，著述。

陳式，字金如，副貢。詩文華贍。卒年七十九。

張璘，字岫民，詩宗少陵，金俊明奉爲畏友。

湯日新，字伯銘，去諸生。不入城市。詩稜稜有骨，近谷音。

包福明，字涵虚，有志節，通經史。去家，居三峯。

薛熙，字孝穆，居蘇州。爲屈大均評文。

何述稷，字功藝，去諸生。工詩賦。

范賀，字鼎九，工古文，與顧祖禹、黄守中友。

歸晟，字成伯，炎武弟子，去諸生。吟咏。

趙汝揆，字先一，去諸生。

顧德基，字用晦；丘園，字嶼雪；蔣泩，字曙來；楊靜，字定夫；龔甲，歲貢，爲僧真義，名瞎龍，皆以詩文名。

嘉定嚴衍，字永思，去諸生。補資治通鑑，三十年成書。

談允厚，字厚君，亦去諸生。爲衍參較審訂。

殷陞，字陟明，去諸生。工詩書，與張溥、吴偉業文字交。

嚴鈺，字式如，與陸坦爲方外友。詩文清俊，山水蕭遠。

李宜之，字緇仲，庶吉士流芳子，去諸生。博綜古今。

宣坦，字平仲，衍弟子，工詩畫。從侯峒曾城守。去諸生。

朱樵，字蕪九，著名復社。詩文行世，躬耕教授。

蘇融，字眉涵，淵從弟；唐節，字與鳴，去諸生。皆工詩文。

朱子素，字九初，去諸生。不赴清貢，以斯文爲己任。

顧予謙，字仙隱，去諸生。工詩。隱白鶴村。兄弟貴，招之，不應。卒年八十二。

王時敏，字遜之，太倉人。大學士錫爵孫。少穎異，淹雅博物，工詩文，善書八分，而於畫特慧。少爲董其昌、陳繼儒所重。於時其昌綜攬古今，闡發幽奥，一歸於正，真源嫡脈，時敏實親得之。先是，錫爵以暮年得孫，鍾愛甚，居之别業，以優裕其好古心，故所得有深焉者。家本富於收藏，及遇名跡，不惜多金購之。每得祕軸，閉閤沈思，瞪目不語。遇有賞會，則繞床大呼，拊掌跳躍，不自知其酣狂也。嘗擇古跡之法備氣至者二十四幅爲縮本，裝成巨册，載在行笥，出入與俱，以時模楷，故凡布置設施、鉤勒斫拂、水暈墨彰，悉有根柢。於黄公望墨妙，早歲即窮閫奥，晚臻神化。

以任子歷官尚寶丞，弘光時擢太嘗卿，奉使楚、閩，不受餽遺。國亡，隱歸村，優遊筆墨，嘯咏煙霞。尺縑流傳海外，珍若球圖，爲明季畫苑領袖。平生愛才若渴，不俯仰世俗。

以故四方工畫者，踵接於門，得其指授，無不知名於時，王翬其首也。卒年八十九。

子挺，字周臣，諸生。任中書舍人，疏請破格用人。使浙，卻餽，不宿官舍，不與公宴。國亡，歸。舉賢才，不出。

同州王鑑，字玄炤，尚書世貞曾孫，從時敏遊。任户部郎，崇禎末出爲廉州知府。粤盛開採，力請罷之。歸構室弇園，年甫强仕。山水仿董巨，入神品。年八十。臨殁，遺言以黄冠殮。

同時以畫名者：

蕭雲從，字尺木，當塗人。副貢。以詩文自娱，山水成一家，尤長人物。胡季瀛守太平，三訪不見，怒。時新修太白樓竣，於案牘中入其名。攝之至，閉樓上，令白堊壁間，圖成即放歸。雲從年七十餘矣，不得已，負疾卧畫匡廬、峨眉、泰、衡四大名山，七日而就，遂絶筆，觀者皆詫奇跡。

查士標，字二瞻，休寧人。諸生。書畫窺元人之室。清王額駙貴甚，擁厚資，人一見不得，三顧士標，拒之。卒年八十四。弟子何文煌，字昭夏，傳其業。

邑人江韜，字六奇，一名舫，字鷗盟，諸生。祝髮，名弘仁，字漸江，居白嶽，入武夷。詩文奇險，爲施閏章所重。寄情山水，畫如倪瓚。從子注，字允凝，亦去諸生，工畫。

孫逸，字無逸，與雲從齊名，流寓蕪湖，以山水稱。

朱明鎬，字昭芑，太倉人。諸生。張溥、張采重之。北京不守，作悲憤詩。國亡，發憤攻古學。每讀一書，手自勘讎，朱黃鉤貫，上自年經月緯、政因事革，下至於方言物考、音義章句，無不通以訓故，參以稗家，攟摭補綴，穿窒疑，定紕繆，絲分縷析而後止。長身修偉，負意氣，好持論，恢奇多聞，上下千百年，若指諸掌，聽者驚悚莫敢奪。於國事雅有論述，藏弆不示人。馬遷、班、范三史，考覈未竟，魏晉以降，貫穿詳洽。所著惟書史異同、新舊異同二書先成，其餘日抄月撮，曰史典、史幾、史略、史風、史游、史嘉、史芸、史異、史最、史俳、史鑒、史粲、史糾十三種。史糾特爲可傳。

其論三國也，謂陳壽有四闕：不志曆學，不傳列女，不搜高士，不采家乘，在史法宜增。其論南北朝也，謂蜀、魏、吳、晉之志入於宋書，梁、陳、齊、周之志入於隋書，在史法宜改。於唐書，則歐陽主紀志及表，宋主列傳，一書之內，矛盾異同，宋仁宗命裴煜等五臣從容較勘，不聞一言之釐正，故修唐書者其病在分。於宋史，則孝宗本紀編年紀事，前後乖錯，最爲不倫；諸臣列傳，詮次繆亂，凡有七失，蓋元順帝求成書之速，不三年而三史告竣，皆仰成於脫脫之手，故修宋史者其病在易。其舉止辨駁如此。

清舉山林隱逸，辭曰：「唐有李渤、陽城，宋有种放、嘗秩，元有葉李、劉因。諸人之賢否不同，要必有奇才異能，足當國家異數。某何所長，敢與斯典哉！」後以楊崑義師事發，牽連死。

吴殳，一名喬，字修齡，太倉人。諸生。斥事佛，好神仙。於書無所不窺，天文、樂律、地理、兵法，下至醫藥、卜筮、壬奇、禽乙、刺槍、拳棍，無不探其原委。詩初學明人，中宗温李，晚年益邃。自悔少作，譏斥弘嘉來有辭無意者，謂：「唐詩最盛，以其有興比賦耳。宋人少興比而多賦，而言猶達意。弘嘉之復古，惟尚聲色，並賦義亦亡之。」其所服者，嘗熟馮班、金壇賀裳，合采其説，爲圍爐詩話。又取李商隱無題諸詩，詳説其意，爲西崑發微。其議論皆前人所未有也。又工古文，嘗作史論二十篇，見者服其識力。又據吴偉業綏寇紀畧爲撫膺録，言國所以亡有四十三失，而皆奮闖果之所致，時以爲篤論。晚歲好佛。卒年八十五。

州人黄鴻儒，字魯客，獲聞唐婁程李緒論，與侯峒曾、黄淳耀交。去諸生，隱海上。張鴻磐，字子石，負雋才，詩文爲文震孟、黄道周所重。去諸生，以人才薦，不就。卒年八十七。

許旭，字九日，去諸生。爲古文，與黄與堅等稱「十才子」。

趙學基，字六息，去諸生。精研史學。憂時念亂，見於著述。晚家寒山。

張深，字徹侯，尚書輔之子，副貢。去儒服，不見人。指書蘭竹自娱。卒年七十八。

王儀，字異人，去諸生。吟詩，放跡頭陀。

郁法，字儀臣，去諸生。與曹煒、曹鈖、錢墀從文祖堯講學。煒，字暉吉；鈖，字尊素；墀，字人衷。

王育，字子春，與陸世儀、陳湖講求古禮，爲僧陽水村。清舉隱逸，辭。以六書學失傳，因推求古聖造字，本根六義，證以五經，積十餘年力，成説文論正三十萬言。卒年八十八。

龔挺，字無競，去諸生。篤學。與弟抏、拱皆工詩文，與顧炎武交。

曹耀，字德公，與瑚講學。

袁嶽，字五遊；子臨，字孝宜；弟蕢，字幼白，皆負才氣，去諸生。躬耕海濱。蕢入山爲僧，名龍蔭。

陶鴻祚，字裔昌，居直塘，悲哭著述以老。

毛雲漢，字子五，去諸生。專心三禮。與弟諸生霄漢隱璜涇。晚遁於佛。

周西臣，字俶文，去舉業。工詩。

朱汝礪，字商石，張溥弟子，去諸生。文章瓌麗。

顧元真，字九陽，去諸生。擅古文。

王爾銓，字範九，從瑚遊，隱於市。詩宗錢劉。

崇明呂于韶，字賡虞，歲貢。工古文。居太倉。

紺雪老人，不詳其姓名。詩多弔忠臣之作。

沈寓，字右以。南京亡，六歲，以遺民自居。工詩古文，不應試，出遊嵩山、雁蕩、巫山。不至北京，曰：「熱場也。」汪琬重之，招不赴，以布衣終，卒年七十九。

吴騏，字日千，嵩江華亭人。幼穎敏，過目成誦，陳繼儒以神童目之。南京亡，去諸生，廬墓細林山，不食清粟，日吞琉璜飲水，或柏子嵩葉，自號九峯遺黎。學無不窺，六經、子、史、百氏以及輿圖險阻、民户饒瘠、兵甲强弱，無不洞悉。詩文援筆立成，蒼涼沈鬱，悲不自勝。言及先朝，泫然流涕。湯斌將造見，作鳳凰説謝之。聘修江南志、舉鴻博，以疾力辭。卒年七十六。

邑人金是瀛，字天石，以詩文名，去諸生。主兵高橋，一方以安。嵩江兵敗，匿嘗騶、蔡長送閩。入獄，以辨免。謁福京，授行人。清徵隱逸，不赴。弟是崑，字黄石，工詩。

徐懋勳，字劍公，去諸生。隱蒲水上。文爲時重。

陳王陛，字鱸江，去諸生。經史古文成家。

薛正平，字更生，負奇才。崇禎末，草萬言書赴北京上之。中道聞變歸，哭拜孝陵，爲僧。卒年八十三。

楊時衡，字士衡，有聲幾社，去諸生。彈琴賦詩。

孫鼎徵，字調宰，工詩畫。與子任安、任昌結茅台州大固山卒。

張彥之，字洮侯，詩文莽蒼。窮隱爲酒人，卒發狂死。

顧在觀，字觀生，諸生。楊文驄愛其才，薦入馬士英幕。阮大鋮欲興大獄，力阻之乃已。

趙泂，字希遠，工文書畫，董其昌、王時敏重之。文驄招，不出。去諸生，隱上海。

夏治，字再我，歲貢。受知方岳貢。工詩草。與蔣石、王光承同隱。石，字漁山，去諸生。詩學宋人。

翁歷，字紀長，與城守。兵敗，去諸生，走平湖。文有逸氣。

李之駒，字昂若，去諸生。研良知學。靳輔禮之，不見。

林希灝，字式齋，敦行。博通天文地理，著書五百卷。

王應麒，字允錫，天啟四年武舉。工詩。爲僧亭林，卒年八十四。

王元一，字默公，以古文鳴，陳子龍出其門。去諸生。

莫秉清，字子先。父後胤，字嗣家，國亡爲僧。秉清去諸生，爲道士浦東。博覽載籍，詩文有高致，書追晉人。

馬是麒，字孟損，去舉業。與光承結社，壹力詩文，卒年八十六。子昌言，字舜俞，工詩。

曹棻，字叔芳，去諸生。著述。陸隴其，其外孫也，幼年識爲國器。

曹思邈，字魯元，去諸生。工書法。郡守餽百金請書，不應。

曹燕，字子翼，去諸生。工詩。

計安，字子山，後改名南陽。夏完淳師之。詩悲壯。去諸生，不應召。

唐醇，字復西，有名幾社，去諸生。幅巾布袍，獨居斗室。兄疇，字去非，擅花鳥。去諸生，居閔行，閉户二十年。

李蒸，本名長苞，字竹西，崇禎九年舉於鄉。居宿遷、寶應，詩酒。薦不出。

錢德震，字武子，去諸生。工詩。卒年八十四。

范元錫，工文，去舉業。

董黃，字律始，其昌從子，工詩。日痛哭，不應試。韓范，字友一，諸生。隆武時中書舍人。工詩。郁彬，字少文，工詩，爲丹霞十一子之一。陶啟昭，吟誦不已。一夕去，不知所終。蘇遯，本名霖，字遺民，工山水佛像，困屯死。葉舟，字飄仙，長花卉，披緇。

柏古，字斯民，工詩詞書法。或塗飾爲婦人裝，曰：「非此不諧俗。」人呼曰癡。晚訪匡廬，卒于湖。子立本，字哈生，畫入宋元人室，偕隱。

蕭詩，字中素，書畫詩文音律絕妙。去諸生，劉棺爲生，持斧豪吟，自號蕭木匠。名流仰止之，達官投什，不報。後有物色之者，偕光承入海卒。

林子襄，字平子；許昌國，字在公；陸彰吉，字亮中；杜駿徵，字徠西；顧開雍，字偉南；顧廷璋，字文中；范彤弧，字樹鍭，與王國臣、馬端午、沈東生，皆去諸生，隱於文。流寓嘗瑩，字珂雪，工山水，爲其昌代筆，主嵩江息庵，與子龍往還。

王光承，字介石，上海人。父丕顯，字君謨，歲貢，新昌教諭。光承，諸生，弘光時上時務五策，監國魯王辟。弟光烈，字名世，諸生。皆博雅工詩。父子以隱逸徵，不應，躬耕海畔。

邑人何安世，字次張，隱南浦著書，詩文華贍。

沈求，字與可，去諸生，隱梅花源，詩文名家，卒年七十五。子白，字賁園，工山水，卒年七十八。

王大綬，字聖佩，工詩。去舉業，吴騏稱爲隱君子。

葉有年，字君山，工山水。膺肅王識鉉辟，歸。

黄中理，字茗隱，工牡丹。去諸生，卒年八十。

陳曼，字長倩，以詩名幾社，名公倒屣。去諸生。書畫宗二米。

陸起鳳，字儼若，崇禎十七年選貢。

顧用，字蔚若，名著幾社，去諸生。

陸景醇，字師古，尚書深孫。弟濟，字公謙。

朱錚，字拂鐘，弘光元年恩貢。

瞿穀，字式似，知縣騫子。去諸生，廬墓。皆以詩文名，絶意仕進。

青浦邵梅芬，字景悦，弘光元年恩貢，陳子龍弟子。工詩，入幾社。清兵至，被執不屈，大罵死。

施世則，字仲倫，去諸生。居七寶。坐卧小閣，詩酒自娱。

孫逸，字中篦，以詩名家。

陸希倕，字孝曾，工詩。去諸生。入玉屏山。清人許之，北遊死。

林企俊，字鶴招；張三秀，字畹史，皆工詩。

通證，字超澄，又字月江，號語石，本羅姓；炤初，字貞朗，本崑山程氏，皆爲僧，工山水。

流寓王懋忠，字思岡，蘭谿人。詩名幾社。去諸生。

金山衛陳治，字山農，去諸生。隱泖湖。詩名天下。

熊日蘭，字畹仙，南昌人。豪於詩。

南明史卷九十五

無錫錢海岳撰

列傳第七十一

文苑二

朱一采 張以謙 史遵等 陸苞允 何冷 吕嘉岳 徐騰暐 屠錫光 劉朝鑑 蔣演生 葉如璧 唐宇昭等 是名等 王廷璧 顧祖禹 父柔謙 顧宸 張列宿等 黃家舒 許大就 馬兆良等 嚴福孫等 華慶遠 馬壬玉 鄒初基 吴明盱 蕭光緒 李嵩 王昭吉 華遠臣 安璜 安夏 王棨 王抱承 任元祥 謝遴 許肇篪等 吴湛 楊湛露 周濂學 陳璿 胡山 邵賚 儲懋時 儲國楨等 周新 蕭鄂 任繩寵 尹穀奎 張應鼎 李寄 徐遵湯 許覲 梅正平 陳明時等 周榮起 鄧林楨 鄧煒 蔣世楠 於壽格 孔興綱 高自卑 任光[礻盈] 薛延祚 胡繼美 孫餘禎 冷士嵋 徐學古 劉孟震 朱祜 談允謙 蕭懋光 何絜 程世英 陳世章 於震 楊志達 宋之統 姜鶴儕 楊通睿 姜大

澄等　賀汝第　賀復徵　王鐕等　潘高　于梅　殷南棫　方文　方授　陳朝棟　潘江　方思　吳天放
方若洙　楊臣諍　吳道約　陳昉　吳應珙　趙相如　姚亮等　周日赤　張僎　阮濬　吳廷楷等　蔣瑶
芝　曹天寵　盛斯唐等　王延造　王延運　陳延　鮑文標　阮魯士　周期應　王翰　楊逢泰　鄭達
孫昌裔　宋儒醇　林若濬　吳爾康　韋尚賓　楊行達等　吳中望　聞可宗　魯懋聲　唐名鴻　葉筠　朱
璽　唐亮等　薛喆　王龍文　賈善價　周廷棟　馬孫鳴　趙澄　王清臣　萬壽祺　李向陽等　葛嵩
茂　許作楫　王作標　郝繼隆　俞善長　王毓真　許楚　羅斗　汪益亨　程基等　王玄度　洪瀛　鄭
旼等　詹方桂　程謙　洪舫　程守　閔麟嗣等　謝紹烈　方世鳴　程邃　汪瑶光　江嘉梅　汪家珍
方兆曾　胡春生　羅煜　董維　羅捧日　汪中柱等　汪薌　潘彦登等　汪鼎和　張膽　汪荀　汪之瑞
程錫類　謝四新　吳兆　金象乾　汪學聖　楊侃如　吳文冕　孫默等　汪瑞聞　孫國瑜等　余紹祉
子藩卿　吳一俊　汪大業　程昌誼　王斌衡　查思滉　戴思孝　潘顯道　汪應鶴　陳二典　張馩等　汪
偉　余國聖　張祖房　劉振　吳肅公等　蔡蓁春　湯廷對　孫于王　陳祜　吳士品　劉仲曜　倪正
梅士昌　昝質　梅巨儒　徐肇伊　劉易　沈埏等　盛於斯　秦鳳儀　萬應隆　弟麒等　王雲鵬　汪裕
崑　左士望　朱苞　翟尚忠等　董基　葉令樹　胡興道　洪載　胡蜚英　鄭過　胡簡文　黄可縉　劉邦
基　曹伯淳　王文煒　杜名齊　汪尚謙　湯燕生　陳輔性　李憝　李達　吳非　楊培　何煜　劉光衍
吳鐘　江杏　傅天榜　孔尚大　唐昇　王運泰　戚嘉縉　葛天裔　陶維熊　奚自　一雨　無依等　方名

朱二采，字立人，武進人。明性道之學，自律曆、禮樂、學政、貢舉、田賦、兵制，以至救荒弭盜、河漕得失、古今盛衰，靡不貫穿，尤長議論。博大不如顧黃，而守先待後隱以自任則一。文多悲憫之思，嘗自題象贊曰：「一民飢，爾欲與之糜。一民寒，爾欲與之綈。石漏天穿，隻手以持。大道久塞，決排者希。咨爾復亭，心殫力微。百年功罪，千秋是非。復亭爲誰？江南布衣。」其抱負可知矣。國亡，貧困，客授四五十年乃卒。

邑人張以謙，字贊虞，崇禎十七年恩貢。詩文有晉唐風。管紹寧薦，與吴國龍、陳震生、宋徵璧同修國史，完髮隱芙蓉湖。楊廷鑑訪之，遁去。生未嘗用清錢。張煌言歿，號哭累日死。

史遵，字尊之，崇禎十七年恩貢；兄述，字术之，諸生。以文名幾社、復社，隱芙蓉湖。

陸苞允，字竹孫，去諸生。遊閩、越、齊、楚，所至訪其遺佚。晚偕惲日初、陸世儀講學。

何冷，字中湄，奉母孝，不應試，講學東林。

吕嘉岳，字嵩壑，工詩書。名卿訪之，不見。

徐騰暐，字升如，去諸生。工文。

屠錫光，字九如，少稱神童，工文，不試。

劉朝鑑，字朗衡，都御史熙祚孫，去諸生。杜門力學。

蔣演生，字寅伯，博學，爲詩歌沖淡。

葉如璧，字子穀，工書。築環碧堂，年四十不入城市，卒年八十五。

唐宇昭，字雲客，天啟四年舉於鄉。弟宇量，崇禎十二年舉於鄉，孫慎行弟子，工詩文畫。清迫應試，中道遁歸。

是名，字凡夫；胡香昊，字芋莊，詩酒寒餓卒。

王廷璧，字雙白，諸生。工古文，遁於佛。

顧祖禹，字景范，無錫人。父柔謙，字剛中，諸生。精於史學及六書音韻，師馬世奇，與黃淳耀、黃毓祺一見定交。諸人歿，設位以哭盡哀。國亡，與黃守中扁舟痛哭蘆葦中，哀憤形之歌詩，讀者悲之。祖禹見父恒閉門默坐，或竟日不食，叩首寬慰。柔謙曰：「汝能終身窮餓不思富貴乎？」祖禹跪曰：「能。」柔謙曰：「吾與汝偕隱耳。」乃改名隱，署室曰「伐檀」。

祖禹，沈敏有大畧，不事帖括，經史背誦如流水。爲人奇貧，而廉介樸厚，不求名於時。

稍長，出遊，足跡徧天下，欲有所爲。歸而閉門，貫穿經史，出以己所獨見，著讀史方輿紀要，據正史考訂地理，於山川形勢險要、古今用兵、戰守攻取、成敗得失之跡，皆有折衷，凡職方、廣輿諸書，承訛襲謬，一一駁正。其深思遠識，尤在語言文字之外。其論之最精者，謂：「天下之形勢，視乎建都，故邊與腹無定所。有在此爲要害而彼爲散地，在彼爲散地而此爲要害者。」又謂：「有根本之地，有起事之地。立本者，必審天下之勢，而起事者不擇地。」蓋祖禹身爲孑遺，手無寸柄，事既無成，乃一託於此書，聊識其光復舊物之雄略焉，故其言如此。徐元文開一統志館洞庭山，祖禹以白衣參其事。元文欲薦之，以死力辭卒。

邑人顧宸，字修遠，崇禎十二年舉於鄉。詩文豐蔚典贍。

張列宿，字惕庵，與子光經、光緯，皆去諸生，隱陽山陽湖間。詩文多酸楚音。光緯，字次民，入山不返。

黃家舒，字漢臣，去諸生。獨居斗室，文章高古。

許大就，字豈凡，副貢，不試。工詞。

馬兆良，字公眉；弟兆元，字仲調；嚴仁錫，字求存；呂自咸，字誠之；丁大任，字三餘，皆去諸生，工詩。

嚴福孫，字祺先。父紹宗，字與德，尚書一鵬子，副貢，入山。福孫去諸生，學易，積十五年力，成通義一書。弟繩孫，見清史。

華慶遠，字子嘉，好劍術，詩書有晋人筆意。葺廬竹間，曰「物外閒居」，不見客。有貴人訪之，款扉自通，見在花下負手徐徐行，曰：「謹謝客。」乃太息去。

馬壬玉，字彦豐，世奇子。一寄於詩，歿以僧服殮。

鄒初基，字心白，諸生。窮經史百氏，逃禪，託詩歌見志。

吴明盱，字頌筠，少工舉業，博極羣書，詩文古雅。恒獨行山巔，執竹枝擊石而歌，長號不止。

蕭光緒，字子冶，崇禎六年舉於鄉。詩蕭灑出塵。

李嵩，字静山，工詩。偕妻吴薛唱和嘯傲涇。畫花蘤蘆雁，時露天趣。卒年八十二。

王昭吉，字夫吉，去諸生，野服。少受業高攀龍，文多見道語。

華遠臣，字孔輿，精性理。

安璜，蔬食卅年。安夏，字大己，去諸生。保文乘孤。王棨，字民慶，去諸生。王抱承，字果延，去諸生。皆以詩文名於時。

任元祥，字王谷，宜興人。去諸生。工詩古文。與陳維嵩、侯方域相友善。嘗規維嵩倉卒取辦，有才無情，好何、李、雲間而不知宗杜；又規方域師杜五古而不知有漢魏，時以爲確論。文初學六朝，一變入韓歐，再變浸淫漢氏。熟於國朝制度，所著制科、職官、制祿、漕運、賦役、制錢等議，皆能指其得失。嘗與魏禧遇於嘗州。元祥貌朴魯，對人訥訥，禧意輕之。及視其文，乃大驚，語人曰：「彼神明内藴致工也，余則瞠乎其後矣。」又嘗與湯之錡講陽明學，以爲顏之卓爾，孟之躍如，周子之無極，程子之天理，王子之良知，其歸一也。性孝友，持身嚴肅，言動不苟。建宗祠，定宗法，族人世世遵之。所著文集，歿後貧不能梓。妻黃，蠶績刺繡十餘年，傾其資爲刻之，時稱賢婦。

邑人謝遴，字彙先，崇禎六年舉於鄉。與周延儒善；及入相，招之不至，曰：「以相國貴重，而邑有不通半刺之孝廉，亦足爲相國地矣。」御史王志舉稱其「克遵孔孟一經，不愧孝廉二字。」國亡，爲竹屋，坐卧其間。古文有先正規矩。

許肇篪，字塤友，去諸生。博學工文章。意氣豪逸，放浪吴越間，爲詩自娱。一夕嘆曰：「燕臺何在？石城何在？」泣數十日卒。兄肇基，字袠遠，去諸生。走湖州大箬山爲僧，名腐鐵。

吴湛，字又鄴，副貢。從主事吴貞啟遊粤，與吴帝賚詩酒行遯。

楊湛露，字燕侯，歲貢。延儒致殷勤，不答。白衣痛哭郊居。與休寧汪寶皋遊。令延主講席，瞠目曰：「何學之講耶？」言已流涕。遂不敢再請。餽粟帛不受。卒年九十二。

周濂學，字仲瀛，精理學，教授於鄉。

陳璿，字衛公，去諸生。工古文。年八十，流寓江陰。言及國事，輒泣下。

胡山，一名日新，字天岫，去諸生。負才傲岸，賣藥著書，詩超邁激昂。

邵賚，字幼節，工詩文。與徐枋、張夏友。主延陵書院。

儲懋時，字翼申，崇禎十七年恩貢。默寫二十一史，節成編年、紀年二書，加以論斷。儲欣出其門下。

儲國楨，自號樗全子；周廷求，字近于，去諸生；蔣偉，字韋人，去諸生，以詩名。

周新，字瑞甫，工書法。

蕭鄂，字倩韡，工文，居蕭寺。

任繩寵，字吉士，工詩，隱鹿堡山房。

尹毅奎，字武卿，工詩詞，隱安樂山。

張應鼎，一名印頂，字大玉，江陰人。諸生，思立功名。鼓琴擊劍，酒酣興發，狂叫中應，如梨花亂落，紫電交馳，令人目眩。天性忠義，南京亡，痛成心疾，號泣狂走市上，或裸體悲歌於道。人多惡之，乃家定山雲停里，號大育頭陀，自署門曰：「山定人隨定，雲停我亦停。」每雞鳴出詣山谷，動操牢哀，繼之以泣，日入乃反。滄桑之感，一寓於詩。如是者二十餘年，卒嘔血死。

邑人李寄，字介立，本姓徐。母周，弘祖妾，孕而嫁之。以育李，故從其姓。諸生。弘光時，欲進中興三策勤王，未果。狷直不諧俗，好山水。稱崑崙山樵。國亡，不娶，奉母定山，有司一見不可得。後爲道士。

徐遵湯，字仲昭，副貢。與黃道周遊。弘光時徵。古文如曾王，詩尤高雅。

許觀，字上公，孝友。去諸生。工詩古文。

梅正平，字天奇，兄某殉難。正平去諸生，自髡其首。學使來，不見。詩文奇崛。

陳明時，字汝良，去諸生。精易守禮。子芝昌，字旦生，南京亡，抑抑死。

周榮起，字仲榮，去諸生。出遊。工詩文書畫。

鄧林楨，字克生，去諸生。工詩。

鄧煒，字函若，去諸生。工詩。

蔣世楠，字季舄，工詩。爲僧名寂通。

於壽格，字彭年，擅古樂府。

孔興綱，字蓼園，至聖六十六世孫，去諸生，從陸世儀研理學。

高自卑，字尚矣，去諸生。閉門專心性理。文章沈鬱。

任光裪，字久徵，與黃毓祺交，工詩詞。

薛延祚，字引百，去諸生。號哭，詩歌以老。

胡繼美，字彙朴，去諸生。理學。隱雲亭，歿以故衣冠殮。

孫餘禎，字開之，太僕繼有子，師高攀龍、李應昇。文一規先正。去諸生，抑塞死。

冷士嵋，字又湄，丹徒人。之曦弟，諸生。南京亡，兄弟共事義師。兵敗，士嵋遁五州山，自稱遺民，蓑衣翁笠，竹杖芒鞵，寒暑不改。嘗曰：「戴笠，痛大明之天不復見。著芒，痛大明之地不復履也。」絶意進取，圖書詩史自娱，終身不入城市。古詩宗漢魏，近體祖初盛，晚年刻意學杜，多激壯之音。爲文千言立就，博辨自成一家。家本素封，多藏書。亂後家落，以授徒自給。爲江冷閣，著書其中。與張自烈、魏禧、宗元預、盛遠、文點相贈答。

嘗北渡淮，南泛洞庭，過大庾，入會稽，覽勝紀詩，盡耗其資歸。

少與張九徵友，相約不應試。九徵違約，遂與之絶。故人張玉書枋國，訪之，不報；還朝薦，不往。或勸之仕，曰：「仕無害義，然不欲負初心也。」

生平篤友誼。黠以先世手澤湮没，慨然以温州待詔三橋、湖州三世墨跡贈之，世所罕有。晚益貧，無子，居焦山僧舍，四方求詩文者日衆。卒年八十。

邑人徐學古，副貢。下筆淵古。弘光時，管紹寧薦修國史。

劉孟震，字起東，諸生。紹宗召入閩，輯皇明大政。未及赴，國亡，浪遊。著書數十種。以布衣終。

朱祜，字叔子，去諸生。與顧與治、朱一是、杜濬交，多著述。

談允謙，字長益，去諸生。詩文於治亂興亡、人物臧否紀之特詳。

蕭懋光，字龍生，以孝稱。題守備，不就。去諸生，杜門著書。

何絜，字雍南，去諸生。以詩歌古文雄於時。

程世英，字千一，去諸生。工文。

陳世章，與王玨遊，工詩畫。

同時於震，字亦川，丹陽人。武生，任俠。詩雄奇沈鬱如少陵。

邑人楊志達，字爾誠，廩生。與眭明永友善，負文名。國亡，投水遇救，去妻子，入李家山，架嵩爲巢，吟咏其中，不改巾服。卒年七十三。

宋之統，字稺鴻，歲貢。工文。爲僧廬山。

姜鶴儕，本名彦初，字子翥，尚書寶玄孫，諸生。有雋才。以義師入獄，免。

楊通睿，字聖喻，詩多激楚。

姜大澄，字元輝，去諸生。姜大申，字申如，去舉業。賀裳，字黄公，太學生。皆工古文，與張溥、楊廷樞友。

賀汝第，字合虚，去諸生。爲僧。工詩。

賀復徵，字仲來，恩貢。修熹宗實録。

王鐨，字叔墳，金壇人。崇禎十七年歲貢。以詩名。晦跡酒人，牢愁憤悱，不求人知，人亦無知者。從弟鏦，字闇然，棄舉業，以醫濟人，終身野服。

邑人潘高，字孟升，去諸生。五言清真古澹，與邢昉齊名，錢謙益重之。國亡後，沈飲龍山已山間，以貧死。

于梅，字象明，詩淳古淡泊，與高齊稱。

殷南棫，字文莪，去舉業。居洮西。與高，世推高士。

方文，字爾止，桐城人。主事大鉉子。少有才華，與復社諸子友善。汪偉以女妻之，遂居南京。國亡，去諸生，於每歲三月十九日痛哭。或勸應舉，不答。詩學白居易，凡民謡里諺、塗巷瑣事，無不引用，興會所屬，衝口成篇，故所作款曲如話，真至渾融，自肺腑中流出。摹繪忠義事，尤嗚咽出之，令人不忍卒讀。

陳名夏過京，乞定其詩，執禮甚恭。文讀之曰：「善。但必改三字。」名夏謙曰：「豈止是。顧三字者，何也？」文厲聲曰：「但改陳名夏三字耳。」名夏怒，曰：「爾謂我不能殺爾耶？」拂衣起。或咎文，文曰：「吾自辦頭來耳，公等何憂。」

初，從兄孔炤官南太常。秋祭，挈文至齋宫，見羣鹿項懸永樂年金牌。後三十年，謁孝陵，又見之，伏地不能起。尋卒於蕪湖。

邑人方授，字子留，諸生。南京亡，悲慟絶粒將死。清脅應試，出亡，望孝陵哭失聲，爲僧寧波。永曆七年，自天門山往石浦，探海上消息，與華夏翻城之役，免。好周諸人急。已入英霍山，謀起兵。逮獄，得脱，家亦破，拾橡栗以食。一日，登嘉興東塔，長號死，年二十七。詩渾雄悲壯如杜陵。

陳朝棟，字隆伯，廩生。少治理學，觴詠自適。有作，自火之。

潘江，字蜀藻，工詩，稱聖童。

張英，舉鴻博、兩徵遺逸，不赴。

方思，本名孔炳，字爾孚，紆衿方履，豪於詩。

吳天放，一名時逢，字素夫，去諸生。工詩。

方若洙，字劬生，歲貢。評定古今文。有軍城歌，稱詩史。

楊臣諍，字古度，去舉業。博聞著書。卒年七十九。

吳道約，字博之，去諸生。工詩。隱拔茅山。

陳昉，字朗生，古衣冠，詩酒自放，卒年八十一。

吳應珙，字景孟，武舉。詩酒。

趙相如，字又漢。崇禎中上治平策，不得達。北變，作甲申感事詩，去諸生。

姚亮，字揆采，工文書畫，浪遊。子秉濬，工詩。

周日赤，字子蘊，博雅多才。去諸生，居梅花山。

張僎，字文升，去諸生。兄開，副貢。朱延祚，去諸生。李在銓，字當衡，去諸生。吳紹奇，字淑甫，歲貢。侯珣，去諸生。皆以詩文名。

懷寧阮濬，字季子，爲室龍山，冬夏一衲，酒畫自遣，詩寒瘦成家。

吳廷楷，字端儀，去諸生。韓鼎隱，字象生，去諸生。顧從喬，字若齡，與倪爾嘲方應賓，皆隱詩酒。

蔣瑶芝，字素書，去諸生。窮經，老於釋。亡國之感，一見於詩。

曹天寵，字蓼湑，通象緯，去諸生。

盛斯唐，字集陶，負文名，偕韓長世居南京，與錢謙益、林古度唱和。長世，字克長，恩貢，隱黄荻陂。

灊山王延造，字深之，遊黄道周門，博學工詞章。

王延運，字徙之，工書，去諸生。

陳延，字遐伯，篆刻與蕭雲從齊名。

鮑文標，當左夢庚反，誘前導，不從。南京亡，陽狂，雜民入大内刈草，與白首宫監話舊，感慨成詩。

太湖阮魯士，字一儒，去諸生。博極羣書，隱羊隖。

周期應，字維新，去諸生。浪遊山水。

宿嵩王翰，字廢夫，去諸生。

楊逢泰，字開甫，與張光裕皆工詩。

鄭達，字士行，合肥人。去諸生，自稱淝水奈邨農夫。慷慨有大志，足跡半天下，盡山川形勢，交遺臣故老。集國朝遺事，爲野史無文一書，質直足以傳信。達有文武才，而卒以不仕窮老。

同時孫昌裔，字秋我，舒城人。副貢。龔鼎孳薦山林，寄詩拒之。

宋儒醇，字衍魯，廬江人。歲貢。多著述。

林若濬，無爲人。去諸生。隱東野四十年。歲三月十九日有詩。州人吴爾康，字又人，歲貢。居蔞溪，詩歌以老。

韋尚賓，字秋子，巢縣人。去諸生。道服遊天下。詩文，自焚其稿。

楊行達，字達可，六安人。御史四知子，選貢。著書。弟行孚，亦應貢不赴。

吴中望，霍山人。工畫。居天柱南，與林宣、錢朝選唱和。

聞可宗，字範伯，英山人。歲貢。講學。

魯懋聲，字有夫，和州人。去諸生。日事經史。

唐名鴻，字情符，含山人。隱蒼山，以詩名。

流寓葉筠，字竹君，公安人。工詩文。居皖上。徵辟不就。

朱璽，字若符，鳳陽人。杜門著述。

唐亮，字寅工，懷遠人。與邑人秦偉人、沈健翮，皆詩酒悲歌。

薛喆，字二吉，定遠人。去諸生。工篆刻。

王龍文，字鼎子，盱眙人。副貢。鎮江訓導致仕，以詩酒終。

賈善價，字美余，宿州人。去諸生。作哭神京詩。隱符離山。州人周廷棟，字豫章，弘光元年恩貢。工詩。

馬孫鳴，靈璧人。去諸生。講學。

趙澄，字雪江，潁州人。晚居鳳陽。工臨摹。從王鐸至京師，見大內珍藏，縮爲小幅，無一不肖。兼能詩山水。州人王清臣，力田吟詩。南京亡，不知所終。

萬壽祺，字年少，徐州人。崇禎三年舉於鄉。工詩文書畫，寫美人，琴棋刀劍百工技藝無不曉。風流豪宕，傾動一時。南京亡，沈自炳、戴之雋、錢邦芑起兵陳湖，王家瑞、陳子龍起兵泖湖，吴易起兵太湖，與徐秉衡、鄔繼思、程邃、胡介結客會師。兵潰被執，不屈。有陰救之者，繫月餘，脱歸，爲室浦西，妻徐、子睿灌園自給。僧冠儒服，自號明志道人、慧壽和尚，而飲酒食肉如故。詩沈鬱高壯，一如其人。秉衡，字君平，歙縣人。

李向陽，字孝乾，徐州人。天啟四年舉於鄉。會試，卻魏忠賢納交，幾罹禍。授金山衛教授。國亡，躬耕，不應徵命。手疏五經，注陰符、莊、騷，批選唐、宋八家盈千卷。子弇，字山洲，弘光時選貢。工詩。

葛嵩茂，字茂如，蕭縣人。歲貢。詩古文成一家言。隱方山，不入城市二十年卒。

邑人許作楫，字二濟，選貢。文追秦漢，詩如李杜。隱嶂山芙蓉湖上。

王作標，字建若，選貢。工古文。卜居湖東別墅，以詩酒終。

郝繼隆，字允善，沛縣人。選貢，博學杜門。

邑人俞善長，壽祺主其家。

王毓真，碭山人。選貢。好古力學。清薦通判，不應。

許楚，字方城，歙縣人。著名復社。張溥稱其淹通經史，力振古風。徽州亡，去諸生，移居靈金支峯高廟山中，結庵曰「石雨」。嘗驅車三入南京，一至北京。每過山川城郭，見兵燹荒殘，則廣詢耆舊，訪羅孤忠。歌聲所激，往往清絕。已坐鄱陽義師事入獄，掀髯爲陳大義，得免。以國朝養士深仁逾二宋，爲遺民録、新安外史，非關風節、資掌故者不録。卒年七十二。

邑人羅斗，字兼儀，工古文，不交當世。

汪益亨，字德裕，博學能文，南走閩粤歸。

程基，字公履，事後母盡孝。詩文悲楚傲岸。抑抑卒。從弟封，字伯建，去諸生。精史學，死難。

王玄度，字尊素，去諸生。古文法周秦，間爲山水。江淮間得其片紙，珍重之。後逃於禪。

洪瀛，字仙客，嘗上書言事。學宗莊老。

鄭旼，字慕倩，工詩成家，畫出入元季。陽狂。與邑人吴揭言往事，慟哭不休。揭字僅庵。

詹方桂，字天木，工書畫，隱嵩蘿山。

程謙，字抑若，通天文，工詩。

洪舫，字方舟。室中設屈杜主拜之，工詩。

程守，字非二，去諸生。詩多創語，書奇崛。

閔麟嗣，字賓連，足跡半天下，所至有詩，魏禧、沈德潛、施閏章重之。卒於揚州。

謝紹烈，字承啟，博通羣籍，書畫見稱於時。

方世鳴，弘光時薦修國史。

程邃，字穆倩，居嵩江。師陳繼儒，爲黄道周所知。嘗遊南京，與馬士英鄰，不一見。

一日，士英至程正揆所，望而遁去。後從楊廷麟軍。兵敗，去諸生，居揚州。工詩文、金石、考證、篆刻，畫枯筆乾皴，中含蒼潤。徵鴻博，力辭。卒年八十六。

汪瑶光，字文岫，尚書道昆孫，任子。博學能文。去諸生，爲僧太函。

江嘉梅，字晚柯，去諸生。工詩畫，隱西湖。

汪家珍，字璧人，去諸生。與遜逸齊名，人物花鳥蟲魚入妙品。

方兆曾，字沂夢，去諸生。工畫，居蕪湖。

胡春生，字夏昌，歲貢。饒於財，居揚州，晚爲醫南京。作水墨山水。

羅煜，字然倩，有文名，隱揚州北湖。

董維，字四明，居揚州，博古好書畫。

羅捧日，字爾升，去諸生。居無爲。通天文地理，工詩詞。

汪中柱，字爲石；程家摯，字公衡，皆去諸生，著書。

汪鄭，字羲仲，江韜友；潘彥登，字誕先；程培坤，字以載，皆工詩。

休寧汪鼎和，字公調，副使康謠子，太學生。負經世才，崇禎中，盧洪珪舉真才，上精甄別、防壅蔽二疏。歸，講學焉文堂。大飢振濟。江右盜至，陳方畧，集義勇拒之。兩臺再薦，不就。

張膽，字貢赤，好談經濟，講學石林三十餘年，黟人化之。晚隱天潛山，葛巾野服。卒年八十二。

汪荀，字淑子，工古文。去諸生，出亡。

汪之瑞，字無瑞，爲山水生動。

程錫類，字不匱，去諸生。

謝四新，有詩才。從洪承疇征遼有功。承疇入清，招之，不出。

吴兆，字非熊，以詩名萬泰天崇間，卒於粤。

金象乾，字子陽，崇禎三年舉於鄉。精理學。山居杜門。

汪學聖，字惕若，廪生。金聲友，從高世泰東林。歸，講學紫陽、還古書院。

楊侃如，字景陶，從吴懷英遊，講學以遏欲存理爲要領。卒年八十。

吴文冕，字從周，去諸生。隱海鹽。

孫默，字無言，居揚州，窮老。

汪端聞，去諸生。

孫國瑜，字玉如，與吴炳、孫漢昭、方里友，皆工詩。

余紹祉，字子疇，婺源人。通性命、經濟、禮樂、軍旅、圖書、壬遁之學。少有至性，母病割股，殁幾身殉。長而任俠，交劍客酒徒。師黄龍光以建言忤旨，下獄，助其罰鍰。已築白雲窩鄣山。兵至，憑山設險，皆敗去。南京亡，哀痛，嘔血成疾。欲從金聲軍，不果。徽州陷，去諸生，一瓢一衲，遁入高湖，改名大疑，參禪歌哭。公卿索書，不應。曹、汪起兵死，設位以哭。文高華典則，不染一塵。詩如文長、中郎，書出入晋人，醉作狂草。海賈爲日本國王求書，以十犀易一幅。晚年憤激之衷，不平之氣，一見詩歌。

子藩卿，字翰臣，去諸生。寄情山水。時爲詩文見志。

吴一俊，字士先，完髮遁黄泥坑。詩歌以明紀年。卒年七十八。

汪大業，字簡宣，副貢。詩文成一家言。

程昌誼，字越未，去諸生。居西山。文宗秦漢。

王斌衡，字春光，選將才，去諸生。詩逼陶潛。

查思滉，字我涵，廩生。理學明道，衰絰入山。

戴思孝，字永言，歲貢。通百氏。清徵不出。

潘顯道，字焕斗，理學，去諸生。辭辟。

汪應鶴，字于鳴，吟咏。

祁門陳二典，字書始，廪生。入天都峯，潛心程朱。張頷，字含之，文本理要。去舉業，窮經；陳大喜、陳昭祥、謝天達、陳汝器、陳元祥、陳起辛，皆工文，入山。

黟縣汪偉，字位三，恩貢。研經深山。

績溪余國聖，字爾思，聲友。聲死，左右其家。工詩文。

流寓張祖房，字又良，不知其所自來。隆武時隱休寧。訪吴懷英，盡以所著授之。後居黄山，卒年九十二。祖房，學極博，精武技，於天文、術數、壬甲尤究心。

劉振，字自我，宣城人。博學，善持論。中原多故，上書范景文，言多奇中；景文禮之。南歸杜門，輯古今治亂得失，作廟算；采兵家言，作緯書；又采實録野乘，自洪武至萬曆，名識大録。景文掌南樞，大事咨之。及内召，招修工部志。會北京亡，書未上而佚。弘光初，疽發背卒。

邑人吴肅公，字雨若。父煐，字無忌，南京亡，去諸生。哭入白馬山。麻三衡、吴漢超及東溪彭氏起兵死，冒險收其屍。清捕三衡家屬，命勇士吴勇略、梅桂之送三衡子乾齡入閩，而令肅公詐爲乾齡代逮。清招煐試。曰：「一領青衿包白骨，死沐舊恩；千莖華髮老黄冠，生餘殘喘。」乃已。肅公少從從父坰及沈壽民學。南京亡，去諸生，黄冠草服。闡揚聖學，力闢姚江。弟子多當事者，來謁不見。古文闖史漢之室，詩不屑三唐以下。壽民疾，侍湯藥二月。易簀，爲櫛縰治髮簪。坰字季野，古文追秦漢。南京亡，請張慎言、莊則敬起兵。尋參尹民興軍，兵敗幾辟。寧國陷，去諸生，立明誠會，賣卜，人見不納。兄鋑，字若金，與壽民齊名，去諸生，詩清拔。

蔡蓁春，字大美，工文，陳子龍重之。

湯廷對，字士初，歲貢。治春秋，卒年七十。

孫于王，字羽辰，去諸生。詩文書法恢奇，爲肅公所器。

陳祜，字吉裘，去諸生。工文，授徒，貧介好施。

吴士品，字孟修，從艾南英學，受朱子全書，悉其壼奥。性至孝，居親喪，服制儀節一如家禮。時學者溺於静坐冥悟之學，作陽明辨惑闢之，議一本朱子。著述數十卷，稿數易後成，悉出手繕。

劉仲曜，字聖圖，弘光元年恩貢。博極經史。

倪正，一名觀湖，字方公，竹冠道服，古文高邁，通天文曆算。梅文鼎從之遊。總督欲執弟子禮，不應。

梅士昌，字期生，去諸生。杜門學易。子文鼎，見清史。

昝質，字無疑，工詩痛哭，後坐詩獄死。

梅巨儒，字諛聞，篤行，去舉業，盡讀藏書。累硂磄築户，通食於牖，輒經時日。每歲除，家人陳設畢，乃出。以史學著作終。

徐肇伊，字程叔，廩生。文如漢魏。

劉易，字望之，從孫奇逢遊。

沈埏，字公厚；劉芳顯，字孔昭，皆工文。

南陵盛於斯，字此公，詩文立就。遊南京、揚州，多交名士。侘傺歌泣，一寄於詩。

秦鳳儀，字斯來，天啟元年舉於鄉。文清古，樂善好施。

萬應隆，字道吉，涇縣人。崇禎十二年舉於鄉。與沈壽民、劉城、吴應箕、沈士柱爲南社。張溥倡復社，偕邑中才士會於虎丘。馬阮修怨，遯免。歸，建玉屏園。故交多達官，屢薦不應，茹蔬布褐。又三十年乃卒。少爲經世學，表章忠義，文多激楚，出入經史百氏。弟麒，事别見；麟，字道瑞，工詩。

邑人王雲鵬，去諸生。詩酒，祝髮爲浮屠裝。

汪裕崑，字巨源，孝友。去諸生。窮經史，坐卧一室不出。

左士望，字稚姜，工詩文，多著述。

朱苞，字以九，去諸生。詩文名幾社。

翟尚忠，字伯海，去諸生。種菊陶山。弟尚孝，恩貢，江都教諭，工詩。

董基，字維德，歲貢。受知李邦華，專研理學。

葉令樹，字依氏，有名復社。去諸生。詩酒。

胡興道，字子修，孝行。課徒窮書史。

洪載，字野鶴，好古行義。詩如陶孟。卒年九十二。

胡蜚英，字淡然，應貢不出，杜門窮經。

鄭過，字原古，去諸生。詩酒。

寧國胡簡文，字闇齋，著述爲蔡蓁春、方文、杜濬所重。去諸生。陽狂入山。

黄可縉，字元獻，副貢。讀書白雲山。守道重義，兵荒振卹，修邑志不忘故國。

劉邦基，去諸生。廬墓六年，多著述，後不知所終。

流寓曹伯淳，字夢白，歙縣人。去諸生。詩書稱二妙，兼擅琴，晚研理學。

旌德王文煒，字闇仲，歲貢。張瑞圖嘆謂奇才。弟子從遊者數百人。

杜名齊，字朋李，去諸生。從壽民學，隱球山。愴懷君國，一發於詩。文亦嚴邕。

太平汪尚謙，字敬齋，孝廉方正。日講心性，樓居不下。與壽民交，爲四方名士所歸。清徵不應。

湯燕生，字玄翼，去諸生。遁蕪湖。工書畫詩文。

陳輔性，字足彝，去諸生。完髮入黄山。

貴池李懋，字敬仲，諸生。詩淹雅蒼潤。國亡，或泣或舞，憂憤死。

李達，字行季，以詩文名，吴應箕、劉城序之。後不知所終。

吴非，字山賓，多著述。

楊培，字植生。南京亡，年十五，欲死不果，出遊四海名勝。工詩。

青陽何煜，字寤明，工詩文，死南京。

劉光衍，字引之，負文名，不試。

吴鐘，字空之，龐昌胤弟子。文仿曾鞏，名動江左。去諸生，山居。

建德江杏，字君培，崇禎十七年歲貢。程世昌辟幕府，代草剿寇機宜。隱天山洞。

傅天榜，廩生。工詩文。晦跡。

孔尚大，字德載，貞會子，去諸生。詩畫名一時。

當塗唐昇，字旭如，有至性，通天文。入黄、廬，仰天高歌。

王運泰，字開儒，歲貢，以詩文名，自放山水。

蕪湖戚嘉縉，字公佩，琴樽自娱。

葛天裔，字仍民，南京亡，投江獲救，入廬山，悉力經史。

陶維熊，字太占，詩文淹雅。

奚自，字公石，經史名家。

一雨，傳爲故翰林爲僧，工詩文。

無依，歙縣人。傳故進士爲僧，兼擅詩文。子芥庵、芥山，亦爲僧。

繁昌方名台，字三階，副貢。隱磕山。墨妙當世。

徐之程，字伴樵，詩酒。

廣德寧時，字際之，壽民弟子，隱羲蒼山。詩文妙藴。

雲一穎，字叔含，入山。於四書、詩、易、諸子、史皆有論説。

建平潘仍桂，字我生，武生。工詩畫。以義師逮，免。

南明史卷九十六

列傳第七十二

無錫錢海岳撰

文苑三

王用模　朱衣　趙士喆　子濤等　王克震　錢象乾　宿鳳起　宿鳳翀　姜開　孫圖南　趙琳　任唐臣等　周旭　范鍊金　王澤洽等　孫忭等　崔子忠　宋繼澄等　董樵　楊維樻　臧兆伯　劉公言　楊涵　王璵似　李煥章等　羅養心等　王大猷　袁瑾　劉芳遠　臧允德　丁豸佳　張衍等　洪名等　戰維寧　厲芳　傅山　子眉等　張臣　蕭峯　張際　張甲　趙文徵　王适　梁檀　高應元　郝異彥　段綷孫綷等　趙瑾　王介石　杜可杜　郭連城　郭靜中　張洎　白允彩　任復亨　竇學周　張修己　陳于帝　索述聖　楊玉樹　張祥鳳　徐行　王而毅　王標　趙需　衛蒿　楊于階　王巖楨　張根樸　陶註等韓霖　文養蒙　黃希聲　胡庭等　黃煜　易柏　武之烈　朱位坤　白孕昌　李培秀　韓仰斗　劉光蔚宋之弼　張鴻儒　李子金　張昉等　高暾　張暉吉　李慎行　徐鄰唐　王當世　崔干城　喬弘杞嘗安　王球等　馬之馳　馬之騄等　梁廷援　平志奇　劉叔子　冉佐　劉嘗裕　王履順　萬宏祐　雲骨子　耿華國　方坦　趙日躋　喬騰鳳　申煒　李元禮　卜三奇　蘇育　董三槐　郭新　程戴洙　鄭讁仙　焦復亨　王受命　耿山客　唐業偉　周家定　吳楷　許念芳　張西銘　黃曠烈　徐貫洴　方遴等張洪範　陳嘗　李青　李灌　呂得璜等　寧浤　李穆　李文蔚等　晉國柱　張九秩　田文耀　程鳳儀孫萃　溫自知　李三畏　郭宗昌　東蔭商　郝光斗　王四服　關中俊等　晉賓王　管大音　徐象婁王雪蕉　沈大聲　苟廷詔　李永周　李樞　黃霖　李馥榮　王開禧　王淑　周衍鬲　向門第　何嶔羅冕　劉之文　李師程　李如萱等　陳偕甸　丈雪　如崑　徹　雲白　大冶　天語　宗泐　福周

韓位，字參夫，宛平人。從高攀龍講學京師。著道統一書，有功聖學。北京亡，義不屈辱，間至南京。南京亡，留二子田、畾而自浮海去，不知所終。田、畾分走東南海賓，求之十餘年不得。

田，字畊良；畾，字石畊，居丹陽、江都。田善丹青。畾工詩文，不娶，與琴卧起。琴多奇聲變調，激昂嗚咽音，卒客死平湖。

邑人辛民，字霜翼，崇禎十五年舉於鄉。不仕。以詩名。

大興趙士通，字潛夫，精易理，善畫梅。走濟南客死。

劉勷，字最子，崇禎九年舉於鄉。工篆隸。躬耕欒城。

永清王業隆，字居敬，去諸生。作忠烈考，紀崇禎甲申後殉難諸臣。

楊潔，字蓮修，父官閩。歸，廬舍爲人侵，不較，建草草草堂，以詩畫名。

武清李可楨，字克生，去諸生。詩文自娱。一時碑板皆出其手。毁家振鄉里，至老不衰。

寶坻單者昌，字蔚起，去諸生。

劉繼寧，字兑庵，少負奇氣，皆篤好陶詩。

文安樊夢斗，字北一，歲貢。上書請效力邊疆，又上斗田八議。以母喪歸。篤於内行，左光斗稱謂洙泗真傳。北京亡，入桐柏山中。臨歿曰：「死即葬山中可也。」

涿州湯賢，有學行，居房山釣魚臺，卒年百三十。

昌平苗君稷，字焦冥，去諸生。流落瀋陽三官廟。精史學，手不釋卷。或曰去官南京。有詩集。

薊州李孔昭，字光四，崇禎十六年進士。未廷對。以所給坊銀百二十兩留助軍需，去隱盤山。北京亡，白衣冠哭田間者三載。屢薦不起。杜立德與同學同年，交密，物色不得。事父至孝，嘗割股愈母疾。妻王死兵，義不再娶。黄冠儒服，蹤跡愈密。悲歌慷慨，有作火之，不示人，竟以憂死。

楊允長，字大年，好遊山水，情往興來，蒼茫欲絶。

馬之駉，字君習，雄縣人。諸生。北京亡，約同庠五十餘人盟易水上。五月，號召子弟數百人，縛令郝丕績，奉前訓導韓應節行縣事。後從梁以樟南謁史可法。南京亡，北至諸城九仙山。慕魯仲連爲人，改名魯。黄冠教授。詩文嶔崎磊落，自成一家。

清苑張羅喆，字石卿，光禄卿羅彦弟。城陷，刃寇免。講學以仁爲主，對乞丐如賓客。去諸生。知府餽，不受。顏元父事之。以教授老。

張秉曜，字老園，羅彥孫。城陷，甫周歲，爲老嫗抱出免。耕隱著書。

安肅趙琰，孝友。慷慨自負，去舉業，躬耕。

容城孫爾禎，字玉屏，崇禎六年舉於鄉。少負氣，以孝節稱。八年，與弟爾祚城守拒清有功。隱居著書，貧困好施，弟子多從遊者。爾祚，去諸生。女弟夫侯保，亦去諸生，偕隱。

高陽孫之萍，字深仲，大學士承宗從孫。城陷，一門死。之萍受八刃，投繯不死。去諸生，負母入山。文博奧，經史皆有注。弟之藻，字紫淵，孝友，工詩文。孫奇逢歿，爲建祠立墓。卒年八十三。

新安李童，字蔭繩，善繼弟子。有俊才，修三台書院，日吟哦其中。北京亡，歲貢近，投牒去。授徒成安，困死。

獻縣紀坤，字厚齋，詩清峭多感。

任丘史以慎，字真嘗，崇禎三年舉於鄉。純孝，絶意仕進，讀書賦詩，使酒作達。每飲必醉，醉必發狂，歌哭無端。家貧，隔日舉火。邑令餽以粟，曰：「此活卑田院中人物耶？豈可入史公腹！」辭不受，其介如此。

靜海杜依中，字遯公。崇禎末，上十七策，威宗曰：「賈陸重生也。」去諸生，縱情丘壑。剛正危言，爲人敬憚。陳名夏以宿儒高行薦，三力辭。詩沈雄悲壯，名海内。子其旋，字考之，去諸生。吟詩。

景州張應泰，字青軒，工書史，爲山澤遊。

東光馬之騋，字元章，去諸生，著書詩酒。

故城沈嘉客，字無謀，選貢。孤迴絶俗，詩如陶韋，託跡於酒，遊梁、宋、淮、泗、金陵、蘇州，交奇逢。作閉關書，送客不出籬落。著書，教生徒，從者滿户外。卒年八十三。

滄州劉夢，字無逸，去諸生。博通經史，兼山水篆隸，詩蒼涼感喟，爲時傳誦。一夕自經死。

獲鹿崔元裕，字正嘗，去諸生。孝友，經史。

欒城李潛，字龍吉，去諸生。精易理、醫學。

南宫丁繹，字若思，去諸生。工詩。卒年七十三。

饒陽崔昂，字仲藏，太學生。北京亡，與兄晟、弟昴起兵。晟、昴戰死，昂免。清兵至，率子甲釗、甲鍠講學山中卒。晟，字景西，山海遊擊。昴，字季宿，太學生。甲釗，字亮遠，去諸生。甲鍠，字聞遠。

柏鄉魏柏祥，字元昌，恩貢。拒寇全城，隱居著書。子裔介，見清史。

寧晋張來鳳，字公儀，崇禎九年舉於鄉。不薙髮，陽狂。亦以詩文名。

張蓋，字覆輿，永年人。性孤介，敦氣節。以工詩及草書聞。與同里申涵光、殷岳友，稱「畿南三才子」。崇禎時，以序當貢太學，不就，授徒養母。北京之變，棄諸生，悲吟侘傺，遂成心疾。嘗遊齊、晉、楚、豫間。歸，閉土室中，穴而進食，雖妻子不得見；惟涵光、岳二人至，則延入，談甚洽。每引酒獨酌，或痛哭長嘯，人莫測也。其爲詩哀憤過情，恒自毁其稿。或作狂草累百過，至不可辨識乃已。久之，狂益甚，竟死。涵光輯其遺稿，僅得百首。朱彝尊稱其五言詩尤高簡，力詣古人云。

同時趙湛，字秋水，邯鄲人。工詩。

邑人郭璽，字楚玉，去舉業，種菜。劉榮嗣主詩壇，物色得之。詩以泠韻遥情勝。

申涵光，字和孟，永年人。太僕卿佳胤子。少穎異，博涉經史，爲文章高潔宕逸，尤長於詩。以父死國難，杜門奉母，足跡絶城市。士大夫高其行，爭折節訂交。自髫齡嗜爲詩，吐納百氏，不名一家，而音節頓挫沈鬱，一以杜甫爲師，晚年名益高，與張蓋、殷岳齊稱。岳仕清，爲睢寧知縣，遺書勸之歸。

涵光里居十餘年，乃襆被出遊，陟泰山，過濟南，登白雪樓，至太原。既而偕岳謁孫奇逢夏峯，執弟子禮。自是獲聞天人性命之旨，不復作詩。會詔徵山林隱逸，大學士魏裔介欲薦之，力辭乃止。

涵光玩味諸先儒之書，不釋手，嘗曰：「主靜不如主敬。敬自靜也。」又曰：「求放心只是敬。」又曰：「士人要有岸然自命之氣，又有欲然若不足之心。」皆格言也。已悔名之爲累，蓬蒿滿徑。長吏式廬者，遜避不出卒。

劉逢源，字津逮，曲周人。歲貢。通星數河雒之學。手鈔二十一史，甚精，無訛脱。與涵光相唱和。以遭亂，崎嶇轉徙於江、漢、淮、海間，故詩多幽憂語。

夏道一，字完真，大名人。崇禎十二年舉於鄉，性高潔。北京之變，絶意仕進，率子躬耕，削跡不入城市。食不給，每操斤斧作紡車自鬻，或擕婦績綫易薪米。市人利其精細，爭購之。口不言值，得錢入懷袖。輒短衣歌哭，旁若無人。家居自爲詩文，寫赫蹏紙寸許，有窺之者，即投之水火。諸子皆不令讀書，鞭牛負薪而已。

邑人劉六德，字智侯，壹力於詩。

南樂姚丹山，工文畫。

長垣成象琎，崇禎十二年舉於鄉。南遊，從倪元璐、王思任唱酬。又與鄭元勳、錢邦芑結詩社。

邢臺王履和，字仲美，工詩。

唐山徐景雒，字仰止，崇禎九年舉於鄉。精研音韻。屢召不出。冬一裘，夏一葛，見者爲之泣下。卒年八十三。

鉅鹿王蔚，字文徵。行至長沙，聞鵑，感煤山變，有杜鵑行。

大寧左衛張翼星，字三明，崇禎九年舉於鄉。精理學，尤長於易，從遊者百人。家貧不仕，隱於卜肆，日獲百錢以自給。衣履嘗不充，盛夏猶峨冠氈笠，晏如也。從弟元錫，官清總兵，屢迎，不一往。

徐夜，字東癡，本名元善，濟南新城人。束髮能詩。年二十九，遭國變，去諸生，居東皋，鄭潢河上，堀門土室，絶跡城市，惟與顧炎武訂交。母歿，乃出遊杭州，過孤山，訪林逋居。渡浙江，溯桐廬，登嚴光釣臺，展謝翱墓，徘徊賦詩而返。會開博學鴻詞科，有司欲薦應詔，以疾辭。詩學陶韋，巉刻處更似孟郊，王士禛目之爲磵嵩露鶴。嘗索其稿，遜謝而已。後渡潯江，稿盡歿於水。既卒，士禛爲摭拾所藏，編綴二百篇刻之。

邑人張四箴，字心勿，去諸生。詩文妙遠。

歷城懷晋，字麗明，有德行。城陷，妻房自經，以成其志。晋哭文廟，入山，以教授終。

張泰運，陳戰守策。墜城獲甦。後以布衣修府志。

章丘張光啟，字元明，去諸生。隱白雲湖，詩酒，不入城市。卒年八十二。士禎爲删存其詩。

鄒平張實居，字賓公，同居弟。居大谷，作采芝堂，彈琴咏歌。客至，樵蘇不炊，設茗，飲橡栗，清言竟日。

淄川張紱，字孔繡，大學士至發孫，去諸生。遊嵩江、鄂、岳、湖、湘，以書法篆刻稱。

王我聘，字冷岑，去諸生。隱三台山。好飲，工詞曲。

濟陽王琢璞，字連城，歲貢。古文奇峭，張爾岐刻其集。

萊蕪譚其志，字尚之，副使性教子，太學生。工詩。保鄉里入山。

王日接，字康侯，歲貢。文章豪邁。

武定朱鈺，字子濤，廩生。浪遊直、浙，詩酒悲歌。

海豐高嗣杲，字學晦，工書法。村居詩酒，不入城市。

臨清李際明，字黛壑，崇禎三年舉於鄉。詩文隱終。

鄭與僑，字惠人，濟寧人。崇禎九年舉於鄉。究心兵農、禮樂、刑政。流寇窺境，與城守張世臣、舉人孟瑄固守得全。

十七年四月，權將軍郭陞至濟寧，僉事王世英降。吏有李姓者，迫爲表。與僑曰：「有世草降表李家，未聞有世草降表鄭家！」事乃已。尋與楊士聰、孫景燿、任之琦、徐伯煌等推侍郎潘士良權總河，任孔當濟寧僉事，推官陳扆銘都水主事，貢生李以莊運河同知，濟寧經歷周允傳知州，李允和、楊朴領左右營，鄉官楊澤等、舉人鄭容等、諸生劉禧慶等、衛弁孟應兆等守四門，瑄及吏員李國柱、武生楊化龍、遊客陳諫功佐之。又命副總兵周邦台、諸生孫慎一團練南鄉，諸生孫允泰團練東鄉，指揮黎承祖、義勇徐則明、張英團練北鄉，諸生張耀朗、許世藎團練西鄉，立太平、奏凱、仁育、義正、督勝、勇奮、玄武、文成、嚴翼九營，兵官陳洵、楊生華、程三進、高起倫、劉顯、李聯芳、朱國材、樊世魁、趙治、寧种新、栗肇機等及參謀諸生蕭中振、武生孟珽等分統之。城内則諸生楊紳、楊通睿、靳于讓、熊人兆分練備接應。又以諸生楊蘇霖司餉，貢生陳扆箴、韓洪愈、宋可賢、鍾應銓、楊士英主出納，陳扆誦、楊鳳振助餉。傳檄各地，號召忠義。州人任民育時守潁州。命諸生李道生持檄至史可法所。於是太平營將朱繼宗禽兖州尹高克家，推官董貺璽等禽兖東防禦使劉濬本、汶上令李士灝、魚臺令尹保衡、鉅野令曹家麟、鄒令楊名升、嘉祥令趙廷獻。兖州二十七城復，惟金鄉、曲阜未下。矯傳鳳督馬士英牌大兵百萬至濟南，陞走，登、萊響應。

無何，寇至，殲之城下。與僑移居淮安，可法疏薦儀真知縣，何綸再薦揚州推官，平反滯獄百六十三人。監江海軍通州。南京亡，洪承疇、張存仁數欲官之，力辭。卒年八十四。與僑詩文遒上，有蒙難記行世。

當與僑南行至潁上，僕席元侍。與僑念其老，遣歸；，長號三日死。

景燿，字毓華，天啟二年進士。歷廣宗、魏縣知縣，營繕主事、郎中，致仕。

之琦，字子韓，孔當從子，諸生。以倡義恢復，授都督同知總兵。入清，應貢不赴。

伯煌，都御史標子，諸生。

宸銘，字我愚，崇禎十六年進士。汾州推官，後降於清。

澤，崇禎六年舉於鄉。汲縣、萬載知縣，降清。

容，字相涵，萬曆四十三年舉於鄉。卒。珽兄瑄降清，官宿嵩知縣。珽，武生，可法欲薦用，會城陷死。

可賢，字翼直，副貢，茌平訓導。

宸誦，字我恂，崇禎十年進士。授三原知縣。招降高傑。歷户部主事、員外郎、郎中。降李自成，南歸。揚州亡，返里。僕田秀死揚州難。

鳳振，萬曆二十八年舉於鄉。文縣知縣，致仕。皆濟寧人。

李日道，不知何許人。南京亡，來濟寧。宮夢仁欲見，不得。臨歿，自火其稿。同時魚臺馬觀光，字百始，超貢。振活千人。與僑以母妻子託之。杜門吟咏，卒年七十。從子體震，字子長，諸生。精騎射。崇禎十七年八月五日，剿寇滕縣益莊聚，深入，馬蹶死。

屈軼生，字黄廷，少稱神童。不應舉，詩賦丹青自娱。鄉飲力辭。卒年九十六。

單縣時綦昌，崇禎十七年歲貢。著述。

城武邵逸，一名伯營，字經南，去諸生。詩酒。卒年九十八。

汶上岳大武，字和周，去諸生。東阿秦伯鉞，天啟七年舉於鄉。皆工文。

李濠，字知之。少南遊。程峋資金帛，竟學。去諸生。著述。

劉舜典，字德齋，家故世宦，詩酒。

平陰張宗旭，字也顛，恩貢。工草書。入函山峪，清檄不應。卒年七十七。

沂州王用模，副貢。博學工詩。

費縣朱衣，字建侯，廩生。文淹雅。清相薦之，力拒。

趙士喆，字伯濬，掖縣人。副都御史燿子，超貢。精深史學，談古今如指掌。嘗倡山左大社，與復社相應。孔有德反，登陴扼守，草檄立就。流寇起，集義勇捍衛鄉里，授知縣。削封事稿欲上之，見陳啟新用事，乃止。北京亡，哭臨，叱斬令起兵。清兵至，與二子及王克震、錢象乾避地登州嵩椒山，幅巾野服，哭震林木。卒顛沛終老。著東山詩史，陳濟生嘗謂忠愛懇到，大類杜甫。

子濤，字山公；瀚，字海客，皆去諸生，從隱。

克震，字青伯，崇禎中武舉。萊州中軍，平盜。伏闕上書，甫召，而北京亡，歸。

象乾，字大生，去諸生。

邑人宿鳳起，字沖之，去諸生。慷慨大義，經濟自喜，與士喆友。

宿鳳翀，字翼之，去諸生。詩格高渾，出入蘇陸。弟鳳翶，字輔之，去諸生。工詩。

姜開，字青蓮，年十二膺副貢。書法二王。

孫圖南，字北溟，崇禎十七年歲貢。

趙琳，字石寅，世勳衛，去諸生。工詩。北京亡，南走直、浙、閩、楚。

任唐臣，字子良，歲貢。詩如長槍大戟，不務纖悉。弟虞臣，字子靖，去諸生。詩清潤。

即墨周旭，字元之，去諸生。以詩自適。

范鍊金，字大冶，去諸生。工古文詩山水。

王澤洽，字嵩壑，歲貢。工詩。兄澤遠，字冰壑，齊名。孫忭，字堯封，能文，與諸生解楷名重復社。

崔子忠，字道母，萊陽人。寄籍爲宛平廩生。深戴禮，古文詩雄奇，畫與陳洪綬齊名，世所稱南陳北崔也，嘗爲董其昌所許。顧自矜貴，雖貧甚，而不以金帛動。友人官吏部者念之，屬選人具金爲壽，子忠投之地，曰：「念我貧，當分奉餉我。乃以此外來物汙我耶？」史可法故與子忠善，偶詣其舍，見方絕食，脫乘馬，曰：「聊佐一夕衛。」逕徒歸。於是子忠牽馬入市，得金，呼友噱飲之，曰：「此酒自史道鄰來，非盜泉也。」凡飲一日而金盡，絕食如故。亂後南走，鬱鬱不自得。有世俗子拂其意，遯入土室中，匿不出。南京亡後，以餓死。邑人宋繼澄，天啟七年舉於鄉。文章氣誼，有聲復社。國亡，衣食不給。以義師連，下獄。歸，樓居數十年卒。子璉，字曉園，崇禎十二年舉於鄉。工古文。不應辟。孫篤先，工畫，入勞山。

董樵，本名震，字亦樵，諸生。與友孫伯、史一經，以妻子入文登姑餘山。織席爲冠，象日月於上。一日，客文登，以不薙髮被執，救得解。與趙士喆同居，日荷蓧入市易米，人莫知其住處。有薦紳要於路，欲與語，樵棄薪道左，詭云吾科頭，當取冠與公揖，竟去不來。

薦紳拾棄薪以歸，曰：「此高士所遺也。」樵自是不復入市。樵博極羣書，星象兵法無不通，詩合騷掩雅，自成一家。

楊維櫝，名著復社。工詩。

蓬萊臧兆伯，佚其名，隱寧海烟霞山，從遊皆名士。

益都劉公言，字德白，世襲左衛指揮僉事。博通詩、古文、方術、星命。去諸生，賣卜。楊涵，字水心。家世大官，饒於財。去諸生，施田宅爲寺。與張衍侗兄弟遊諸城五蓮山。工詩書草隸墨竹。

王璵似，字魯珍，諸生。清迫試，呼名不應，除其籍。大笑曰：「足已。」出遊塞上。畫法黄公望，兼工隸書。

樂安李焕章，字象先，詩文汪洋恣肆。去諸生，披髮陽狂。與兄燦章，主諸城，徵不應。兄含章，字繪先，副貢。

羅養心，字惺涵；張所好，字從吾，皆崇禎十二年舉於鄉。不仕，著述。

王大猷，字允升，工詩。去諸生。

壽光袁瑾，字重璧，工文詩酒。去諸生。

昌樂劉芳遠，字文度，擅山水。

諸城臧允德，字諧卿，尚書爾勸子，任百户北鎮撫。魏忠賢亂政，歸詩酒。丁豸佳，字夢日，耀亢兄子，居九仙山。詞賦典則。與馬魯飲酒度曲，時相大哭。張衍，字溯西，去諸生。家有放鶴園，招四方文士吟詩。卒年七十七。從弟侗，字同人，去諸生。古文奇崛，負重名。卒年八十。

流寓洪名，一名植，字去蕪，江都人。李之藻，字澹庵，武定人。皆工詩。莒州戰維寧，字泰明，拒寇。清薦經明行修，不應，杜門著書。卒年八十七。日炤厲芳，歲貢。工文。

傅山，字青主，陽曲人。少以諸生受知於袁繼咸。繼咸爲張孫振所誣被逮，山職納橐饘，約同門曹良直等詣匭使，三上書訟之，不得達，遂自伏闕陳情。時吴甡亦直繼咸，竟得雪，以是名聞天下。已良直任兵科，山貽以書曰：「諫官當言天下第一等事，以不負故人之期。」良直瞿然，即疏劾周延儒、駱養性，直聲大震。

山見天下喪亂，思以濟世自見，不屑爲空言。蔡懋德講學於三立書院，因河警論及軍政，往聽之，歸曰：「迂哉公言，非可以起行者也。」李建泰出督師，聘軍前贊畫。建泰止固關不進，山日夜踔五百里，力請速援太原；不聽。後數日，太原果不守。先十五年，夢天帝賜之黄冠，乃衣朱衣。及經國變，遂不復釋。

弘光元年，繼咸爲左夢庚挾至北京，難中寄書曰：「晋士惟門下知我深。蓋棺不遠，斷不敢負知己，使異日羞稱友生也。」山得書，痛哭曰：「公乎，吾亦安敢負公哉！」自是轉徙無定所。

永曆八年，以宋謙義師連染，與張臣、蕭峯、宗室振宇被逮，抗詞不屈，絶粒九日，幾死。逾年，紀映鍾、龔鼎孳以奇計救之，始得免。自恨以爲不如速死之爲愈。時舟山、中左之師連年入江，至南京，山遂南謁孝陵，北次海州觀變。又遣子眉出遊塞外，南極豫、楚、江、漢。鄭成功敗，始回太原。後訪孫奇逢蘇門。顧炎武、戴本孝、閻爾梅先後來見。戚戚於故國，思有爲者凡二十年。

天下大定，稍稍出土穴，與客接。間有問學者，則告之曰：「老夫學莊列者，於此間諸仁義事，實羞道之。即强言之，亦不工。」又雅不喜歐公以後之文，是所謂江南之文也。

遺民張際以不謹得疾死，撫其屍哭之，曰：「今世之醇酒婦人以求必死者，有幾何哉？嗚呼張生，是與沙場之痛等也。」又自嘆曰：「彎弓躍駿之骨，而以佔畢朽之，是則埋吾血千年而碧，不可滅者矣。」

素工書，自大小篆隸以下無不精。兼工畫，入逸品。嘗自論其書曰：「弱冠學晋唐人楷法，皆不能肖。及得嵩雪、香光墨跡，愛其圓轉流利，稍臨之，則已亂真。已乃愧之曰：『是如學正人君子者，每覺其鋒棱難近。降與匪人遊，不覺其日親，此心術壞而手隨之也。』棄去，復學顏，曰：『學書之法，寧拙毋巧；寧醜毋媚；寧支離，毋輕滑；寧真率，毋安排。』」君子以爲山非僅言書也。

山既絶世事，而家傳故有禁方，乃資以自活。子眉，字壽髦，能養志。每入山樵采，置書擔頭，休擔則取讀。中州有吏部郎者，故名士，訪之，問郎君安在？曰：「少需。」俄者負薪者歸，山呼曰：「孺子來前肅客。」吏部頗驚。抵暮，令之伴客，則與序中州文獻，滔滔不置。吏部或不能盡答，詰朝謝曰：「吾甚慚於郎君也。」

山故喜苦酒。或出遊，眉與子共挽車，暮宿逆旅，仍篝燈課讀經史騷選諸書，詰旦必成誦始行；否則予杖。故其家學，爲大河以北所莫能及。

博學鴻詞科開，山年七十三。當事薦之，固辭稱疾。有司必欲致之，舁其床以行，二孫侍。未至京師三十里，以死拒不入城。於是廷臣自大學士馮溥下公卿畢至，山卧床不具禮。遂以老病上聞。詔免試，許放還山，授中書舍人。溥强之入謝，稱疾篤，以竹榻舁之入，望見午門，淚涔涔下。執政者掖之使謝，則仆於地。次日遽歸，嘆曰：「自今以還，其脱然無累哉！」既又曰：「使後世或妄以劉因輩賢我，且死不瞑矣。」聞者咋舌。既歸，巡撫以下咸造門，請廬懸「鳳閣蒲輪」額，卻之。康熙二十三年眉卒。未幾，山亦卒，年七十八。遺命以朱衣黄冠殮。

眉子須男，去舉業。博極羣書，通兵法，嫻騎射槍法。

臣，陽曲人，諸生。永曆元年，遇榆次道士永曆軍師李三，相與流涕。謙劄授督糧通判。

峯，太原右衛人。結善友會，與振宇居徐溝。

際，字維遇，平定人。去諸生。

同時陽曲張甲，諸生。爲僧名雪林。

趙文徵，字鳳白，工山水，與山友。

王适，字古弦，飲酒墨畫，韶秀雄奇，與曾咢齊名。

梁檀，字大壥，去諸生。擅山水人物。居西山。

高應元，世家子。恬淡，長擘窠大字。

郝異彦，字太素，淮安主簿。以美人花草翎毛稱。

太原段綷，字叔玉，去諸生。精楷法。

舉業，專心史學。年八十，猶手不釋卷。

絳州陶註，字惟道，去諸生。閉門端坐，治義理，生徒多出其門。弟世徵，字肖思，選貢。自成至，被執，同里以千金出之，杜門。

韓霖，字雨公，天啟元年舉於鄉。精較勘，著述。學兵法火器於徐光啟。從懋德，守太原，兵敗被執。後入西山，死於兵。

文養蒙，字正之，副貢。遊辛全、馬世奇門。山西陷，入九原山，以崖爲洞，曰天地窑。與山友。

黄希聲，字太音，崇禎十五年舉於鄉。工古文。不出。

汾陽胡庭，字季子，從山遊。山西陷，偕弟同隱講學，於易、詩、春秋、論、孟，皆有論著。兄款，字遇春，去諸生。

平遥黄煜，字謎庵，著碧血録。

蔚州易柏，字象南，洗馬林守備。詩酒窮居。

武之烈，字承之，孝親。通數學。去諸生。少與魏象樞，象樞仕清，不再見。

澤州朱位坤，字調均，諸生。山西陷，被執，刃喉未殊免。攻詩古文，託於酒徒。

陽城白孕昌，字季文，恩貢。工文，不再試。

陵川李培秀，主河汾書院。割股廬居。

沁水韓仰斗，字仲濟，通政范子，副貢。孝友博學，布蔬自甘。與張慎言交。入山，日執一卷不倦。

沁州劉光蔚，字赤霞，崇禎六年舉於鄉。書文高逸。

沁源宋之弼，字鼎鉉，歲貢。蒲州訓導。山西陷，集諸生明倫堂，北面再拜自刎，以救免。入山研易。卒年九十八。

武鄉張鴻儒，字曉峯，諸生。工文，清循序貢太學，自火其作。吏予川資，盡於酒。部促之，偕衲子上道。至真定，變名陽狂走。卒年九十一。

李子金，本名之鉉，以字行，鹿邑人。少聰穎，九歲文理燦然。中原告警，學使改試士輝縣。或徵召名俊七八十人，結大社蘇門山。時觀者如堵，主試請進，衆弗前。子金以一寒畯少年，獨歷階上。已而文出，沈雄華暢，一日聲動兩河，學使拔置柘城諸生。南京亡後，火舉子業，以著述自娱。

生平負壯志，慕崔浩、李泌爲人。論古今成敗，如指之掌。其爲學，研經鑽史，要以適於用者爲極。凡奇僻奥邃，人所不能通者，必冥心孤詣，務求其所以然之故。尤精算數。

嘗遊京師，與客聚飲。客問鄭家樓高幾許？子金以小尺就地上縱横量之，使一人縋上，垂繘於地，不差銖黍。又嘗渡河，睨視水面，即知水深淺。與王錫闡、梅文鼎、游藝、揭暄，以算術相高。其所研究經籍之外，絲竹博弈，無所不好，亦無所不工。

性和易，不拘形簡，自販夫孺子及富貴家素不相識者，有邀之至，亦不辭。然鄙猥之談，未嘗出之口。聞有言人過者，即色變拂衣竟去。

年八十，欲收拾秦漢以來儀文度數，以續三禮。未成而卒。所著十二種，總名曰隱山鄙事。

商丘張昉，字于東，崇禎三年舉於鄉。精河雒學。僧服隱河曲，不入城市。令一見，不可。餽粟，不受。詩宗陶潛。卒年八十。弟翮，字天羽，去諸生。任俠，逃禪靈隱，名月岸，與凹凸和尚善。凹凸，陝西人。不戒酒肉，能詩歌技擊，故將軍也。二人卒同死。

高曒，字南正，崇禎十二年舉於鄉。國亡著述。貧不能饘粥，當道饋遺，不受。以壽卒。

張暉吉，字光符，副貢。能文。清多鐸求草檄，不應。自去衣巾，作陋婦傳見志。不入城市十四年卒。

李慎行，字仲斯，工文，試輒前列。國亡，種竹讀書，充然自得，卒年八十二。

徐鄰唐，字邇黃，選貢，不赴。文奇肆，侯方域重之。晚精理學，主范文正公書院，恬淡自守。卒年七十。

寧陵王當世，字遺叟，家世宦。與趙御衆交，闢大雲草堂。詩文深名理。不入城市。

崔干城，字兔牀，武進士。通天文、地理、兵法。官遊擊，拒寇有功，慷慨興復。見事不可爲，隱居睢寧。博學强記，詩文豪邁，龔鼎孳推爲詞宗。又工書法。年八十餘，猛氣自如，爲一時名公所欽。

喬弘杞，字揖航，諸生。入太學。通諸子百家，製戰車、璇璣、玉衡。世亂，習兵法，拒守有功，劉理順欲疏薦，知不可爲，走南京。國亡，山水吟咏卒。

夏邑嘗安，字安遠，工詩。不應試，卒年七十九。

柘城王球，字素石，工文，哀毁吟嘯。子澤渥，字家洲，奇才，不應試。

杞縣馬之馳，字布庵，崇禎三年舉於鄉。客蘇門，與王鐸唱和，放浪吟咏終。

馬之驦，字沖漢，工詩文、音律、書法。主梁園雪苑文社。爲劉澤清贊畫。當貢，遁嵩山超化寨。孫奇逢、閻爾梅訪之，巡撫賈漢復禮見，不赴。歲三月十九日，焚香北拜涕泣。寨居十九年乃卒。同隱王岱，字次逢，不知何許人。爲人孤高。時名公題四皓圖多譽詞，岱獨薄之，詩曰：「豈爲商山芝已無，故隨車馬入皇都。一時俱別商山去，羞見人間畫此圖。」

鄢陵梁廷援，字以道，太學生。工詩，不入城市。

扶溝平志奇，字士嘗，擅詩文。去諸生，浪遊。

中牟劉叔子，尚書之鳳弟。工文，有高節。卒年八十。

冉佐，字率茲，歲貢。以古文名。

劉嘗裕，字順之，去諸生。研京氏易，入林慮山中。卒年八十五。

西華王履順，字養拙，爲人奇邁，工詩詞，好遊山水。

流寓萬宏祐，字德園，江西人。師理𢇛和。弘光元年歲貢。吟詩。

雲骨子，不著姓氏。不知何許人，風格嚴整。携一僕，駕短犢車，載書簏以從，遨遊海內幾六十年，所至授徒講學。察其議論動止，深自晦跡，似宦達前朝者。尤豪於酒。嘗訪孫奇逢。姓迭改，曰過、曰李、曰金。居數年，其子自秦來訪，大恚，叱之去。晚居西華，卒年九十二。

襄城耿華國，字首岳，恩貢。大理評事。博學。清命赴銓，不應。自號首陽子，杜門。卒年八十七。弟震國，事別見。

方坦，字履道，結茅嵩山下，名曰蠏庵，吟咏不問家事。

禹州趙日躋，字伯式，孝友。自題潁漁子，亦以文稱。

喬騰鳳，字遥集，孟縣人。崇禎十五年舉於鄉。於學無所不窺，嗜周秦兩漢書。寇亂，爲經世學，詩文博衍，王漢重之。薙髪令下，入王屋山大哭十餘日。逮獄，免。舉山林，以死自誓。躬耕著述。有司欲見，不納。卒年九十。

河内申煒，字闇然，去諸生。講誦沁水之南。工詩。

武陟李元禮，字龍門，副貢。爲程朱學。卒年七十九。

獲嘉卜三奇，字貴六，崇禎九年舉於鄉。工文。客潞府，不知所終。

湯陰蘇育，字季和，萬曆四十六年舉於鄉。理學，不仕。

董三槐，字面之，選貢。孝友窮經。清命赴銓，不應。

武安郭新，字九子，洪洞人。去諸生。流寓。工詩文。

偃師程戴洙，字參斗，選貢。博學好古。起兵拒李際遇。清徵知縣，不赴。

鄭謫仙，字無儕，泰和人。流寓。工詩。

登封焦復亨，字陽長，友愛，守城拒寇得全。自稱箕潁外臣。詩文奇古。卒年八十三。

汝陽王受命，任俠。少陷於寇。去諸生，鬻書鎮江，名在公卿。後爲僧杭州，名不盈。

工詩。

光州耿山客，本名爾穀，字晚耘，去諸生。工詩。當事迫致，逃去。

唐業偉，字四明，博通經史，力田好振，教子弟忠信，人高其行。

固始周家定，字又莊，侍郎之綱子，去諸生。隱清畏園，詩酒。久之卒。遺命以道服殮。

吴楷，字端平，通經史，隱潁、淮間。詩有雋語，兼工書畫，貴人索之不得。

許念芳，字無念，孝友修潔，博學希古。去舉業，走南京卒。

息縣張西銘，字儆我，歲貢。工古文。以死拒聘。

商城黄曠烈，去諸生。爲僧，名海育。工詩文。

流寓徐貫泙，遼陽人。將家子，精騎射。爲僧天童山，名靈岳。工詩。

南陽方遴，字後谷，侍郎九功子，去諸生。與弟遬詩酒終。遬，字次谷，歲貢。負才名，所著多關史事。

鄧州張洪範，字箕疇，崇禎九年舉於鄉。文章典奥。弘光初南渡，隆武二年歸。

陳嘗，字敬盤，去諸生。治尚書。亢志不應召，負子遠遁。

新野李青，字山子，諸生。從左良玉軍。國亡，建柳烟草堂，讀書行吟以終。詩文以氣勝。

李灌，字向若，郃陽人。崇禎六年舉於鄉。北京之變，痛哭北上，與呂得璜約起義，同死王事。渡河如晉，其父以書止之，乃不果。棄家東至角北寺爲僧，放浪太華、黄河間。入山采藥，累歲不知所向。或黄冠緇衣，行哭都市。識者曰：「此必李先生也。」跡之果然，已翩然遁矣。入清累徵，皆引疾不起。行踪奇誕，多寄跡僧房，與芸夫牧豎伍，又自結茅河滸。終歲屢空，泊如也。性至孝，負經濟才，博極祕緯，詩文雄奇成家。與人言，一歸忠孝。

呂得璜，字仲佐，郃陽人。兄鈞璜，字元佐，崇禎十二年同年舉於鄉。入華山，隱名，擔長吏求一見，不可得。晚鑿石室乳羅山以居，得田數十畝，名「小桃源」。居數月，遁去卒。

邑人寧浤，字季騰，諸生。精考證，發明四禮。寇至，力拒全城。國亡，盡室入山，爲土室徐水卧虎岡柏巖，終歲尸居其中，刻苦處之泰然，足不入城市者五十年。邑令三造，不見。年八十七，疾亟，整衣冠，書「不愧天地君親」，端坐而卒。

李穆，字元谷，去諸生。持躬嚴，工古文。

李文蔚，字含美；董宗舒，字漢儒，與雷鳴聲，皆守志山林不出。

長安晉國柱，字擎衡，憑從吾弟子，隱於理學。

咸寧張九秩，去諸生。孝友，博學工文。

富平田文耀，字君白，諸生。從吾高第。詩清麗，爲永壽王客。去舉業。

程鳳儀，字虞包，去諸生。與李顒、李柏研理學。

孫萃，字萬紫，去諸生。篤學力行，教生徒。

三原温自知，字與亨，都御史純子，諸生。入太學，負文名。參楊鶴軍。李自成兵至，被執，免。

李三畏，字四知，入山。經史有著述。

華州郭宗昌，字胤伯，舉於鄉。喜金石。居白崖湖沚園，爲亭，柱礎墄碣有款識銘贊，手書刻之。

東蔭商，字雲雛，崇禎九年舉於鄉。詩文有法度。

潼關郝光斗，字奎垣，僑居南陽，工詩。

同州王四服，字思若，選貢。文章有奇氣。不仕。

朝邑關中俊，字遜伯，從從吾學，以力行爲主。與弟中偉，皆去諸生。

韓城晉賓王，字德明，從吾弟子。自成至，不屈。去諸生，研理學，不入城市。

澄城管大音，字希聲，崇禎六年舉於鄉。與得璜入華山。事平，結廬河滸，日玩周易。曰：「吾殁，表墓曰『明舉人之墓』足已。」

榆林徐象婁，字仲内，去諸生。研易。後講學山東。

王雪蕉，工詩，稱關中四子之一。晚居傍祖陵，拾橡栗以食。及殁，梁以樟葬之，並周其妻子。

又沈大聲，字元夏，陝西人。歲貢。隨父之任紹興。負氣節，工詩文。隱居龍山，齎志以殁。

荀廷詔，字揚休，成都人。崇禎十六年進士。隱居甕安。蜀當張獻忠兵後，文物蕩然，廷詔蒐羅舊聞，整齊排纂，爲蜀國春秋，學者宗之。

邑人李永周，字完沖，詩歌高亢。

同時四川遺逸以文名者：

李樞，字瑶光，什邡人。下筆千言。吴三桂兵起，走淮安。事定歸，吟嘯龍居山。

邑人黄霖，字玉符，歲貢。工詩畫。李國英聘，不出。

李馥榮，通江人。去諸生。著灩澦囊。

隱。

王開禧，營山人。去諸生。著山城紀事，敘姚、黃事。

王淑，字子叔，大寧人。選貢。居揚州。工詩。

邑人周衍裔，字木公，工詩。

向門第，建始人。歲貢。擅文章。

何嶔，江津人。崇禎十五年舉於鄉。以詩稱。

羅冕，字以儉，江西人。選貢。博通經史。教授遵義，不入城市。

劉之文，綏陽人。研周易太極，逃遵義山中。

李師程，峨眉人。崇禎十六年進士。山居，蒐輯文獻，時推文宗。

邑人李如萱，字瑶圃；劉其蘇，字賡功；楊魁，字維斗；吴瑞芝，字祥來，皆能文，高

陳偕甸，瀘州人。工詩文。流寓平壩，蓬首垢面，不知所終。

方外以文名者：

丈雪，字通醉，内江人。本李氏。

如崑，字石巖，江陵人。本雷氏。諸生。

徹，字月莖，江陵人。世家子。綏陽舉人萬人英留主青蓮社。

雲白，不知何許人。本陳氏。永曆時知府，結茅仁懷。

大冶，富順人。受法塾江敏樹，與丈雪友。或曰，大冶爲永曆時遺臣。

天語，樂至人。本戴氏。亦敏樹、丈雪友。

宗渤，字嵩目，遵義人。卒伍，勇敢善戰。一日，投語嵩，披薙。

福周，字休休，綏陽人。本周氏。能詩畫山水。雲遊楚、蜀，晚居綏陽西山，手自造塔，成，入中趺坐而逝。

自丈雪以下，皆居遵義，精内典。

南明史卷九十七

列傳第七十三

無錫錢海岳撰

文苑四

王猷定　陳允衡　楊益介　弟益俞　曹文衡　徐思爵　熊特　萬荆　劉大猷　劉丁　黄文星　余正垣　高夢龍　陳宗虞　李天贊　文衡　徐世溥　程元極　唐以煒　陶應龍　蘇桓　李奇等　胡學浹　顔埈　李時應　舒一邃　余應荃　熊廷幹　熊偉文　劉九嶷　胡儔　舒宏緒　吴以策　宋士毅　徐日曦等　劉型正等　漆調祚　果成　陳弘緒　歐陽斌元　黎祖功　陳上善等　文德翼　弟德昌　邵鎮之　石和陽　周易象　周之元　吴一元　潘厚本　于千　胡子祺　袁懋芹　程四達　陳曾　王綱　曹棨　曹復旦　葉上芝　程瑛　璩自璵等　張雲鶚　吴起麟　徐繼發　張鶚祥　王宏　章慥　鄧炅　嚴思綬　埋庵和尚　李珙　崔緝　曾秉豫　鄧右符等　梁份　大方　余光令　鄧裴　涂酉　楊思本　鄧

篆　江佩　璩紀等　劉大千　劉大訔　何三近　李自登等　鄧瑨等　傅金城　傅占衡父槐　韓范
湯開先　饒昌胤　劉命清　李日滌　王偉士等　陳咸韶　孔貞文　陳蜚英等　王瑱　蔡國藩　張爾祐
熊司平　姜光琦　李國昌　胡依光　胡觀　鄒用昌　黃鶴　康放仁　謝生蘭　吳雲　管鈺等　周岐喈
王鞏　王尹　賀宧　王其宴　周珝　龍鳴台等　劉廣厦　彭舉等　蕭正發　王業　王萬禩　馬猶龍
趙嶷　郭林　蕭子建等　羅維善　鄧任　張敬　賴良鳴　賀貽孫弟昭孫等　陳宗禄　賀鳳生　劉元
珍　李川實　周紹珠等　蕭宏緒　祝應熊　周遜夫等　周玨　黎斐　劉映洙　劉世華　易嗣重　何山
劉而寔　李幼巡　李克　陳宏策　魏禧父兆鳳　弟禮　楊文彩等　魏書　羅牧　許騰蛟　易學實
曾思遜　吳人先　文在兹　周鼎新　鄧斗光　蔡希舜　劉敷仁徐封魏　梅逢甲　趙金節　周家鼎
艾然　蔡其熯等　魏廷謨　秦文朴　沈韻　呂大夔　劉受三　李占解　馬亦昌　甘澹寧　王道大　戴願
輝　潘守器　許子廉　尹珩　周蓼衈　尹煜　魏晉封　李以篤　蕭名韻　朱國俊　魏閎　許上通　杜
濬弟芥　萬爾昌等　易爲鼎等　李之泌　王一翥　杜士鶚　程雲　胡問仁　林之華　汪國濼　曹大濩
　馮永明　萬昌言等　李見瑗等　魯晟　劉鍾蓉　曾若渭　劉正暹　章煥然　明炤　韓勳　趙光早　趙
文淵　沈升　李見璧　朱正振　吳卿　余振遠　陳夢弼　石礪　王甲　倪嵩門　顧景星　張仁熙
袁素亮　吳亮思　李具慶　李春期　董洪勳　舒益其　陳文濤　張復熙　劉子杜　黃鉉　李賓起　饒嘉
繩　寇學海　何悝　劉必選　沈道隆　譚渾　張良生　王啟遠　郭鋏　劉率國　柴一舉　方鳳時等　郭

占春　許明登　費思居　江鶴　龔璜　蕭煜　馬學衣　胡維宗、成鵬舉　劉錫元　廖同文　錢璜　吳長源　黃于麻　熊宗望　謝中格等　張和梅　元祚　寇宗哲　齊東魯　黃文旦等　李其先　劉南召　唐烈周宗成　劉亨　王文南　張樹聲等　曹國樸等　劉國任　陳應麟　馬崇端　張問明　王啟茂等　袁世明　鄭如岐　劉在京　潘遊龍　王席民　姚自章　楊瑯樹　淩哲　方鎮　郝楷　鍾岳靈　郭嘉屏　張延齡　吳道行　兄道升等　周生文　黃象坤　李先登　廖元度等　楊德遠　蔣之菜　徐搖舉　朱之宣楊翔鳳　程本　嚴首升　孫鞏　李嘗之　瞿龍躍　藍田玉　裴紹度　楊勳　闞聞　曹宗先　王麟次　唐九官　唐之正　沈汝霖　劉洪訓　向文煥　李維嶽　郭金臺　黃赤子　唐鶴彩　張燧　夏楷　郭勸楊升　陶窳　劉赤　陳長瑞　琛大　大成　盧傳來　談若人　張濟　劉文鼎　陳震　劉象賢　龍宏戴龍吟　易貞言　溥良　陳五簋　彭年　譚紹琬　羅衆有　知休　尚友　夏汝弼　弟汝翼等　郭履躔包世美　阮明炤　破門　譚瓊英　劉宗源　張夢桂　周士儀　劉大鉉　袁準　李繼體　嘗賡　劉維贊徐燦　張綸　田山雲　楊四箴　陳三績　桑日昇　易三接　高沆等　彭文燭　蔣又滋　陳正誼等　謝蕃元　胡舜裔　何大晋　陶顯功等　車以遵　子萬含　王嗣翰等　黃昌國　曾光祚　林龍采　車鼎黃蔣大年等　張文解　周南　晏際盛　李遇唐　鄧林材等　鄧祥麟等　劉春萊　吳文旆等

王猷定，字于一，南昌人。父時熙，官太僕卿，天啟中名在東林。猷定以選拔貢太學，

工詩古文。爲人俶儻自喜，對客斷斷講論，每舉一事，輒源其本末，聽者醉心。少時馳騁聲伎、狗馬、陸博、神仙、迂怪之事，無所不好，故家爲之落。史可法聞其賢，辟爲記室。可法迎立，傳檄四方，情文動一時，皆猷定爲之謀也。袁繼咸奉命江、楚，亦疏薦猷定可大用。國亡，絶意人世，日以詩文自娱。晚寓杭州西湖僧舍。大吏重其人，皆虚左事之，按察使宋琬尤與相契，已以于樂吾事被逮，賓客亡散，猷定獨周旋患難中。所爲文，多鬱勃如殷雷未奮，又如崩崖壓樹，枒槎盤礴，旁枝得隙，突然干霄。與徐世溥、陳宏緒、歐陽斌元輩，皆名著一時。自明季公安、景陵之説盛行，文體日趨瑣碎。猷定能獨開風氣，名與侯方域相埒。論者謂其自出機杼，成一家言。其行書楷法，亦自通神。子孫茂，字漢皋，以文世家。

陳允衡，字伯璣，南昌人。父本，御史，直聲動天下。允衡風采凝峻，有山斗之目。家東湖，避亂蕪湖，杜門窮巷，以詩歌自娱。後徙南京，與王士禛、施閏章交篤。嘗在揚論王詩，譬之昔人云。偶然欲書此語，士禛以爲得詩文三昧。五言清深沖淡，似韋應物、倪瓚。體清羸，雙瞳碧色。食貧，不輕以言干人。有引其家伯玉者，答曰：「吾愛吾琴耳。」因署其堂曰「愛琴」，並以名其詩。晚結屋南昌蘇公亭畔，嘯歌自得。好表章故人遺書，所選婁堅、徐世溥古文，人競傳之。嘗因平湖陸叔度著古人幾部，始管仲，終史天澤，雖成大功、定大業者咸在，而亦有功成身死、名立毁至者，定是不變，無以語權，乃更定之，録古之明哲保身者八十一人，仍顔爲古人幾部，久之亡棄。

楊益介，字友石，南昌人。諸生。蔡懋德、侯峒曾目爲國士。江西亡，去巾服，痛不欲生，作絶命詞。義士喻天符、我飛兄弟至，留主其家，共圖恢復。尋見事不可爲，偕徐思爵入上天峯爲冰雪堂，作人社，引同志行禮講學其中。學博而文粹，撰著多較勘，删定諸經箋注。山居日絶食，采蕨拾嵩子供伙。年過六十，抱甕習勞。巡撫蔡士英延主白鹿書院，以疾辭。

弟益俞，字元石，姜日廣薦參將。能文，不試。與宋之盛、魏禧、徐世溥、程元極同志，先，益介居南昌，曹文衡以經學設教，二人同氣類。國變，不渡章江者三十年。嘔血死。

思爵，字修仲，工詩。

同邑熊特，字公奇，崇禎九年舉於鄉。官知縣。工古文。

萬荆，字子荆，有才名。隆武時廷試第一，授庶萃士。福京亡，入白湖嶺，不入城市。

劉大猷，字克敬，嘗割股愈母疾。去諸生。力學，工古文，隱新吴。

劉丁，字先庚，文學遷、固，尤精易數。去諸生。入山卒，年七十二。

黃文星，字子威，歲貢。講陽明學。與白雲山義師，上書何騰蛟言事。歸立義倉、義學。

余正垣，字小星，詩文在萬時華、陳宏緒間。

高夢龍，字麟伯，弘光時上剿寇策。去諸生。

陳宗虞，字姚生，巡撫子貞子。上時策十二，格不行。去諸生。

李天贊，字性孟，孝友工文。晚目失明。

文衡，字君平，去諸生。自火著述。

徐世溥，字巨源，新建人。侍郎良彥子。少爲諸生，好學能詩文，艾南英、錢謙益、姚希孟及里中萬時華，皆以斗杓歸之。贛撫潘曾紘得祥符王維儉所修宋史，屬世溥及晋江曾異撰重加筆削。世溥才雄氣盛，一往自遂，屢試不第。隆武時，揭薦翰林院待詔。國變後，遯居山中，絕意仕進。陳名夏欲修徵辟故事，巡按親式其閭，又作手書，遣推官持禮幣往山中致之，拒不納。推官去，盜踵至，曰：「金幣安在？」世溥辭無有，盜怒，炙之死。

同邑程元極，字隆之，崇禎九年舉於鄉。揭薦庶吉士。文章豐華。逃爲道士。

唐以煒，字懋中，去諸生。歌哭入山，詩文高古。

陶應龍，字相如，從傅冠遊，詩文逸宕。去諸生。流離死。

蘇桓，字武子，嘗主呂維祺家。雄於詩文。早卒。

李奇，字平叔；熊洪，字開先；熊斯男，字力民，皆去諸生。詩文自娱。

豐城胡學浹，字悦之。少有才名，入復社，爲張采、陳子龍所重。歲貢。當得官，不應。文學坡公，詩迫杜甫。後寄落忠孝之説一出之詩。卒年八十二。

進賢顏埈，字方平，受知侯峒曾，下筆千言。益王命南英招之，設醴七年。去諸生，入土室。清起山林，不應。文博綜古今，高視歐王。

奉新李時應，字翼龍，崇禎十七年貢生。文章敏疾，蔡懋德重之，與重□陳際泰有國士之目。

靖安舒一邃，字初民，諸生。詩風柳，世溥梓其集。

寧州余應荃，字未人，孝友，能詩文。

熊廷幹，字貞夫，工書畫。

熊偉文，字憲周，有雋才，工詩。

高安劉九嶷，字岳生，崇禎九年舉於鄉。通性命之學，詩文奇放。江西亡，泣血自盡，獲救，爲僧國蓮寺，名性蘗，自題「明遺民劉慟子墓」。

胡儜，字一庵，崇禎十二年舉於鄉。受知馬世奇。世奇死，甘貧力學，誓老丘壑，卒年八十。

舒宏緒，字芑孫，選貢。工詩，爲一時名流所附。恣遊直、浙，後客皖江死。

吴以策，字對臣，友愛兄弟，博學工文。

宋士毅，字任卿，崇禎九年舉於鄉。幾得禍，杜門著述。

徐日曦，字子馭，崇禎十五年舉於鄉。劉忠，字遠孝，受知峒曾。去諸生。爲僧，卒年七十三。皆以詩文稱。

新昌劉型正，字叔範，博覽群書。與子欽、從子金鈍吟咏。欽，字子謐，不應試，詩學山谷，多亡國音。

漆調祚，字公鼎，副貢。以詞章名。

果成，字石葉。南京亡後，自蘇州至新昌。工詩。問姓名，不應。

陳弘緒，字士業，新建人。尚書道亨子。性警敏，家藏書萬卷，晝夜講肄，遂知名。以任子授晉州知州。時真定屬邑多被兵，大學士劉宇亮出督師，欲移兵入州，宏緒拒不納，遂被劾，緹騎逮問。士民哭闕下，頌有保城功，得釋，謫湖州經歷。歷長興、孝豐、舒城知縣，有惠政。上勦撫流寇策，謂：「變起於戎狄者，患其驟至而不患其持久；變起於内地者，患其蔓延而不患其猝發。自古禦寇，要不外勦撫二途。而勦有勦之方略，撫有撫之機權，未有僅持空名而遂能妄幾其實效者。欲定勦賊方略，則必先變主客之情形，然後逞志於一擊。覘其驍悍所在，以全力扼之，則餘匪膽落，可以徐議招撫矣。而招撫之機權，則又有前人已驗之實事。各因其意向而招徠之，行之以漸，守之以誠，賊不足平也。」弘光時，升廬州推官、安慶監軍僉事，揭薦編修。南直陷，歸。國亡後，居南昌，屢薦不起。工古文，與徐世溥齊名。爲文不務詭奇，不假修飾。所作西陽藏書鈔本書二記，王士禛見之，嘆曰：「名下固無虛士也。」久之卒。

歐陽斌元，字憲萬，新建人。幼奇慧，讀書目十行下，終身不忘。爲諸生，受知於蔡懋德、侯峒曾，皆禮以國士。姜曰廣、楊廷麟尤相推重，稱爲奇才博學。生平師多於友，學一藝即下拜稱弟子。好物色異人，雖道旁乞人，語有得，即叩首，同寢食，留旬月不舍去。嘗道遇道士許雲房。雲房仰天嘆曰：「河鼓星曲縮失度，朔方當失大將，天下自此亂矣。」斌元異之，從受易數，又嘗師西洋人學天文、日月食測量諸法。後與王綱、彭士望講求經濟，以學業相砥礪。弘光時，從呂大器南京。每會，以斌元習知典故，多令起草授事。旋爲大器草疏劾馬士英二十四大罪。士英銜之，斌元懼禍，就史可法幕。可法甚奇之。嘗爲畫守白洋河策，可法大嘆服。在軍中，與同卧起，薦推官。士英擯弗用。昭宗即位，揭薦編修。金、王反正，曰廣等薦兵科給事中。尋歸隱不出，以幽憂卒。爲文能獨開風氣，與陳宏緒、徐世溥皆不惑於公安、景陵之説云。

同邑黎祖功，字耆爾，爲詩奔放。國亡，自書甲子。一日江行，死於盜，年十七。流寓吳縣陳上善，字元水，中書舍人。博學，以文名海内。工篆隸。與萬時華、宏緒、世溥友。國亡家破，孑身以老。怪奇卓犖，一發於詩。子旭，學守程朱，杜門著述。

文德翼，字用昭，九江德化人。崇禎七年進士。授嘉興推官，折獄多平反，釋者甚衆。大憝吳中彦子徵、霱、綺，恃持國枋者，武斷鄉曲，害善類，德翼特揭，力請置理。後府丞疏汙萬狀，蓋爲左袒中彦者修冤也。内召稽勳主事。左良玉之九江，以病爲辭，絶意不還鎮。呂大器實臨之，良玉不禮。德翼諷王永祚曰：「文武固宜調和，亦當存憲體。公宜禮敬制閫，使悍將少知朝廷之尊。」永祚頷之，良玉乃迎謁成禮。當是時，内外交訌，屢致激變，而綢繆調護卒無事者，德翼之力爲多。安宗立，遷員外郎、郎中。南京亡，隱徽州商山。性孝友。官司李日，父訃至，適在會城，號泣徒跣歸。母歿，年已望七，哀慕如孺子。博貫經史，詩古文名家。

弟德昌，字子明，去諸生。卒年九十。

流寓邵鎮之，江寧人。萬曆四十六年舉於鄉。主白鹿洞書院，入山卻聘。

石和陽，字嵩隱，南陽人。爲道士木瓜洞。郭都賢嘗與講論，所言皆經史。卒年八十九。

同時彭澤周易象，崇禎十五年舉於鄉。以文名。

星子周之元，字貞生，崇禎六年舉於鄉。孝義。北京亡，作誄紀哀。未幾卒。

吴一元，字敬躋，崇禎十二年舉於鄉。工文，隱髻山。

潘厚本，字載甫，崇禎十五年舉於鄉。工文，入山。

于千，字達士，有文行。張伯行聘主鼇峯書院，不應。

胡子祺，去諸生。窮性理。

建昌袁懋芹，字伯采，拒寇淮貢。工書法。

鄱陽程四達，字心如，性理著述。卒年七十六。

陳曾，字孝若，杜門著書，不見一人。

樂平王綱，字乾維，廩生。負經世才，詩追盛唐，文博大。入史可法幕，草答多爾袞書。遁泉湖山中。

浮梁曹棨，字酉倩，從艾南英遊，入山。

萬年曹復旦，廩生。工文，爲僧。

玉山葉上芝，字貞子，博學，入懷玉山三十年。

程瑛，字桃如，去諸生。壹力詩文。入山五十九年卒，年九十七。

貴溪璩自璵，字魯石，選貢。與弟自瑄入山。工古文，門牆甚盛。卒年八十一。

張雲鶚，字次飛，通經史百氏，詩文悲壯。去諸生。

吴起麟，字振趾，授徒淇園。

徐繼發，字繩武，隱馥蟾山著書。

張鶚祥，字雲石，工詩草。

永豐王宏，字士仁，髡其頂，醫隱。

章慥，字仲實，南城人。諸生。國變後，隱居華子岡，灌園養母。入程山學舍，與謝文洊論學，有針芥之投，文洊每心折焉。好讀史，衡論精審，發前人所未發，著二十一史童觀集、閱史偶談，魏禧稱其發微闡幽，大有功於後學。

同邑鄧炅，字日生，選貢第一。學使請見薦之，不可。文章沈雄。

嚴思綬，字叔佩，去諸生。與張于岸入山，以文名。

埋庵和尚，主南城，工詩，與徐芳唱和。

南豐李珙，字共玉，去諸生。爲僧，名圓智，字大方。文依忠孝。

崔緝，字縫宰，文有奇氣。清薦遺逸，不出。卒年七十七。

曾秉豫，字悦生，工詩，抱琴入山。母歿，廬墓。

鄧右符，字台卿，蕭漢友；王仲鏻，字揵亭，皆工詩。

梁份，字質人，從魏禧遊，講經世學。謝進奇之，妻以女。古文兼禧、彭士望之長，名動公卿五十年，迎惟恐後。進故從樂安王議淜起兵，以軍法殺人，後其子從耿精忠，遇進樂安，殺之。份聞，即斬盜，刳其心肝，祭而殮進。六十後隻身走萬里，西至甘、涼，南踰滇、黔，馳驅燕、晉、秦、齊、魏，覽山川，討成敗得失遐荒軼事，一發於文，方苞、王源重之。樸摯强毅守窮，至老不衰，卒年九十。

大方，儒生爲僧，與文洊友。

新城余光令，字小令，負奇氣，韡冠行市中。學於孔鼎、文洊。令見，不可；招，不往。

鄧裴，任俠，工詩文，浪遊直、浙。

涂酉，字子山，力學，徧覽南北形勢，與王猷定交。

楊思本，字因之，著繹道十箋太平三策、經國一書，繹理精，籌畫深，皆可坐而起行。詩亦典麗，去諸生。

鄧篆，字文始，副貢。黄端伯弟子。大哭爲僧，吟咏。故人羅憲汶招，不赴。

江佩，字守默，博洽。入廪山，與思本唱和，人見不得。

璩紀，字正子；璩一麟，字逸仲，去諸生。皆工詩。

廣昌劉大千，字廣生，崇禎九年舉於鄉。有孝行，文閎暢。

劉大嘗，字吉生，文如西京。

何三近，字復我，崇禎十五年舉於鄉。工詩古文。

李自登，字孟雲，歲貢。促試，狂走入山，詩酒。

何上如，研理學，杜門。

瀘溪鄧瑨，字温如；弟瓆，字文孺，皆侯峒曾門人，去諸生。窮經隱。

傅金城，字方築，孝友，精研性理。

傅占衡，字平叔，臨川人。父檝，萬曆四十一年進士，官吏科給事中，結魏忠賢甥傅應星爲兄弟。章允儒、阮大鋮嗾劾趙南星，誣奏汪文言，並及左光斗、魏大中，大羅織，東林之禍自此始。終太常少卿，名在逆案。

占衡負異稟，讀書過目不忘。少爲諸生，淡泊恥徵逐。文章淵懿典雅，風格駕魏禧而上之。揭重熙疏薦，未及赴，江西再陷，奉檝入山，謝絶人事。有漢書摭言、編年國策，得史家之旨。又依郡志作臨川記行世。

同里韓范，字一范，崇禎三年舉於鄉。隱英巨山。

湯開先，字季雲，主事顯祖子。詩雄深如少陵，多變徵聲。

饒昌胤，崇禎十五年舉於鄉。

劉命清，字穆叔，弘隆間禦寇有功，諸生。重熙薦授待詔。

李日滌，字亦白，歲貢。入宜黄戴溪山中，清徵不出。

王偉士，去諸生。與胡先覺、吴景南皆以文名。

陳咸韶，字聆希，去諸生。工詩文，深衣不入城市。

孔貞文，字方徵，天啟元年舉於鄉。精易學。

崇仁陳蜚英，字經茂，副貢。與周廷贊从謝文洊程山，從游者衆。廷贊，字旦若，天啟七年舉於鄉，隱居。熊銛，孝友好義。

金谿王瑱，字仲玉，崇禎十二年舉於鄉。負文望。清薦，辭。

蔡國藩，字介甫，大學士國用弟，迭舉方正真儒。清當貢，不應，故衣冠著易大華山。將死，曰：「正命而死，何憾哉！」

張爾祜，字篤甫，副貢。詩文有奇氣。

熊司平，字尹衡，副貢。少著二京賦知名。晚樓居著易。郡守投書，不答。

姜光琦，字石餘，去諸生。陽狂，著詩文見志。

李國昌，字亦人，工制舉文，操選政卅年，風行天下，人比艾南英。以貢生老。

胡依光，字明仲，文奧衍，爲陳際泰、艾南英所重。國亡不貢，卒年七十六。

胡觀，字于國，去諸生。苦吟，工草書。

宜黃鄒用昌，字禹俞，去諸生。理學，與文洊往返，學益醇。令見，不可。

黃鶴，字子和，去諸生。野服，工詩。

康放仁，字雩孫，安福人。少穎悟。家貧無書，經目無不曉，兼通音律、等均、天文、曆法，不經師授，自能解了。占未來事，多奇中。國亡，絕意仕進。自言腹有稿二十二卷，囊括萬象，未經命筆。年五十三，病亟，呼其子曰：「殮我以白布二匹，還我潔白之體。」次日死。其子於硯下得一紙，乃細書其死之時日，弗爽。少習禪學，已知其無用。其學不由聞見而入，蓋得於天者爲多云。

同時同邑謝生蘭，字自芳，崇禎十二年舉於鄉。與劉士正古文齊名。

吴雲，字滃水，貢生。授待詔。深天人性命之學。入武功山爲僧，年七十九。

管鈺，字石男，貢生。與叔震元入瀟山。工竹。年八十一。

周岐嗜，字西音，入北山，去諸生。楊廷麟、何騰蛟薦，不奉命。年八十二。

王犖，字盤如，副貢。主白鷺書院。

王尹，字莘民，從鄒元標、高攀龍講學首善書院。黨禍作，歸里。崇禎末，大學士陳演薦之，力拒。有道學迴瀾，大旨力闢心學。卒年九十五。

賀宧，字子顯，以詩文名。

王其宴，副貢。弟其最，諸生，博通經書，隱居。

廬陵周珝，字以廉，崇禎十五年舉於鄉，從廷麟起義，分兵剿豪僕。隱韶州梅花洞。博串經史百氏。

龍鳴台，字薇郎，工書，與兄鳴雷、弟鳴衡，有「三株樹」之目。以副貢入貴州歸，卒年八十三。子殿卿，諸生。省父遇兵死。

劉廣厦，字宜侯，博通經史。去諸生，入明川山中，詩酒著作，卒年七十五。

彭舉，字夐夫，崇禎九年舉於鄉。入青原山。子鴻慶、鴻猷，皆工詩文，去諸生，偕弟鴻翔隱。

蕭正發，字次方，去諸生。

王業，字蔚上，去諸生。以經史性理訓士。

王萬禩，字季齡，歌詩著述，不赴鄉飲。

馬猶龍，字季房，劉同升友。清相薦，不出。

趙嶷，副貢，與劉思光、蕭發生，皆有文名。

泰和郭林，字人同，孤介有潔癖，終身不娶。居忠誠七里鎮，製葛帷，讀書其中，冬不爐，夏不扇。多識崇弘故事，編書等身。永曆中大雨爲災，居室水淹，所弆縑緗，一夕俱盡，撫膺哭曰：「天祝余。」詩與吴雲並稱，施閏章重之，目爲一狂一狷。葺白鷺書院以課多士。

蕭子建，字繡虎，歲貢。激昂大節。童楚白，爲僧，名興賢。皆工文。

吉水羅維善，字淑士，光禄卿洪先孫。十二爲諸生，以家學自勉，卒年八十二。

鄧任，字勿非，志學山居，爲彭士望所重。

永豐張敬，字敬夫，去諸生。不應鴻博。

萬安賴良鳴，字吹萬，去諸生。不入城市。閩章招之，力辭。

賀貽孫，字子翼，永新人。九歲能文，稱聖童。時江右社事方盛，貽孫與陳宏緒、徐世溥結社豫章。國亡後，棄諸生，高蹈不出。學使慕其名，特列貢榜，不就。御史笪重光按部，欲以博學鴻詞薦。書至，愀然曰：「吾逃世而不逃名。名之累人實甚，吾將變姓名而逃焉。」乃翦髮衣緇，結茅深山，無復能跡之者。初工詩，繼撰史論，識者擬之蘇軾。後又爲激書。激書者，備名物以寄興，紀逸事以垂勸，援古鑒今，錯綜比類，言之不足，故長言之，長言之不足，故危悚惕厲，沈痛惻怛，必暢其所欲言而後已，雖自寫其憂患沈鬱之懷，抑將以律己者律人，激濁揚清，爲世道人心勸，始自貴因，終於空明，凡四十一首。晚年家益落，布衣蔬食，無怛色，惟日以著作自娱以終。

弟昭孫，字子布，恩貢。酣飲三十年終。去諸生，詩瑰奇。

同邑陳宗禄，字在中，博學明易，以成就後學爲己任。

賀鳳生，字千仞，崇禎十二年舉於鄉。杜門著述。

劉元珍，字殿英，去諸生。

李川寶，字眉石，文幽奥奇險。晚年高冠敝衣，居山谷。與貽孫、吴生稱臨川六子。年八十一。

周紹珠，字伯召，文雄深雅，與弟添珠入山著書，不試。

清江蕭宏緒，字餘庵，萬曆四十三年舉於鄉。詩文冲和妍雅。卒年八十。

祝應熊，字大占，崇禎十五年舉於鄉。以文章氣誼稱，周旋義故，完妻子。晚遁文酒終。

周遜夫與熊化講學青原，天人理欲之界，洞見本原，長往不返。

新喻周玨，字叔璋，吟咏躬耕。

黎斐，字非文，去諸生。精義理，工詩。隱蒙山，清徵不應。

宜春劉映洙，字崑懸，崇禎十五年鄉試第一。才氣豪宕，爲僧瀏、醴山中。

劉世華，字斂之，崇禎十五年舉於鄉。研易文古。

易嗣重，字又尹，恩貢。倡明古學，自放山水。年七十二。

何山，字叔子，崇禎十二年舉於鄉。工文。

劉而寔，字稺木，孝友。經史多著述。

李幼巡，字同許，副貢。文章噴薄。

李克，字高叔，歲貢。文醇肆雅。

萍鄉陳宏策，字白石，崇禎十五年舉於鄉。入歐公山，不應辟。文章淹雅，無慚於古。

魏禧，字冰叔，寧都人。父兆鳳，字天民，諸生，以孝行聞。家故饒財，爲鄉人葬死救患，修繕橋道，以布衣動一邑。崇禎中，薦舉徵辟，皆不就。禧負異禀，形幹修頎，目光射人。年十一爲諸生。與兄際瑞、弟禮並能文章，而禧尤知名，世稱「三魏」。北京之變，兆鳳號哭，竟日不食，走山中，髠髮，自置惡棺，誡諸子曰：「死以殮我。」禧日哭臨縣庭，憤咤不欲生，謀從曾應遴倡義兵，不果。乃棄巾服，隱居教授。禧負才略，善擘畫理勢。方中原兵起，衆謂遠猝難及，禧獨憂甚，移家翠微峯。峯距寧都四十里，四面削起百餘丈，中徑坼，自山根至頂，若斧劈然。緣坼鑿磴，梯而登，因置閘爲守望，士友稍稍依之，而彭士望、李騰蛟、邱維屏、彭任、曾燦及宗室議雱等，亦皆挈妻子來家翠微。閒居講學，世所稱「易堂九子」也。其後數年，寧都被兵，翠微峯獨完。禧既遁世，益肆力古文詞，尤好左傳及蘇洵文。其爲文主識議，陵厲雄傑，遇忠孝節烈事，則益感慨，摹寫淋漓。年四十，乃出遊，涉江踰淮，至直、浙，益交天下奇士。當是時，謝文洊講學程山，宋之盛講學髻山，弟子著録者，皆數十百人，與易堂相應和。論者謂西江自歐陽、鄒、魏宗陽明，講心學，陳、艾依復社，工帖括，其聲力氣燄，皆足動一時，易堂起，獨以古文實學爲歸，風氣一振，由禧爲之領袖云。清舉博學鴻詞，以疾辭。有司敦促就道，不得已，舁至南昌，固稱病篤。巡撫疑其詐，以板扉舁至門，禧絮被蒙頭卧，巡撫歎息而去。後赴揚州故人約，卒於儀真。妻謝，絶粒十三日殉。無子。

際瑞，亦諸生，負經濟大畧。吴三桂兵起，清帥聘往説降，見殺。禮，字和公，少從禧讀書，笞駡皆樂受，曰：「叔兄愛我也。」補諸生，更刻苦自勵，學日進。國變後，禮棄巾服，請於兆鳳，願從叔兄。後父母卒，乃益事遠遊，歷閩、粤，渡海達瓊崖，北抵燕京，返夷門，過雒陽，南浮漢、沔，入秦關，涉伊水，經鳳、滁，足跡幾徧天下。所至必交其賢豪，尋訪巖穴遺佚之士。嘗省故人於韓城，往觀砥柱三門。聞高士彭荆山居華山絶巘，直上四十里，手鐵絙躡飛磴訪之，高韓愈痛哭處十里。既乃倦遊返山。時三桂兵至江西，諸大吏重幣延參幕府，竟不出卒。

同邑楊文彩，字治文。少攻木爲生，以副貢教授。楊廷麟揭薦，上書言事。與曹兑光義師。兵敗被執，著書如故，同行者呼謂聖人，清兵拜爲義子。弟子滿江右，禧最知名。卒年八十。弟文彬，天啟四年舉於鄉。

魏書，字石床，工詩書，繪事入能品。諸生。痛哭終。

羅牧，字飯牛，工山水，筆意在董、黃間，林壑森秀，墨氣滃然，稱妙品。晚交徐世溥，兼能詩。

贛縣諸生許騰蛟，字龍友，工詩文，一門死難，去諸生爲僧。

雩都易學實，字去浮，崇禎十二年舉於鄉。少夙慧，讀書攻苦。清授分宜教諭，不赴。入山，杜門三十年。手抄日知録，曰：「宋儒千言萬語，綜於整庵三册。」卒年八十三。

曾思遜，字衷抑，崇禎十七年歲貢。文以理勝，學實師之。

吴人先，字景讓，文高簡，去諸生。辟召不應。

文在茲，字信余，去諸生。完髮。

周鼎新，字昌侯，去諸生。爲僧上杭，曰祖印，字罣坪。

石城鄧斗光，貢生。學躬行，師程朱。隆武末，父爲兵執，冒刃乞代，舍之。清召遺逸，不赴。

上犹蔡希舜，字仲韶，工詩，隱。卒年八十。

劉敷仁，字濟甫，江夏人。崇禎十五年舉於鄉。少與譚元春齊名。凌義渠每屏騶從見之，曰：「不可令高士見也。」國亡後，杜門學易終。

徐封魏，字青芝，副貢。山居苦讀。

梅逢甲，字郢青，副貢。遁湖東，詩酒。

同邑趙金節，字友嵩，顧憲成延入太學。國亡，遯山谷，窮性命之學，年七十九卒。臨終，戒子孫葬我以皇甫謐、楊王孫例。

周家鼎，字時鉉，崇禎十二年舉於鄉。去諸生，著作以老。

艾然，字然明，諸生。結茅鹿泉山，拾蔬自給。

蔡其熯，字雨湫，諸生。與弟諸生其焞，入山注易。

魏廷謨，字溟一，諸生。事箋注詩文，爲鍾譚所重。清招修省，去諸生。年九十一。

秦文朴，字訥夫，布衣。詩酒。

沈韻，字四聲，諸生。入梁湖孤山鋤菜。

武昌呂大夔，字調三，性至孝，文章有義法。張獻忠開科，不赴。去諸生。卒年七十三。

劉受三，以詩文名於時。

嘉魚李占解，字雨蒼，崇禎十五年舉於鄉。工詩。

蒲圻馬亦昌，去諸生。負奇好佛。

崇陽甘澹寧，字愧葛，廩生。披髮南山土室，手注經史，卒年八十五。

王道大，字無懷，廩生。博雅，隱西山。

戴顒輝，字天樹，爲僧。

潘守器，爲道士。工詩書畫，遊山西歸，卒年九十九。

流寓許子廉，字簡可，歙縣人。工詩，入石屋山。

大冶尹珩，字右玉，崇禎十五年舉於鄉。與賀逢聖遊。武昌陷，隱南直。

周蓼衈，字貞棲，流寓南京。工詩，草衣歌哭市中。

尹煜，字孟炤，歲貢。工詩古文。

漢陽魏晋封，字賞延，崇禎九年舉於鄉。

李以篤，字雲田，選貢。

蕭名韻，字聖功，去諸生。奉母寶慶。

朱國俊，字甸芳。父副使祚宏，死難。去諸生。入茅真山爲僧。皆通百氏，以詩稱。

漢川魏閥，字明閥，去諸生。研易。晚主清風書院。

許上通，歲貢。工詩。

杜濬，字于皇，黄岡人。父祝進，字退思，萬曆四十年舉於鄉，國子監助教。濬，副貢。崇禎中，楚人言詩者，多效法鍾譚，濬獨以杜甫爲師，以此名聞天下。亂後，從父流寓南京雞鳴山右，茅屋數間，梁欹棟朽，家窶甚。王猷定嘗問窮愁何似，答曰：「往日之窮，以不舉火爲奇。近日之窮，以舉火爲奇。」猷定笑曰：「君言抑何雋也！」周亮工偶集名士觀燈船於秦淮，出百金置席上爲采，賭鼓吹詞。濬遽起攫之，云：「鮑叔知我貧也。」就吟席振筆直書，立成長句一百七十四韻，一座爲之傾倒。求詩者踵至，多謝絶。錢謙益嘗造訪，至，閉門不與通。惟故舊徒步到門，則偶接焉。及功令有排門之役，有司注籍優免。晚年，貧益甚，竟阨窮死於揚州，年七十七。生平論詩最嚴，於時人多所訶呵。有富者重價購其集焚之，鄉人搜得變雅堂遺稿，刊以行世，蓋不及十一二三云。

弟岕，字蒼略，諸生。與濬同居南京。兄弟行略同，而趣各異。濬廉隅孤特自遂，遇名貴人，必以氣折之，於衆人未嘗接言語，用此叢忌嫉，然名在天下，詩每出，遠近爭誦之。岕則退然自同於衆人，所著詩歌古文，雖子弟弗示也。方壯喪偶，遂不復娶。所居室，漏且穿，木榻敝帷，數十年未嘗易。每日中不得食，兒女啼號。客至，無酒漿，意色間無幾微不自適者。卒年亦七十七。

同邑萬爾昌，字師二，崇禎九年舉於鄉。與弟爾昇、爾杲，皆以文名。寇至，見楚王，請防江，不聽。歸建隄障水拒寇，力振凶荒。詩如陶潛。卒年八十四。爾昇，字退修，去諸生。于成龍欲一見，不可。卒年七十四。爾泉，字舒季，去諸生。

易爲鼎，字用玉，去舉業，博通經史，以氣節聞。爲室白云山中，教授生徒，不入城市。子龍墳，字夢先，歲貢，應城訓導。

李之泌，字鄰仙，去諸生。隱白雲山，不應召。

王一翥，字子雲。天啟中遊京師，魏忠賢招爲記室，不應。崇禎三年舉於鄉。隱廬山，月餘不食以爲嘗。

杜士鶚，字騫公，去諸生。博學，授徒三十年。

程雲，字玉林。寇至，隱江西，畫山水自給。

胡問仁，字顏目，力學知兵。上策宋一鶴，不用。黄澍辟參軍，不赴。去諸生。改名珠，字山佃，躬耕平江，壹力詩文。

林之華，字伯滋，歲貢。文本經術，詩幽險。爲僧衡山。

汪國濚，字猗公，去諸生，隱皐山，以詩名。

曹大濩，字尚白，去諸生。工詩文。卒年八十二。

馮永明，字清原，雲路子，去諸生，入山。

萬昌言，字元方；弟燦，字季方，皆工詩。

李見瑗，字悦泉；胡珙，字石崖；鄭先慶，字亦懷，皆博學能文，去諸生，放情塵表。

麻城魯晟，字秋崖，歲貢。草上皇太后徽號册文，時推大手筆。

劉鍾蓉，字集裳，崇禎十二年舉於鄉。工詩。

曾若渭，字幼文，去諸生。爲僧，名一了。

黄陂劉正暹，字方晨，詩古文，入烽山隱。

章焕然，字景夫，講學涇水，士林宗之。清貢，不應。

明炤，字玄鑒，阮氏子，爲僧，工詩文。

黄安韓勳，字欽父，選貢。以經史教授生徒數百人。卒年八十。

趙光早，字爾昂，不應舉，不赴鄉飲。于成龍招，不出。卒年八十。

趙文淵，字海岳，隱石門山，詩文華嗞。

沈升，字升霖，避地沔陽，詩酒。

蘄水李見璧，字元瑩，崇禎十二年舉於鄉。

羅田朱正振，字叙九，廪生。

黄梅吴卿，字更生，崇禎六年舉於鄉，信豐知縣。

余振遠，字宣臣，增生，入烏鴉山。

陳夢弼，字帝侯，恩貢。

石礪，字用之，去諸生。

王甲，去諸生。爲僧廬山，名千仞岡。皆以詩文名世。

麻城流寓倪嵩門，上虞人。元璐裔。工詩文，爲僧。

顧景星，字黄公，蘄州人。六歲能賦，八九歲遍讀經史，目數行下，時稱聖童。旋補諸生。先是，熊文燦挈張獻忠過蘄，荆王止飲，令走馬後宫，與寵姬觀之爲戲。景星年十六，聞之，曰：「熊公不得死所矣。」明年，獻忠果焚穀城畔，屠蘄、黄。展轉避亂之崑山。安宗立，以恩貢廷試第一，授推官。上疏陳四事：車駕宜駐淮以張國勢，二宜罷大工諸役，三宜停大昏禮，四斟酌將相。馬士英使人密招，卻之去。遊黄山白嶽，歸過錢塘，因浮家瀫湖爲長隱計。清徵天下山林隱逸之士，大吏强之，不起。又以博學鴻詞徵，有司敦迫就道，辭病不赴。晚年歸里，杜門息影，翛然遠世，號其堂曰「白茅」，取易无咎之義也。景星記誦淹博，才氣尤縱横不羈，詩文雄蔚，稱霸才。

張仁熙，字長人，廣濟人。諸生。家多藏書。年十一，屬文有奇氣，文宗王、李。謂歸有光秀善而衷於宋氏之理，秀善則易柔；衷於宋氏，則理信而詘於氣。乃貫穿史學，慨然思有以見用於世，文震孟極賞之，自是名著江漢間。張獻忠入楚，楊卓然議安插其一部賀錦之衆於蘄、黄山後，號曰「新民」。仁熙奏記：「新民坐食民粟而弗佃，舊民之畝食且盡，將去而蠶食他方。公乃以爲檻虎，不憂其餓而噬人，誤矣。昔武侯兵民雜處渭濱而不亂，以屯田耳；項襄毅之於房、竹，王文成之於桶岡、大藤，亦在操縱有方，始能鎮服。」後卒如所料。少孤廬墓，芝生其側。事祖三十年，歿又廬墓。國亡後，山居，謝絶貴遊。宋犖守黄，於雪堂爲東齋，延仁熙，與論詩。仁熙謂：「時敝雖深，慎勿相救。公安救歷下，失之佻；景陵救公安，陷於孱。」時以爲知言。會詔中外薦隱逸，尚書吴正治欲薦之，或以爲不可屈，乃止。嘗自結五經社，與顧景星以文章相砥礪。與從兄肆力於學。晚年猶進曾玄孫，口授六經大義。書法在顔、米間。卒年八十四。

同邑袁素亮，字公寥，歲貢。與譚元春唱和。與艾南英、陳際泰結文社。亂不出。

吴亮思，字幼睿，歲貢生。崇禎末陳時政，以直言切責陳演歸。

李具慶，字亞向，副使樹初子，去諸生。居湖濱。

李春期，字子疇，父煒然死難，力學終身。

董洪勳，字清漁，自娱詩酒。

舒益其，去諸生。爲僧。詩清峭。

陳文濤，字濤生，爲程朱學。

張復熙，字一生，崇禎十二年舉於鄉。出萬元吉門。工詩。卒年八十二。

劉子杜，字幼陵。十二爲諸生，有經世才，工詩文。

黄鉉，字大象，去諸生。詩宗李夢陽。皆早卒。

李賓起，字深愚，去諸生。工詩文。

饒嘉繩，字木倩，工詩。

寇學海，字巨源。少負奇才，削髮入盤山，楗户研詩成家。然後蓄髮入世，與名士陳文燭、李維楨遊。樊山王尤重之。交遊遍天下。慶成王使再三招之，乃上座不遜，王益重之。學海不羈，家無宿舂糧，王公大人金累鎰，輒土擲之。後老死於客。

鍾祥何悍，字君慄，去諸生。入山。卒年八十三。

劉必選，字青錢，工詩。兵至，端坐觀書，脅刃不屈，傷耳猶娓娓諭順逆，酋義之，懸旗於門而去。

沈道隆，去諸生。爲僧宜都，名博達，能詩文。

京山譚渾，字處晦，去諸生。入鷹山。
張良生，字元直，去諸生。
潛江王啟遠，字公逸，去諸生。有學行，隱維江。
郭鋏，字長仲，恩貢，扁舟觴咏蓮渚。
劉率國，字端侯，歲貢。工文杜門。
柴一舉，字霞卿，去諸生。流浪江湖，卒年九十四。
荆門方鳳時，字梧生，歲貢。弟麟時，字栗其，崇禎三年舉於鄉。爲道士，吟咏。
郭占春，字用梅，天啟七年武舉。著述。
許明登，字徵之，去諸生。爲孤竹軒。
費思居，字瞿如，崇禎十五年舉於鄉。工詩。入攸縣桃花崖。
江鶴，字叔子，去諸生。
龔璜，字南華。皆有文名。
沔陽蕭煜，字闇生，崇禎六年舉於鄉。書史自遣。
馬學衣，字萊子，崇禎十五年舉於鄉。廬墓。山水自放。
胡維宗，字遠人，去諸生。講性命學。清授推官，薦隱逸，皆不赴。卒年八十五。

成鵬舉，字扶摇，去諸生。受知於章曠。詩酒卒，年八十二。
劉錫元，字康侯，去諸生。工詩。不入城市。監司訪，不見。
廖同文，字詞大，工詩古文。
錢璜，字伯夏，歲貢。薦不應。
流寓吴長源，福建人。永曆中遊沔。工古文。
景陵黄于麻，字用草，去諸生。爲僧，與方丈游，日歌哭，詩森沈有淚痕。
熊宗望，字子牙，以詩知名，詩歌淒切。
謝中恪，字嚴斯。鄒元芝，字立人，廩生。鄢韻，字谷音，諸生。皆以文名，入山。
安陸張和梅，去諸生。講學崇陽。
雲夢元祚，字木文，西洞庭山僧。
應城寇宗哲，字嗣邛，崇禎九年舉於鄉。工詩古文，薦不出。
齊東魯，字辛龐，去諸生。
孝感黄文旦，字敬瑜，崇禎九年舉於鄉。著蕘廬，危言洸識，人比賈生。弟文星，字子威，歲貢。江夏教諭。
李其先，字錞庵，崇禎九年舉於鄉。工文。

劉南召，字師尚，去諸生。七言如少陵。自題「飲者劉甲墓」。

唐烈，字仲駿，諸生。與魯鑑、何閎中唱和。至黔陽卒。

隨州周宗成，結寨練兵，難民依之。晚歲講學。

江陵劉亨，字康侯，尚書楚先孫。洪承疇過荆州，酹酒楚先墓，辟參幕府，移疾不赴，室懸倪瓚畫以見志。

王文南，字季豹，崇禎三年鄉試第一。隱龍湖，與譚元亮麟時唱和。迭召不出。卒年八十七。

張樹聲，字實符，副貢；竺鳳仞，字輝下，崇禎十二年舉於鄉，皆能文博洽。

曹國樸，字樲之，太僕大咸子，去諸生。與弟國棨入山。國棨，字叔方，皆博學。

劉國任，字五草，工詩。

陳應麟，字璧山，父死國難，以畫蘆雁名。

馬崇端，字開子，父湘陰王較籍。爲僧，通儒典。聞荆王殉國，著五忠録。

公安張問明，字惟遠，崇禎三年舉於鄉。文簡練高峻。避兵青山隘土司中卒。

石首王啟茂，字天庚，選貢，入湖南山中。從兄啟京字兆來，歲貢，偕隱。

袁世明，字晦伯，去諸生。

鄭如岐，字居朗，去諸生。不受官。

監利劉在京，字野師，去諸生。

嵩滋潘遊龍，字麟長，去諸生。博覽，負經濟。居南直。

夷陵王席民，字安生，從胡際亨。兵敗被執，脱，去諸生，浪遊。

宜都姚自章，字唐裔，工文，不應試。

遠安楊瑯樹，字孝齋，足跡半天下，文哀集成帙。

襄陽淩哲，字元亮，襄王翊銘妃戚，工詩文，結詩社。

方鎮，字名藩，恩貢。躬耕。當事見之，遁去。

光化郝楷，歲貢。端方講學，從者甚多。卒年八十。

均州鍾岳靈，字水涵，歲貢。爲葛寅亮所重。工書。

郭嘉屏，字嵾山，去諸生。詩有性靈，獨立不倚。

施州張延齡，字令齒，博學，明喪禮，兼擅詩文。亂後興文教。

吴道行，字見可，善化人。六七歲聞長老談嶽麓先賢講學，輒肅然傾聽。爲諸生。家貧授徒。時新建惜陰書院，當事聘爲山長。湖南陷，鬱鬱不自得。一日，趨吉王故宫，望闕痛哭。興歸山中，不食卒。

兄道升，字應期，孝友任俠，亦以博學稱。爲當事代草平播狀，酬金幣歸。聚書多手録。子愉、愀。愀，字去傭，歲貢。率妻子躬耕長嵩里，屢徵不起。

同邑周生文，字蓮峯，崇禎九年舉於鄉。居嶽麓山，不入城市。文有生氣。

黄象坤，字至元，八歲通諸經。傅上瑞奇其才，薦參軍，去諸生。

李先登，字文岸，歲貢。湘鄉教諭致仕。寇至，負母走，幾不測。母歿，哀毁。教異母弟先香，有文行。

長沙廖元度，字次裴，去諸生。著書僧寺。弟元儀，字止令，工詩。

楊德遠，字仲先，崇禎十七年恩貢。博學多通。

湘陰蔣之棻，字天植，隆武二年舉於鄉。有「羅江才子」之目。性豪邁，以澄清天下爲己任。隆永間，崎嶇兩粤軍，授宜山知縣。卒，遺金三百，僕蔣爾直議負骨歸。伙伴三人私議殺之而攘其金，爾直一日乘間護喪歸。及歿，之棻子爲服三日。

徐摇舉，字翥鯤，隆武二年舉於鄉。有文行，結廬柴木洞生壙，坐卧其上，不見一人。

朱之宣，字子昭，隆武二年鄉試第一。職方主事。隱於樵。永曆二年，楚義師蠭起，七年再陷，清因之成大獄，湖湘名士株連者三百餘人，之宣與焉，獄數年始解。

巴陵楊翔鳳，字千仞，去諸生。工文。爲僧大雲山。

華容程本，字子源，歲貢。詩蒼涼。

嚴首升，字平子，歲貢。弘光時上疏。遁跡深山。

孫羣，字子皇，居東山著述。

平江李嘗之，字百覲，去諸生。耕天岳山中。工詩文，畫得晋人神韻。

武陵瞿龍躍，字天門，選貢。行遁不歸。所至題詩石壁，納稿瓢中。

藍田玉，字石公，歲貢。有逸才，以詩酒終。

裴紹度，字又晋，與瞿儼、陳國器、陳逸，皆去諸生。工詩。

楊勳，字巽民，廩生。楊嗣昌稱其詩。

桃源闞聞，字令聞，歲貢。與邢祚胤，皆工詩文。

新陽曹宗先，字述之，習天文之學。獻忠至，負母走。已去諸生。

沅陵王鱗次，字雲奉，永曆八年舉貴州鄉試。詩酒。

唐九官，字師濟，歲貢。幼讀，過目不忘。交奇人偉士。去冠服，隱於詩。

唐之正，字光誠，永曆歲貢。寇亂，一門死，孑身寓北塔寺爲僧。晚誅茅北溶山頂。詩毁於火。

沈汝霖，字他友，永曆歲貢。之正友，皆工詩。

辰溪劉洪訓，字脱振，擅古文，去諸生。

黔陽向文焕，字亦庵，永曆八年舉貴州鄉試。授湄潭知縣。詩文冲和恬適。國亡，絶意進取。

李維嶽，永曆八年舉貴州鄉試。授中書舍人。清徵不應，亦以文名。

郭金臺，字幼隗，湘潭人。崇禎十二、十五年兩中副貢。會舉行積分法，朝士屢以名薦，不赴；例授官，亦不就。隆武二年，始舉於鄉。貌奇偉，議論風生。湖南亂，請於何騰蛟練鄉兵爲守禦計。騰蛟疏薦職方郎中監軍僉事。湖南陷，入衡山，絶口不談世事。清徵，以母老辭。臨終，自題其碣曰「遺民郭金臺之墓」。

同邑黄赤子，字孝昌，崇禎九年舉於鄉。入山。文汪洋奔放。

唐鶴彩，字質生，工詩。以昆弟死難，悲憤卒。

張燧，字和仲，郎中嘉言子，太學生。精書史，建香海居。崇禎十七年卒。

夏楷，字君憲，詩多感喟。

郭勸，字蓼庵，去諸生，大冠褒衣。文筆浩瀚，陳鵬年父從其學。

楊升，字系雲，貧居。與子吟雪相酬唱。

陶窳，字甄夫。父浤扈，從昭宗，於磨盤山之敗戰死。窳隻身徒步奉母歸骨。工詩文書畫。晚居南京，卒年八十四。

劉赤，字符九，去諸生，於城外爲千仞岡，坐卧其中，遺民多主之。精史學，晚年學易。妾蕭，城陷代赤死。

陳長瑞，字伯五，去諸生。

琛大，字芥庵，本李氏，爲僧。皆工詩。

醴陵大成，字篤庵，爲僧衡山，詩有奇氣。

寧鄉盧傳來，字復郎，歲貢。事母孝。詩高亢。

談若人，字奇子，去諸生。與彭之壽皆以文名。

益陽張澹，字楚士，詩悽愴。

劉文鼎，字調生，工詩。

陳震，字東鄉，崇禎十二年武舉。詩文成家，有池亭之勝。寇不敢犯，里人賴之。

湘鄉劉象賢，字若啟，崇禎十五年舉於鄉。著書終。

龍宏戴，字駿工，去諸生爲僧，名楚雲，後居南京棲霞山。

龍吟，字非聲，副貢。寧鄉教諭。工詩。

易貞言，字内美。寇亂，去二歲子，出其祖於兵。祖歿，廬墓。湖南陷，去諸生。逾六十年乃卒。詩寄託深遠，多故國之戚。

攸縣溥良，字去六，爲僧。以詩受知祁陽王禋泞，與王嗣乾遊。卒年八十五。

陳五篔，字逸子。父來學，兄弟死於兵，終身痛之。去諸生爲僧。工詩。

茶陵彭年，字延仲，恩貢。廬墓三年。

譚紹琬，字琰卿，選貢。

羅衆有，字君即，騰蛟參軍。入獄，免。

知休，爲僧秦人洞。皆工詩。

尚友，淮安人。不詳其姓氏。流寓茶陵。工丹青詞翰，好酒，酣則嘯歌痛哭。

夏汝弼，字叔直，衡陽人。隆武二年舉於鄉。剛介負氣。湖南陷，陽狂高蹈無定蹤。忽有稱蓮冠道人者，携一童子，囊琴，至湘鄉車架山僦僧樓而止焉，日就古木鳴泉間，藉危石彈琴舒嘯，已登白石峯觀瀑，輒數日不返。問其姓名，不對。蕭嘗賡見而識之，延至家，或歌或哭，與語及國事，即閉目不答。居月餘，辭去，莫知所往。後聞挈家入九疑山絶粒死。汝弼詩沈壯如少陵，與王夫之交最摯。夫之集中與汝弼唱和詩尤多。弟汝爲、汝翼、汝偕。

汝翼，永曆選貢。汝偕子之時，桂東教諭，永州教授。族人璜字廷舉，永曆歲貢。

同邑郭履躚，字季林，崇禎十五年舉於鄉。隱石獅嶺著書，不入城市。

包世美，字乃蔚，崇禎十五年舉於鄉。與夫之友善，推爲詩人節士。

阮明炤，字玄鑑，黃陂人。爲僧南嶽，工詩文。

破門，字法智，江都人。立石浪庵南嶽。吟詩，書出入晉唐。

衡山譚瓊英，歲貢。昌明正學。

劉宗源，去諸生。理學授徒。

耒陽張夢桂，字友月，隆武二年舉於鄉。詩酒。

酃縣周士儀，字令公，隆武二年舉於鄉。父社，嘗寧訓導致仕，爲兵所掠，泣求身代，兵義而釋之。著史貫，爲夫之所重。

桂陽劉大鉉，以詩文名。

郴州袁準，字平仲，隆武二年舉於鄉，中書舍人。詩淒苦。

永興李繼體，字震隅，副貢。隆武元年，夫之避兵其家。

嘗賡，字一夔，湘鄉人。永曆元年，夫之將赴辰、沅，道阻，招致其家。

劉維贊，字子參，祁陽人。崇禎十二年舉於鄉。張獻忠至，與同知鄭逢玄督義勇殲其渠。何騰蛟歿，楚兵失主洶亂，徒詣行在，上書曰：

今日所恃爲一綫之計者，惟楚而已。東援江西，保黔、蜀，則建炎阜口之敗不害爲南宋之中興。往者孤倚一何騰蛟，其勢已危。今騰蛟且已矣。馬進忠等北兵也，胡一青、曹志建等南兵也，高必正等新附之兵也，情勢必不相得而疑。而諸帥之所共尊信者，自嚴起恒外，四顧更無其人。且近日之所在瓦解者，以民困兵毒，迎敵爲嚮導，故敵猝至而不知。夫湖南北黃童白叟，所信爲必能輯兵而安己者，自起恒而外，抑無其人。民之向背、兵之合離、國之存亡，惟在起恒之一出而已。瞿式耜清節重望，入直綸扉，固其雅量所宜，則陛下可勿以起恒出而股肱無人爲憂矣。

如以臣言出草茅不足與聞國計，陛下誠遣一使偏察江、楚、黔、粤將帥兵民，有一不謂臣言爲允者，臣請尸兩觀之誅。若因循不果，勢必一營一督，簡任非人，連雞駭散，民怨兵疑，更無可爲之勢矣。

疏入，下廷議。後起恒不果出，諸將氣沮，湖南遂陷；諸軍無主，兵暴民怨，以迄於亡，如維贊言。授中書舍人。

入清，屢以中書徵，不就。與諸生徐燦、陳甲隱居西春石門庵，不改冠服。自王夫之外，莫能見，卒皆飢死。

燦，字文斗。

同邑張綸，字參可，崇禎三年舉於鄉。國子博士。孤介絶俗，隱土室終。

田山雲，字雨伯，以琴詩自娱。

零陵楊四箴，字克之，去諸生。與陳三績入山，悲憤死。

陳三績，字玉几，諸生。事母孝。獻忠聞其名，百方致之，逃萬山中。楊國威復永州，薦桂林通判。隱雲莊山二十餘年卒，年七十二。

桑日昇，字木生，崇禎十五年舉於鄉。

易三接，字康侯，剛介磊落，研理學，曾櫻、萬元吉重之。去諸生入山，人見不得。詩追盛唐，一編脱手，人爭傳誦。

高沆，字三水，亦爲元吉所重。去諸生，山居。弟灝，字泗水，工古文。

彭文燭，字含耀，爲良知學，受知元吉。文章有法。應貢，不赴。卒年七十九。

蔣又滋，字潤一，好義孝親，去諸生。學不主一家，切實易循。文本經史。卒年八十。

陳正誼，有文行。王兆熊不食死，先寄以詩。

謝蕃元，字嶽生，爲堵胤錫所器。去諸生。

胡舜裔，字開甫，東安人。遊山水，作詩畫。令往不見，不入城。

道州何大晋，字退然，隆武二年舉於鄉。古文瑰瑋。

又陶顯功，字膚仲；石之琨，字元美；季嗣先，字創初；朱慈祚，字愷郎；楊啟華，字禹心；陳來學，字開之；夏光浴，字梅巢，皆湖南節義、文章著者，事咸失傳。

車以遵，字孝則，邵陽人。參議大任子。弱冠有詩名，學問淹博。崇禎中，執政薦，不出。張獻忠大索紳士授官，投繯謝免。嘗取諸史論著將上之朝，未赴而北京陷。十七年歲貢，浩歌遠引，矯然矰繳之外。永曆時，授中書舍人。入清屢薦舉，力辭不出。卒年八十三。著述百餘卷，交遊最廣，負名尤重。明季言詩者，多歸鍾、譚，以遵初與之抗，繼乃迥出其上。詩文有陵厲氣。陶汝鼐云其晚年思益沈，學益大，品益高，見重如此。

子萬含，字長發。高世泰招入三楚文獻館，稱爲奇才。天啟元年鄉試第一。後死瑶山。

同邑王嗣翰，字侍臣。父尚賢，字思履，萬曆二十二年舉於鄉，蘇州同知，杜門著述。

嗣翰負奇氣，隆武二年舉於鄉。傳作霖疏薦簡討，高冠大袖，放浪山水，以陶潛自況。弟嗣乾，字穉潛，隆武二年舉於鄉，職方員外郎，豪邁敢言。與潘應斗唱和詩酒，感愴悱惻，深情古誼，在筆墨之外。

黄昌國，字啟明，諸生。以鄉兵平天王寺亂。永曆中，膺召。完髮入墨溪。工詩。

曾光祚，字彝仲，通百氏言。

林龍采，咨何騰蛟陳時務，不用。去衣巾，入中鄉山中研理學。張同敞主其家。

車鼎黄，字中理，副貢。博聞强記。喪亂以來，凡故家舊族遺文逸事，搜羅粹輯，言之娓娓，郡中推爲掌故，聘修湖廣通志。屢舉鄉飲，力辭。

蔣大年，字彌少。陳王箴，字靖宸，去諸生。旋偕，字山樗，與以遵友善。江道源，岷王長史。唐興賢，歲貢；子懋載，舉於清。古梅，去諸生。爲僧潙山。圓觀，佚里居，邵陽五臺山僧，傳故達官，有託而逃。皆以詩翰稱。

新化張文解，字元士，隆武二年舉於鄉。文行工詩，家貧不仕。

周南，字渭公，深雅工詩歌，行吟空山。

晏際盛，字湘芷，廩生。詩清蒼幽秀。

李遇唐，恩貢。留意文獻。

鄧林材，字卉生，精步算占驗。獻忠至，夜坐中庭仰觀，大呼曰：「長沙陷矣，奈何？」乃兄弟約逃。去諸生。後吴三桂至，脅官，用計得免。從弟文材，字聖楚，去諸生。年近百歲卒。

武岡鄧祥麟，字玉書，岷王長史。兼長詩畫，書法二王，結庵新寧石田鶄峯山下，日夕詠吟其中。當道一見不得。與一念爲方外交，蕭然世外，愀然故國之感。弟祥鳳，字子威，岷王儀賓，以工山水薦入畫苑。國亡，隱。

劉春萊，字芝侶，去諸生。有清吏欲物色之，逼見於麟趾閣，跳而避焉，竟跛。

新寧吴文旂，字瞻明，永曆時選貢。入山，召不應。與邑人林春開，皆工詩。

南明史卷九十八

列傳第七十四

無錫錢海岳撰

文苑五

陸圻弟堦　汪渢兄澄等　嚴武順等　陸敏樹　周大績　張元　裘之雄　張嵩等　顧若群　沈叔培　夏基　張遂辰　鄭鉉等　張岐然　江浩　張近道　吴模　胡介　張芬　陸埅　張佑民　李式玉　朱里　王宋　曹谿　吴名溢　徐士俊　王璣　王晫　魯得之　戴觀胤　汪用成等　淩克闇　梁次辰　虞宗玫等　顧圤　沈叔竑等　汪汝謙　陳廷會　張丹等　諸匡鼎等　張賁　徐之瑞　毛先舒　沈謙　孫治　施相　徐介　徐允椰　徐繼恩　錢士璋　卓人月　孫之琮　黄燦等　陸振奇　姚文虞　談遷　張次仲　朱一是　葛定辰等　陸嘉淑　查書繼　查遺等　朱慶徵　周文煸　潘廷章　朱廷樞　查旦　周珽　王甲　陸維桓等　朱萬式　邵以鼎　王祺　沈應元　張允修　周篔　范路　李麟友　屠廷楫　徐善

盛遠　項奎　沈甲　智解　超源　王路等　王翃　李肇亨等　駱雲程　王之粱　朱扉　屠爌等　顧玘徵等　潘廷璋　蔣岍　繆詩伋　褚醇　巢鳴盛　褚廷琯　褚連時　吴統持　沈起　繆永謀　沈進張劭　曹重等　高時英　朱之佐　馮延年　卜年　王起隆　沈嗣選　孫鍾瑞　施静　金繭孫　姚澣　姚佺　俞昱　王汸　蔣之翹　通復　沈壽祺　支如璔　殳丹生　崔金友　徐震亨　顧艾　王之圻　王屋　曹鑑徵　吴昌文　法果等　曹煻　沈湛　丁鑛　吕諸　魏允枬等　夏緇　李標　盛于烷　吕茂良等　曹度　勞以定　盤銘　錢彦猷等　沈機　程賸生等　胡震亨　子夏客　錢潤徵　徐濟貞等　陸廷鴻　朱學章　周行　彭宗因等　吴文冕　胡山　李天植　子震　鄭嬰垣　宋咸　倪端等　時一中等　陸錫禮

錢士馨　陸上瀾等　陸啟浤　倪鍾瑞　朱國孝　過澤充　沈澣　陸競烈　柯宏祚　胡嗣璜　馮秉恭俞允懷　趙洄　沈厚淳等　屠卜長等　彭孫貽　陳恂等　陳梁　查雍　鄭瀊　姚士粦　陳許廷等

董説　夏古丹　吴磐　温潆等　閔聲　潘爾淳　陳忱　董汝煌　張道岸　韓昌箕等　閔齊汲　唐鍾英　超慧　宛山樵　韓純玉　吴最　徐行　朱心　吴景旭　高漣　金鏡　朱升等　唐靖　張岱　許重熙等　周之濬　張應鼇　趙廣生　陳剛　董瑒　陶淯等　趙甸　張應燁　劉應期　張成義　沈静　孫文　徐廷玠等　戴易　葉雷生　周懋穀　胡良臣　徐緘　黄逵　宋昰　陳長吉　張淑　劉世鵾　諸朗沈之法　李乾龍　魏方炳　錢其恒　俞而介等　曾益　張宗觀　朱士稚　林棌　任俠　郭鈺　陶復葉以經　丁甲　姜梗　童鈺等　蔣罇　後庵　徐芳聲　蔡仲光　蔡宜之　翁德洪　張杉等　來蕃

戴鏡曾　沈禹錫　丁克振　來呂禧　曹振龍　王鴻烈　汪珽　來曾奕　王仝高　翁月乾等　翁逸　張世維　陳洪綬　丁元公　邵以貫　張廷賓等　呂章成　胡敬懋　邵泰清　陳天恕　管谐琴　譚宗史在明　諸來聘　等安　陳庠　陳元暎　呂曾枏　徐有聲　張斐　劉裕龍等　黃寧方　韓貞武　萬泰　子斯年等　戴思望　周容　楊秉紘　陸觀　宗誼　董劍鍔等　陸山輝　聞性道等　管櫄　張嘉昺張庚星　陳獻球等　包燮　錢豹　陳鳳圖　邵瀚　毛雷龍　董霍　朱維鏞等　朱金芝　從子獻臣紀宗德　潘訪岳　李蓰　謝爲霖　王堯臣　陸崑等　朱釴等　舒崑翁　范大捷　李志元　戴屯翁等　張逸　俞衷一　周鼎　李之蕚　毛來賓　紀歷祚　董道權等　圓信　李鄴嗣　余杰　周維祚　萬斯同周西　陳昌統　鄭端明　艾達時等　姚胤昌等　謝泰臻等　項宣　許應禎　李旦平　周景醇　陳王賓　鄭承詰等　韓協用　王用光　柯琴　葉振熙等　葉曉等　周長世　周志寧等　鄔泰　鄔逢泰　馮庚　馬謙　何衡　董嗣純等　葉崇震　葛承傑　王一流　潘最　王嘗岫　朱光翰　姜雲程　張鍾參　張日蘐　張日紅等　許明佐　林漢卿　林茂　劉士焜　林占春　徐凝　黃宗揚　邵建章　卓發之等　卓汝立　蔡巽之　侯思炳　夏大輝　包世昌　蔣方蕚　丁翼元　黃豸聲等　包萬有　周光世　章有成　吳鯤等　滕祥　曹辰　米雲卿　江伯容　趙忠屏　李爲芝　盧懋殿　盧洪瀾　李振聲　盧光晉　李爲森趙瓚　王爲佺　劉元震　吳偉玠　龔宗鑑　馮光謙　徐裳吉　徐浩　王同庚　陳廷宣　徐士雷　呂之奇徐國珩　葉時茂　余玨　翁祚　徐文京　徐洪瑆　蔣泰賓　徐泰徵　方震亨　徐應芳　蔣國光　葉石

世　汪漢　鄭禹疇　姜燮鼎

陸圻，字麗京，錢塘人。貢生。以文章經濟自任。嘗束芻絮酒會葬張溥之喪，賦五言長律，一時傳誦。與弟培，結陳子龍爲登樓社，號西陵體。培盛氣難犯；圻温厚，未嘗言人過。有語及者，輒曰：「我與汝姑自畫，毋妄議他人。」培與陳潛夫以檄相攻，止之不可，則不與聞。杭州陷，培死難，圻匿海濱，之越之閩，崎嶇兵間，思得一當。事去，爲僧名德龍。母作書趣之歸。母病，刲股。乃以醫養親，多奇驗。有病人夢神告之曰：「汝病得九十六兩泥可生也。」旦告其友。友悟曰：「此陸圻先生也。」「圻」之字從斤從土，斤爲六，合之乃九十六兩土也。迎圻，投之藥，立愈。由是户外屨恒滿。未幾，莊廷鑨史禍作，牽連入獄，貽書友人自刻責，謂：「今幸得不死，奈何不以餘生學道耶！」既釋，遂之黄山。子寅徒步入山，長跪號泣請歸。圻曰：「昔以汝大母在耳，今何所歸？」寅請一祭墓，乃相將歸。會弟堦苦心痛劇甚，留治八月，與弟同卧起，不入内。已愈，之廣東訪曾起莘丹霞，易名今竟，字與安。一夕，易道士服遁去。寅零丁走萬里求之，莫能得踪跡，遂邑邑以死。

圻詩高華宏贍，文采冠浙西。堦，字梯霞，少在復社。國亡，奉母隱河渚，以佃漁爲食，授徒，主萬嵩書院，因輯所講回書録爲大全，年八十三卒。

汪渢，字魏美，錢塘人。孤貧求學，與人落落寡合。崇禎十二年舉於鄉，與陸培齊名。南京亡，奉母入天台。海上師起，復返杭州，僑居北郭外。室如懸磬，處之怡然。妻家欲强之試禮部，出千金示其妻，俾勸駕。妻曰：「吾夫子不可勸，吾亦不愛此金也。」當時湖上有三高士，皆乙科之不應試者，而渢尤峻介。清監司聞其名，欲見之，一日遇渢於僧舍，問：「汪孝廉何在？」渢應之曰：「適在此，今已去矣。」爲之悵然，而不知應者即渢也。已乃遣人通殷勤於三高士者，約置酒湖舫，以世外禮相見。其二人幅巾抗禮，監司相得甚歡，獨渢不至。已知其在孤山，放舟就之，終排牆遁去。渢不入城市。當事或饋金爲壽，不得却，埋之。里貴人請銘墓，饋百金，拒弗納。渢居孤山，竹榻蘆簾，不避風雪。恒出遊，或返或不返，莫可踪跡。魏禧自江西來訪，渢謝弗見。禧遺書曰：「魏美足下：寧都魏禧也，欲與子握手一痛哭耳。足下以尋嘗遊客拒之，可謂失人。」渢省書，大驚，一見歡若平生。臨别，執手流涕。渢臨卒，舉書卷焚之，詩文無一存者。起視日影，曰：「可矣！」書五言詩，投筆而逝。兄澄、弟澐，皆棄諸生，隱居終。

同邑嚴武順，字忍公。敕，字無敕，太常大紀子，太學生調御弟。調御子渡，字子岸，貢南雍。敕子津，字子向，弘光元年拔貢，薦督漕推官，不就。

陸敏樹，字蕙畝，諸生。

周大績，一名介隱，字恢焉，諸生。善天文，庵居四十八年，露坐觀星斗，咄咄自語，人不知其何語。年八十二。

張元，字天生，諸生。詩多出咽。

裘之雄，字偉南，能文，不試。

張嵩，字扶來，潛心周易，與陳潛夫友。子麟，工舉業，不試。

顧若群，字不黨，通百氏，明治術。去諸生。爲僧雲棲。

沈叔培，字御令，工四六，與毛生舒友。

夏基，字樂只，隱湖上。

張遂辰，字卿子，太學生。受知董其昌。爲醫自給。詩澹遠名家。

鄭鉉，字平子，糾義兵死。子淵，字玄澄，去諸生。酒死。

張岐然，字秀初，少出舉山書社，以文章氣節自期，不知所之，或曰以糾義兵死。

江浩，字道闇，留心世務，力學，通訓詁，文倜儻奇詭。南京亡，陳潞王戰守策，不用。後皆爲僧，岐然，名濟義。浩，名智宏，字夕破。

張近道，字默庵，學主經世，逃禪。

吴模，字求履，去諸生。隱鐵治嶺，藏書萬卷。

胡介，字彦遠，卓犖有大略。崇禎末，以策干當道，不用。去諸生，與妻翁桓入山，以詩酒唱和終。

張芬，字子漸，博學，結讀書社里中。晚居西溪，危坐大帶，不入城市。

陸堦，字左城，諸生。文章閎麗。

張佑民，字用霖，講學於鄉，先舒嘗出其門。

李式玉，字東其，諸生。以孝義稱。禿巾野服。

朱里，字商角，精史學，著青萊續史，自西漢太初至宋祥興爲斷。書成而目盲。

王宋，字東尹，國亡後讀易，年八十二，不知所之。

曹谿，去諸生。爲小蘭亭社，詩歌唱和，有才干目。

吴名溢，字我匏，諸生。通春秋。國亡後廬墓。

徐士俊，字野君，諸生。爲文跌宕。卒年八十。

王璣，諸生。少遊近塞。北京亡，哭先帝萊山之陽，隱南京。

王晫，一曰棐，字丹麓，諸生。力學，爲牆東草堂，不交一人。

魯得之，字禮孫，工畫竹。杭州亡，杜門染翰，題詩見志。李日華稱爲翰墨中精猛之將。

戴觀胤，字子辰，後曰笠，以詩名驚隱社。爲僧名性日，字獨立。永曆七年，與隱元遊長崎，醫術大行。日本造祥□院居之，稱夫子而不名。

汪用成，字克賢；馮軾，字士式，結平帛詩社，懷抱石焚山之志。

淩克闓，字畀騫，隱市竺寺。

梁次辰，字天署，與范驤結規社，分操選政。

虞宗玫，字天赤，員外淳熙子。

顧圤，字築公，工大小篆。

沈叔竑，字宏度；應駟，字子山；高克臨，字敬可，及孫武書、鄒孝直、劉雪符、徐以息，皆遺民之有志節者。

流寓汪汝謙，字然明，歙人。好施親友，依者數百人，在杭爲風雅領袖。南京亡，出遊武夷。年七十九。

陳廷會，字際叔，錢塘人。諸生。以家貧，教授河間。性至孝，居親喪，斷酒肉，傫然骨立，旦夕哀號，聞者爲之酸感。營葬發穴，得故棺，急掩之，曰：「冥漠君不安，即親靈未妥也。」文雅健，陸圻以爲典册如相如。尤篤友誼。陸培殉難，屬以妻子，爲教其子繁詔成立。

同邑張丹、諸匡鼎、張賁、徐之瑞，皆以文名。丹，本名綱孫，字祖望，性淡泊，喜遊眺。爲詩悲涼沈遠。七律義兼比興，擅杜之長。五古波瀾老成。爲西泠十子中之傑出者。弟振孫，字祖定，依妻父吴思隱居。匡鼎，字虎男，兄九鼎，字駿男。兄弟齊名，時人比之機、雲。賁，字祖明，貢生。之瑞，字蘭生，崇禎九年舉於鄉。立言古致紛敷。國亡，遁北烏山。清召，不應。迫之，則舉所佩帨示之，曰：「此我懸磬之具也。」與汪渢、萬泰、巢鳴盛稱四先生。

毛先舒，字稚黄，仁和人。少奇慧，八歲能詩。父殁，棄諸生，不求聞達。年十八，著白榆堂詩，陳子龍見而咨賞，因師之。又嘗從劉宗周講性命之學。文不一格而必本經術。嘗曰：「文須具根柢。根柢無他，誠厚虚静而已矣。誠，通天心；厚，養元氣；虚，則受益；静，乃生慧。文章本根，端在乎是。」詩音節瀏亮，有七子餘風。以古學振起西泠，天下士翕然稱之。柴紹炳謂其詩如伶倫調管，氣至音成，比竹之能，而欲近天籟；人以爲中的。好談韻學，有韻學通指，以爲字有聲有音有韻，而韻爲尤要。顧韻有六説：一穿鼻，二轉輔，三斂脣，四抵齶，五直喉，六閉口。又撰唐韻四聲表、詞韻、南曲正韻，大指與柴氏韻通、顧氏韻正相表裏。其講學以宋儒爲歸，取宋儒習語有裨實行者録之，題曰鍼心類鈔。惟論格物，則專言去欲。謂欲去則理存，所謂閑邪而存誠，克己而復禮也。家貧甚，嘗欲賣田刻所著書。意未決，諸匡鼎曰：「産去則免役，紙貴可操贏，有兩得，無兩失也。」先舒然之。

沈謙，字去矜，仁和人。少穎慧，六歲能辨四聲。長益篤學，尤好詩古文。杭亡，去諸生，隱臨平東鄉。嘗謂其友張丹曰：「居山食貧，亦能不改其樂。所憾無黔婁之婦，潁士之奴，聲名籍籍，户外車轍恒滿耳。」性孝友，父殁，毁瘠歐血。東鄉兵起，焚其堂。堂故屬兄，既燼，割己室居之。兄欲徙，謙念兄貧苦，僦屋居，留以讓兄，人以此益重之。與柴紹炳、毛先舒，皆長於韻學。柴紹炳作古韻通，先舒作南曲正韻，謙作江東詞韻，皆爲時稱。詩初宗温李，後乃由盛唐以窺漢魏。倚聲尤工。

同邑孫治，字宇台，去諸生。與陸圻、陳廷會友善。人見之者，以爲神理都肖。梁以樟至杭，一見傾契，謂人曰：「若孫子者，所謂雲中白鶴，邴根矩、劉士光之儔也。」精京氏易及潛虚。嘗與圻各占晴雨，皆驗，人咸異之。以著述名於時，四方求文者日至。其文如商彝周鼎，剥蝕之餘益露光怪。

施相，字贊伯，仁和人。南京亡，棄諸生，築室西溪，徙居焉。徐介、萬斯選來依之。三人所學不同，而相得甚歡。介性孤梗，諤諤多所否，獨心服相，四十年如一日。相子雲蒸事介如父。無何，介卒，相父子適他出。門人疑所殯，雲蒸之婦曰：「徐先生大故，焉有不於正寢者。」盡出其簪珥以成禮。相歸而喜曰：「不愧吾婦！」未幾，相亦卒，無以爲喪，故人官守令者，以百金致襚。雲蒸曰：「是非吾先人意也。」再謝不受。相遺書燬於火，存詩一卷。斯選嘗曰：「石農雖謝人事，其心耿耿未下者，傷曹檜之不振，望西都之中興，思深哉！非田園之音也。」

介，字堅石，諸生。與徐允鄴齊名。國亡，孝巾麻衣數十年，痛哭不入城市。

允鄴，字子山，臨安人。通象律六壬。家貧，布冠守志。

同邑徐繼恩，字世臣。威宗崩，痛不欲生。弘光時恩貢。爲文刺𤤽臣之奸，馬士英怒，將逮之。陸培力爭不當殺名下士，乃已。爲僧南屏，曰正嵓，字豁堂，又曰靜挺，字佷亭。

錢士璋，字章玉，諸生。負大略，隱赤霞山。屢徵不起。

卓人月，字珂月，貢生。有續千文，穩妥奇肆。

孫之琮，諸生。隱西溪授徒。著書凡經濟及論古詮理、山川輿地，莫不詳考分注，號稱博雅。

黃燦，字維含，通經史，工文。弟煒，字維韞，負經世志。時稱「二黃」。

陸振奇，字庸成，研易。

姚文虞，字德善，工詩，隱泉石。

談遷，字仲木，海寧人。諸生。性喜博綜，熟悉古今典要。破屋頽垣，凴几著書。崇禎末，嘗肆遊邊道，紀隨之，遂考明十五朝實録，正其是非，補其闕失，撰國榷一書，積二十餘年，凡六易稿而成。一夕，有負胠而去，更從錢士升借書編寫，復成稿，收二百七十八年十有七朝所行事。開國中興之烈，守成事給之休，大改大權，纖細畢備。晚克編成。高弘圖、張慎言皆以遷爲奇士，折節下之。安宗立，弘圖入相，欲薦入史館，不果。弘圖殉國，屬幼子於遷。後遷走昌平，哭辭思陵。將西哭張慎言於陽城，未至而卒。

同邑張次仲，字元岵，天啟元年舉於鄉。隱居郭外。精研易學，卒年八十八。

朱一是，字近修，崇禎十五年舉於鄉。結臨雲社、登樓社。監國魯王授知縣。紹興亡，逃海上爲僧，飢寒不回。詩文贍則。

葛定辰，字爰三，崇禎十三年舉於鄉。吟咏山水終。子嵩，本名保祚，字子嵩，歲貢。通百氏。入紫微山，黃冠道服，人一見不得。詩文蕭遠。卒年八十餘。

陸嘉淑，字冰修，去諸生。詩文清麗。薦鴻博，不應。

查書繼，字一中，與查逸修，皆諸生。通春秋，與江上兵事。事敗，得心疾死。兄詩繼，字二南，副貢。入清，舉。

查遺，本名嵩繼，字逸遠。父大緯，字公度，選貢。魯王授武庫主事，去諸生。父子共事義師，從扈，葬申浦。

朱慶徵，字三真，去諸生。隱桃源。

周文熁，字悔如，去諸生。詩酒。

潘廷章，字美含，去諸生。詩文自娱。

朱廷樞，字蒼舒，去諸生。入龍山，琴書吟咏。貴人訪之，不見；鄉飲，不赴。貧死。

查旦，字孟輝，崇禎十七年選貢。壹力文章，放浪歌哭。

周珽，字無瑕，工詩畫蘭，完髮祈死。卒年八十一。

王甲，字息影，去諸生。入括蒼山。

陸維桓，字君屏，張王綱，字孟嘉，皆去諸生。許箕，字巢友，布衣。皆工詩。

富陽朱萬式，字一甫，逸才工文。去諸生。屏處一樓，終日醉卧駡哭四十年，完髮終。

邵以鼎，字震甫，去諸生。好陶詩。卒年七十三。

餘杭王祺，字祉叔，歲貢。辭式廬書幣。書畫神化，詩清淡。

沈應元，去諸生。工詩。

於潛張允修，字恂儒，恩貢。研經。弘光元年卒。

周篔，本名筠，字青士，嘉興人。少孤，事母以孝聞。遭亂，棄舉子業，受廛賣米。嘗購故家遺書一船，筐筥斗斛權衡與卷軸錯陳之，咿唔自若也。時范路、李麟友屠廷楫、沈進、繆泳、朱彝尊皆相與唱和，四方名士過者輒宿留飲，泊舟於門相接也。胸無柴棘，視朋友如一身，匱乏者周之，傾囊不少惜。友人寄千金篔笥，道溺死。篔爲具棺殮，呼其子至，以笥還之。歲潦，率私錢散米，以食餓者，生計遂漸窘。往來嘉善、桐鄉間，以詩格授人。每出，子弟三五，執詩卷隨之行。援止者或數日留，留或不辭去。嘗元日挈子旼至武康銅井，入徑山。會日暮，雪甚，虎跡交於塗，循澀徑前進，旼哭於後，不少顧。已至僧舍。僧曰：「山多虎，公遠來，得不動心否？」曰：「吾不失道。心一動，則飽虎口矣。」彝尊典試江南，榜發後，侍郎田雯與之宴，篔布衣紃履，與其友顏光敏至。衆皆瞪眙，光敏曰：「此浙人周青士。」雯肅之上坐，歡飲而散。或漆人頭爲飲器，坐客莫敢視，篔獨引滿三杓。其儻蕩不羈多類此。篔每作詩，低頭沈思街市中，若無所見。嘗引吟慈雲寺中，誤觸當事輿，詢知篔，乃免。又借宿嘉善柯氏園，月夜吟詩，意得甚，適郡丞行部至，與園鄰，攬吟聲不寐。詰朝遣吏勾攝，將杖之。或援之，乃解。一日念彝尊不置，走訪北京，居二年，未嘗投貴人一刺。徐乾學好延攬海内士，徐善主其家，箕嘗就善卧起，乾學欲見之，終不可得。其歸也，給事中某削三緘贈行，曰：「挾此可得百金。」笑曰：「不耐竿牘候人。」卻之。行及宿遷卒。所爲詩，超雋拔俗，不襲前人一語；五言尤勝。古文出入歐、曾。精詞律，徧搜唐、宋、元諸詞家，分別體裁，爲詞緯、今詞綜。

路，字遵甫，自蘭谿流寓嘉興，好學工詩。崇禎末，歲大饑，有族弟攜妻子將賣以求活者，路留之同飯糠籺，怡然不以爲嫌。晚年，賣藥長水，乍愚乍智，人莫測其所詣。

麟友，字振公，自明子。自明死揚州，麟友求父骨不得，痛哭返，遂棄舉業，以布衣終。詩恣肆激昂，不落凡近。

廷楫，字東蒙，諸生。詩酒躬耕，與盛遠、項奎稱三高士。

善，字敬可，太僕卿世淳子。南京亡，年十五，從施博求致知格物之學，閉户著述。

遠，字鶴江，諸生。結茅南湖，字乃法董，尤工詩。

奎，字同岑，尚書忠裔。爲僧洞庭西山，名大登，與屈大均遊，日苦吟清嘯。

沈甲，諸生。爲僧曰智遯，字天山，工詩。

智解，字大梅，與篔唱和。

自明從弟爲僧者曰超源，字目覺，工詩。

王路，字仲遵，諸生；玄覽弟端，字正始，好詩工繪事，憤卒。皆嘉興人。

王翃，字介人，嘉興人。家故業染，手古書與布商菜傭相答。弱冠偶覽元人詞曲，欣然會意，曰：「此無難。」據案學之，竟合調，遂工詞。崇禎末，詩歸盛行，人沿景陵派，翃慨然以起衰自任，獨尚唐音。陳子龍擊節曰：「今之高三十五也。」國亡，多感憤嘆咤之作。所居室如斗大，抱膝苦吟，不問家人生產。然好奇計，多大言。遇知己，岸幘抵掌談不休。故人有官府僚者，造之不見。從弟庭，官嶺南，翃詣之。次忠誠，被盜，詩著没水。抵廣州，終夜擁被記憶，十不存一。復摭拾記聞，作詩二百餘首。比歸，又爲鼠囓。次鎮江卒。歿後，朱彝尊選鈔其詩一帙。

同邑李肇亨，字會嘉，太僕卿日華子，貢生。工詩書，山水入逸品。國亡爲僧，名嘗瑩。子新枝，崇禎十五年舉於鄉。

駱雲程，字天遊，知兵，從岳和聲榆林。言及馬、阮，輒髮上指冠。詩酒山水卒，年九十二。

王之粱，字雲崍。弘光時上書，忤馬士英，幾死，歸而陽狂。

朱扉，字開仲，隱於醫。言及君親，輒泣下。

屠爌，字闇伯，諸生。詩雅正，門多弟子。客死廣東。

顧玘徵，字文玉；戴岳渼，字青于，皆去諸生。顧猷，字若昔；張芳，字菊人；智舷，字秋潭。皆以詩文名。

潘廷璋，字梅巖，去諸生。工詩。

蔣岍，字僧果，詩如陶謝。

繆詩伋，字孟用，工詩不市。

褚醇，字瀫爲，諸生。詩沈摯。

巢鳴盛，字端明，嘉興人。崇禎九年舉於鄉。杭州亡，渡錢江上書，監國魯王授中書，目擊方國安專横，辭不就。事母至孝。亂後母歿，築永思草堂止閣於墓，三十年跬步不離墓次，絶跡城市。念器物皆足誨盜，種匏爲器，遠近效之，謂之「檇李尊」。

同時以文名者：

同邑褚廷琯，字硯耘，崇禎六年舉於鄉。杜門。

褚連時，字青還，諸生。嘗與義兵。事敗，痛哭行遯。

吴統持，字巨手，諸生。多偉略，傾財助義師。兵敗，走福京，授兵部司務。與鄭芝龍忤，歸隱南湖，坐卧一小樓，饘粥不繼。以舍周王孫入獄，免。賣卜四方，與妻項珮詩酒唱和終。

沈起，字仲方，諸生。爲僧東禪寺，名銘起，字墨子。短貌美髯，出從一駛頭陀。永曆六年八月，陳恭尹遇之廬山，論經史相得。請姓名，不答，但曰鷲靈。已入西湖法相寺就秖月居。秖月者，查繼佐族弟也。三人相對，每至言及威宗，輒流涕。中夜拜孔子像，書字几上，隨手抹去，不令人見。嘗擬撰明書，謂國不亡於流寇，而亡於廠衛，斷自成化十二年秋始設西廠絶筆焉。晚以窮死。

繆永謀，字于野，諸生。詩尚風格。

沈進，字山子，諸生。詩清麗。

張劭，字博山，詩與盛遠齐名。

曹重，字爾垓。父烺，字允端，諸生。死國難。重工詩擅畫。弟埈，字上衡，妻吴朏，工詩。

高時英，諸生。爲僧，名行圓。工書畫。

秀水朱之佐，字子襄，崇禎十六年進士。未謁選，詩酒終。

馮延年，字千秋，祭酒夢禎孫，副貢。與子首川，並著名復社，偕隱。

卜年，字翁洲，崇禎十二年舉於鄉。隱鴛湖，肆力於詩。

王起隆，字季延，諸生。國亡後，有咏史詩行世。

沈嗣選，字仁舉，孝友。亂兵不敢犯，以文自娱。

孫鍾瑞，字子麟，好周卹，精研性理。

施静，字易修，諸生。少悟聖道，以知行合一訓士，明、越、蘇、嘗學者聞聲踵至。孫奇逢馳書叩答。晚學尤粹。

金藹孫，字龍友，諸生。爲吴太冲所重。

姚澣，字公滌，尚書思仁孫，官生。至性樂善，急友難，千金不吝。嘗會復社諸子二千人於秦淮。

姚佺，字仙期，早名復社，力振風雅。

俞昱，字宣夏，諸生。著述。

王汸，字千明，諸生。以文行持。遇盜含山死。

蔣之翹，字楚穉，隱於市。

通復，字文可。少與曹溶同學，晚爲僧，工詩。

嘉善沈壽祺，字憲吉，家世富饒，有亭館之勝。制義成家。與錢禧同硯。禧死，傳其文。

支如璔，字小白，副貢。清超著才望。

殳丹生，字彤宝，工詩文。諸生。落魄死。

崔金友，以曾工詩名，與黄周星善。

徐震亨，字東敷，諸生。爲室青鎮芙蓉浦，著書十餘種。

顧艾，字病己，魏大中重之。苦吟不干人。

王之圻，字肇域，諸生。遊廣東。詩持格律。

王屋，字孝時，魏大中弟子。秦、晋陷，助餉。詩如劉過。

曹鑑徵，字徵之，所交多奇士。日爲詩文。陽狂死。

吴昌文，字修之，與子轍、榷，皆去諸生，抑塞死。

法果、法紹，能詩，逃於禪。

曹熍，字舒先，隱東干。清舉山林遺逸，力辭。

沈湛，字淵伯，諸生，踐履躬行。陸隴其呼先生而不名。

丁鑛，字九貢，尚書賓子，副貢。窮性理。不應鄉飲。言及故國，輒流涕。卒年八十七。

吕諧，字皆言，崇禎十五年舉博學。多著述。

魏允枬，字交讓，孝子。學浄子不與人事。從弟允札，字州來，庶吉士學濂子，諸生。道服。

夏緇，字雪子，諸生。詩奥削蒼凉。

李標，字子建，好言兵，治軍律營陣壬遁諸書，爲史可法記室。可法死，遶屋種梅，賦詩自託。

盛于烷，字犀然，去諸生。工詩。

崇德吕茂良，字仲音，貢生。刑部司務。弟瞿良，字念恭。皆工詩。

曹度，字正則，諸生。博通經史詩文，夏完淳師之。去諸生。著作。

勞以定，字仲人，散巨資，作山澤之遊，彈琴歌嘯。後入横山終。

盤銘，字明新，姓名不詳。有思親憂國語，詩在中晚唐。

桐鄉錢彦猷，字嘗卿；弟遠猷，字繼卿，工詩文。

沈機，字爾任，善舞雙劍。從紹宗福京，歸，去諸生。詩多傷硬語致痛。

程膷生，字長年，休寧人。任俠，隱。弟某，左良玉標下，隱南京。

胡震亨，字君鬯，海鹽人。才高學博，於書無所不窺，而尤究心治術。自爲諸生時，祭酒馮夢禎等即以經濟推之，名著海内。萬曆二十五年舉於鄉。授故城教諭，以尚書授諸生。故城畦氏皆其高弟，大學士范景文亦及門士也。遷合肥知縣，勵精政治，訟獄精明，錢糧分毫不可欺，鳳米解户悉改官解，大興水利，治狀冠江北。吏治之餘，講求兵事。總兵劉綎援遼渡淮，震亨馳謁，論兵悉中機宜。擢德州知州，調定州，民苦甚，撫輯有方，供億不遺，而境内不擾。以城守功，升職方員外郎、郎中，歸。江上潰後卒。震亨藏書數萬卷，校勘精審，凡毛氏書多所編定，世推博物君子。

子夏客，字宣子，貢生。以文世家。

同邑錢潤徵，字侗庵，崇禎十二年舉於鄉。隱蘆溪。

徐濟貞，字湄檝，尚書從治子，諸生。雄於文。弟復貞，字瑺明。

陸廷鴻，字羽儀，偕李確、彭孫貽遯跡著書。

朱學章，字穉韜，去諸生。村居憤懣，倚聲數十闋，讀者流涕。

周行，字子行，詩畫見知於吴麟徵，爲之殮歸。

彭宗因，字季親，去諸生。劉兑，字西成，逃爲僧，皆負詩名。

流寓吴文冕，字從周，休寧人。諸生。杜門著作。

胡山，字海岳，蘭溪人。諸生。賣菜吟詩。

李天植，字因仲，平湖人。崇禎六年舉於鄉。少而蕭散，嘗曰：「無欲則心清，心清則識朗，識朗則力堅。無欲則心真，心真則情摯，情摯則氣厚。」時時以誨學者，亦頗耽清言。十六年，其子諸生觀卒，自以爲有隱慝，痛自刻責，遂絶意仕進，改名確，字潛夫。洊丁喪亂，遣妾婢殆盡。尚有田四十餘畝、宅一區，分畀其所後子震，遂髠髮別妻，逕入陳山，足不履城市，訓山中童子以自給。居山十年，適山僧開堂，以避喧，返其蜃園。蜃園者，乍浦勝地，可以望海者也。復與妻居，賣文取食，妻爲櫻纍竹筥以佐之。好事者約爲月給供米，力辭不受。有司慕其高，訪之，踰垣避。又十年，家益困，不復能保其園，乃寄食於僧寺。戚友憐之，贖歸其園。與妻相對，時絶食，則嘆曰：「吾本爲長往之謀，顧蠟屐未能，乘桴又未能，今悔之無及，待盡而已。」有餽之食者，非其人終不受。或問以身後，曰：「楊王孫之葬何必棺也。」又十年，蜃園僅存二楹。兩耳失聰，苦下墜，終日仰卧。客至，以粉版相問答。魏禧來，造其廬，相對而泣。臨別，以銀五錢贈之，五反不受。固以請，曰：「此非盜跖物也。」始納之。禧嘗屬曹溶廣糾同志，爲繼粟之舉，且謀身後事。徐枋聞之，曰：「李先生不食人食，聽其以餓死可矣。」旋使至，則言果堅拒不受，禧乃深以爲愧。未幾，竟餓死，年八十二。

震，亦棄諸生終。

同時邑人鄭嬰垣，與天植交善。先數年於大雪中，以涷死。

宋咸，字爾恒，諸生。讀易陳山，與天植、倪端、時一中、陸錫禮、朱九先、王長鱗兄弟、顾空山、僧元澈結望樓社唱和。

端，字惺孩。父醇，字中白，入金沙文社。端授徒。

一中，字聖傳，與族人明宰，字襄之，皆諸生。

錫禮，字中黄，亦去諸生。

錢士馨，本名喫，字稚拙，平湖人。貢生。嘗暱應天某妓，欲挾之歸。妓曰：「以君之才，妾侍箕帚宜也。惟讀書尚少，願以異日。」士馨恥之。歸假東湖僧舍以居。夜讀昭明文選，一沙門前曰：「秀才年不爲少矣，尚讀此兔園册子耶？」益恥之。發憤研究經史，多所撰述。舊説周禮冬官散見五官之中。士馨據大小戴記、春秋内外傳以補之，經生家以爲篤論。

同邑陸上灡，字芳洲，萬曆四十年舉於鄉。爲文古奧。子來章，字孟公，工詩。

陸啟浤，一名遯，字叔度，貢生。性豪邁。嘗大會同人於南京桃花渡，有妓曰：「今日之集，惜無兩岸芙蕖。」啟浤乃復治具張燕。客至，則荷花盛開。蓋先一日，購百缸碎而沈之也。自是十四樓中奉爲上客。周王孫自太湖至，舍之，逮入獄。已走京師，交豪傑奔走無所成，后得免。詩名藉甚。遇亂歸里，扼窮死。

倪鍾瑞，字青翟，萬曆四十六年舉於鄉。仁厚好義，延陸隴其於家課子。卒年九十二。

朱國孝，字仁所，詩酒，不赴鄉飲。

過澤充，字涵輝，府尹庭訓孫，工詩文，書得平原神骨。醉則駡世，卒貧死僧舍。

沈瀞，字則新，去舉業。與胡震亨交，經學。

陸競烈，字懶真，去諸生。爲僧，名德衛，工詩。

柯宏祚，字魯山，去諸生。詩文自娱，卒年九十三。

胡嗣璜，字映日，去諸生。詩清絶。

馮秉恭，字子近，去諸生。爲僧，日痛哭，詩多僨張。

俞允懷，字懷兹，受知張溥，去諸生。詩高澹。

趙泗，字天來，去諸生。詩宗三唐。

沈厚淳，字伯淳；趙韓，字退之，太學生；沈信，字驚濤，擊劍，工草書，去諸生；戈金湯，字帶如；沈樾，字元樾；戈思齊，字子賢；林中英，字儲聲；王偉，字青芝；馬嘉嵩，字曼生，皆布衣，工詩文。

又屠卜長、曹日永、洪彦持、喻芸庠、金元式、俞聖復、陸仲彪，亦隱居，事詩歌，世稱平湖七子。

彭孫貽，字仲謀，海鹽人。期生子。拔貢。天性孝友，讀書經目成誦。與吴蕃昌創瞻社，爲名流所重，時稱武原二仲。貌魁梧，好詼諧，豪於飲，人有長鯨之目。生平恥爲齷齪士，動以古人自命。痛期生殉國，悲歌抑抑，蔬食韡冠終身。工詩，七言律效陸游，爲王士禎所賞。其虞臺寒食怨一篇，感劉生之義，實抱先人隱恫焉。

同邑陳恂，字子木，崇禎十五年舉於鄉。有名復社。杜門，屢舉不出。爲浙西四孝廉之一。弟恪，字子肅，諸生。工文，隱。

陳梁，字則梁，知府所學子，諸生。入太學。與董其昌友，詩文詞必己出。爲僧名个亭。自治生壙，覆屋其上，曰：「此亳社遺意也。」

查雍，字漢園，諸生。家人促赴鄉試，陽去，之至吕留良家，相對二月歸。

鄭瀣，字雪舫，有血性，嘗與友難荅辱，憤恨死。

姚士粦，字叔祥，太學生。從沈思孝陝西撫幕，歷九邊歸，與陳繼儒、曹學佺、胡震亨以奥博相尚，爲□□□較刻二十一史。國亡後餓死，年九十。

陳許廷，字靈茂，諸生；錢德震，字武子，皆以文章名。

董説，字雨若，烏程人。尚書份曾孫。以諸生負異才，嘗受三易之學於黄道周。國亡，改姓名曰林蹇，又曰高暉生，屏跡豐草庵，宗親莫覩其面。尋至靈巖，從洪儲受佛戒，名玄潛，更名南潛，字月涵，又字寶雲。少未嘗作詩，丙戌以後始爲詩，以寫其空坑崖海之思。樂府出入漢魏。雲遊四方，浮湘，上衡嶽，訪陶汝鼐、黄周星長沙，曰：「此古之傷心人也。」展桑海遺民録，黯然而别。洪儲以海上事連，幾及禍，徒衆星散，説獨負書杖策相依不去，以是尤爲時重。説經學極博，癖嗜文字，老而益工。相與賞析者，若黄周星、徐枋、金俊明、顧苓、顧有孝、徐崧、巢鳴盛、張履祥，皆遺民也。其後主堯峯。清大吏往訪，不見。久之終。子樵牧、耒舫、漁村皆以布衣終，樵、耒學尤拔出。

同邑夏古丹，本名胡涵，析姓爲名，往來埭山。詩歌俊逸。

吴磐，字大雍，諸生。工行草，詩多激楚音。一夕，以題壁詆清下獄，尋得免。

温濼，字其旋，有聲復社，諸生。從兄良學，字叔子，去諸生。與沈棻明偕隱。

閔聲，字毅夫，副貢。少入復社，不見有司。以與吴楚爲唐詩嶺雲集下獄，得免。卒年八十四。

潘爾淳，字卓人，工文。國亡，去諸生。與唐大爲從弟偉結社。

陳忱，字遐心，賣卜自給，無聊折鬱，一寄於詩。

董汝煌，字幼文，去諸生。閉户學易。

張道岸，字懸渡，以畫蘭隱。

韓昌箕，字仲弓，歲貢。工詩文。卒年八十五。子曾駒，字人穀，歲貢。工詩。

閔齊汲，字及武，去諸生。通六書，著述。批較國語、國策等十種，皆善本。

唐鍾英，字允發，去諸生。工文。

超慧，字喜林，與同硯悲歌入山，詩蒼秀。

宛山樵，不知甚姓名。爲僧，工畫。

歸安韓純玉，字子蘧，修撰敬子，去諸生。隱棲霞山。詩多淒楚。卒年八十。

吴最，字人伯，孝友。博通經史，不入城市。

徐行，字周道，歲貢。名著復社，研正學。晚遁於醫。卒年七十五。

朱心，字念時，去諸生。爲宋學。

吴景旭，字旦生，去諸生。居南山堂，工詩。

長興高漣，字叔連，去諸生。爲僧，以詩名。

金鏡，字金心，歲貢。著述。卒年七十三。

朱升，字日如，選貢。論古有識，工八法，弟子多從遊者。子斯年，字羲人，去諸生。文有古法。

武康唐靖，字聞宣，歲貢。工文。入山。

張岱，字宗子，紹興山陰人。幼有神童名，爲陳繼儒所奇。及長，文思坌涌。好結納海内勝流，園林詩酒之社，必頡頏其間。家世通顯，服食豪侈，蓄梨園數部，日聚諸名士度曲徵歌，詼諧雜進。及間以古事挑之，則自四部、七略，以至唐宋説家，叢殘瑣屑之事，靡不該悉。父汝霖，山東參議，與魯王以海藩邸有舊。王監國紹興，幸岱家，授職方主事。方國安辟之，不應。江上敗，屏居卧龍山，短簷頹壁，終日兀坐。尋入剡源山中。向不治生，至是家益落，故交朋輩多亡，葛巾野服，意緒蒼涼。語及少壯穠華，自謂夢境，著書十餘種，率以夢名。長於史學，輯國朝紀傳，爲石匱藏書。清學使谷應泰聞其名，禮聘之，不往。以五百金購其書，岱慨然曰：「是固當公之。谷君知文獻者，得其人矣。」是時明季稗史多，體裁未備，惟岱書暨談遷所著國榷具有本末，應泰並採之，以成紀事。岱於君臣朋友之間，天性篤至。其著書也，徵實詳覈，不以作者自居。衣冠揖讓，猶見前輩風範。年八十八卒。

同時以史學稱者許重熙，字子洽，常熟人。崇禎時以諸生入太學，名著復社。嘗撰五陵注略，忤劉孔昭。將發難，倪元璐爭之。温體仁當國，陰主之，擬旨推究，三上不允而後解。周延儒相敦請，不往。卒年七十八。

周之濬，字敬可，紹興山陰人。劉宗周弟子。國亡，與劉汋負宗周書同入山，累受邏者之厄，流離遷播。每曰：「死則俱死，斷不負吾師以生。」已而薙髮令嚴，相與披緇興福寺。事定還家，則田宅盡爲人奪，至無棲止之所。或勸之訟。曰：「吾不忠不孝，投死他鄉，復何顏搆獄與惡少對簿。」之濬本世襲百户，入武學。初入證人社，衆以爲左班官子弟，忽之。竟以苦節，寄食汋所以死。

同時宗周弟子張應鼇，字奠夫，服勤最久。宗周官南京，邸舍蕭然，應鼇獨侍側。嘗作中興金鑑欲上之，不果。江上潰，講學山中，久之卒。

同邑趙廣生，字公簡，文高古曲折。

陳剛，字小集，紹興山陰人。舉文，不進取。

董瑒，字無休，會稽人。世勛籍。初爲倪元璐弟子，後更事劉宗周。談兵，結死士。國亡披緇，卒年七十八。手輯劉子遺書。

陶涽，字去病，諸生。立□社，博學爲古文，隱雲門。

傅天籟，諸生。隱會稽山。

趙甸，字禹功，會稽人。少極貧，學鍼黹養親，人稱趙孝子。江上潰，去諸生，爲僧，名璧雲，賣畫自給。晚講學偁山。詩學岑王，山水如雲林。

張應燁，餘姚人。當宗周誓死時，勸戴諸王起兵。宗周謝以事不可爲。曰：「然則此降城也，亦非先生死所。」宗周瞿然曰：「子言是也。」遽出城。

劉應期，字瑞當，慈谿人。貢生。有聲復社，初與姜思睿齊名，稱姜劉。繼與馮文偉齊名，稱劉馮。魯王同授太嘗博士。紹興亡，憂憤發於詩文，多僻思奥句。抑塞死。

張成義，字能信，慈谿人。諸生。隆武二年冬，起兵不克，行遯去，不知所終。

沈静，字止安，慈谿人。學務躬行，博經史百氏，講學山中。弟登先，皆隱。

孫文，字水月，慈谿人。諸生。爲僧杭州。

徐廷玠，字元度，上虞人。巡撫如翰子。從宗周、陶奭，承其學。從弟廷玿，字㞕度，諸生。醫隱。皆工詩。

戴易，字南枝，紹興山陰人。年七十餘，猶能作徑丈八分書。徐枋性孤峻，闔户不見一人，特與易相得，稱老友。枋殁，嫠婦孤孫饘粥不繼，謀葬於祖塋，而族人不可。易曰：「吾爲俟齋任此事，一日不得，則吾一日不了。」黧面繭足，旁皇山谷中，經年乃得地鄧尉真如隖。值須三十金。初求易書者，非其人多不應，得者必厚酬，至是榜於門，一幅銀一錢。銖積寸累，悉歸之地，不他費一錢。寓無隔宿炊，一蒼頭饑不能忍，辭去，己則寄食僧舍，語及徐先生必流涕，事竟以集。

葉雷生，字蕃仙，崇禎十五年舉於鄉。詩悲壯。

周懋穀，字戬伯，天啟元年舉於鄉。綜輯政典、邊檄機宜，討論悉中時弊。爲舊雨堂文會，復社推爲越士冠。亂後，棲遁，蓬蒿滿徑，田廬蕪廢。監司訪之，不見。晚歲耳目聰明，卒年八十八。

胡良臣，字翼明，副貢。從周汝登、陶望齡學，精研性理。

徐緘，字伯調，詩古文雄海内，祁彪佳重之，使二子從遊。去諸生。

黄逵，字儀逋，去諸生。詩有奇氣。客泰州，後死蘇州。

宋昱，字懼聞，去諸生。不應鴻博，卒年八十。

陳長吉，字履謙，廪生。自火所作，號逸民。薦不出，鄉飲不赴。

張淑，字荀仲，布政一坤子，居宣城，書畫自娱，作傳奇以當歌哭。

劉世鵾，字北生，去諸生。廬墓。博學好古。

諸朗，字良月，好吟咏。

沈之法，字漢章，去諸生。工詩。從祁豸佳隱。

李乾龍，字太初，工文。緇衣杜門，名寂一。

魏方炳，字大方。父陳丘，歲貢，江西通判。方炳去諸生，奉父入山著書。

錢其恒，字子方，去諸生；俞而介，字不同；弘修，字梵林，皆以詩文名。

曾益，字隺岡，曾子裔。崇禎末乞任博士，下部履驗。南京亡，返，以此幾死。嘗注昌谷集，有畫梅歌傳世。

張宗觀，字用賓；朱士稚，字伯虎，紹興山陰人。咸以管樂自命。宗觀見詩人則罵曰：「此雕蟲之徒也。」見士稚與人論詩，亦罵不置。二人既負大志，故與魏耕、錢纘曾、陳三島稱至友，聚謀起義，破産結客。士稚首爲人所發，繫獄。宗觀號呼於所知，斂資賂獄吏，得不死。已論釋，宗觀則大喜踴躍，夜渡江，爲盜所殺。然二人實皆能詩。樂府、古風尤絶倫，陳子龍謂之霸才。

會稽林秭，改名辰，字木道，崇禎三年舉於鄉。從倪元璐遊詩酒。同年巡鹺者見餽，峻拒之。

任俠，字五陵，去諸生。足跡徧四海。詩出入杜陵昌谷。後遊粤歸，家四壁立。卒年八十二。

郭鈺，字子式，與王毓蓍、潘集遊。去諸生。隱雲門賦詩。

陶復，字克幾，年十一紹興亡，哭泣不入城市。博覽工詩文，研極理奥。

葉以經，字震爲，去諸生。治經史。

丁甲，字幹一，著天文書，弘博推一代著作。

姜梗，字鐵夫，負經濟。

童鈺，字振公；張宗城，字子維；程鶴翥，字鳴九；董鹽，字子長；童欽皋，字允生，皆去諸生。工詩。

蔣嶟，字雲壑，與陳介立，皆去諸生。嶟詩一歸先正。

後庵，僧，貌雄偉，杜門痛哭。工詩文，不談禪。

徐芳聲，字徽之；蔡仲光，字子伯，蕭山人。天啓七年，芳聲與父明徵同應鄉試，主者斥子而取其父卷爲書經冠。明徵曰：「吾冠一經無所愧，吾愧者特兒耳。」時甫弱冠，論文者每恥不得與芳聲交。仲光論學主居敬，所造較芳聲爲尤進。北京之變，同徐芳烈、蔡士京、何之杰會明倫堂。杭州降，集同庠拜辭文廟，流涕於邑，自解衣巾者一百十三人。芳聲亦入潘山隱。嘗曰：「讀書貴有用也。」著兵農禮樂諸書，而別輯兵書，凡運籌指顧、制械器、設屯竈，無不簡覈，以闢從前之虛言兵者。初與翁德洪、張杉、毛玨交最得。甡至都，都人士問兩君者踵至。嘗詣馮溥於私宅，升階，見左厢朱扉間大書蕭山徐芳聲、蔡仲光。其足不出户，而名達都下者如此。會清徵山林隱逸士，湯斌、施閏章聯名具薦，蕭山令姚文熊承命賫書幣，親造門徵之，芳聲、仲光俱不應。芳聲年八十四卒，而仲光獨存。已而甡歸里請見。仲光棲一樓，久不相接，至亦謝之。拱立不去，無已，凴樓語曰：「僕與子爲金石友。子今清朝貴人也，爲忠爲孝，則子自有子事。僕以桑榆之景，將披髮入山矣，更弗敢豫世俗交。」甡灑然動容。生平於文章忠孝外無他言。

族弟宜之，字德修，奉父避兵衢散，見父於隔岸，已被執，亟聳身入河泗救之。及岸，則父已在刃下，乃以身請代死。兵亦感動，得兩全去。已而潛心理學，有名行，學者題其門爲「匠門」。

德洪，字纖若，歲貢。與子虎臣從朱大典軍。金華陷，闔家戰死，二女亦死蕭山。

杉，字南士，詩歌和雅。祁□詩、魏耕被逮，力爲奔走。祁戍，欲同往，有司阻止，歸隱白漁潭。兄梯，字木弟，劉宗周弟子，有文名。人侵祁彪佳田，理之。完髮潭中，死於酒。弟枵，字季方，工詩文。城陷，投江死。

來蕃，字成夫。少游宗周門。詩文博大自喜，已好爲瑰奇。諸生。父强應試，篚楚幾死，卒不試。

戴鏡曾，字餘炤，工詩。

沈禹錫，字子先，去諸生。工詩古文。嘔血死，年二十七。

丁克振，字大聲，工詩。傾家助餉，以國事自任。

來呂禧，字西老，布政斯行子，擅詩，繪花鳥，以畫自給。

曹振龍，字木上，崇禎三年鄉試第一，杜門讀經。

王鴻烈，崇禎十五年舉於鄉。工詩文。

汪珽，字天晋，貢太學。歸隱洛思山，年八十九。

來曾奕，字仕先，入山著易。王仝高，字叔盧，去諸生。與張胤昌、方以哲友。翁月乾，字隺皋；弟月節，字好節，皆去諸生隱於詩。翁逸，字祖石，黄宗炎師，工詩。張世維，字純如，博學。熊汝霖薦，不出。諸暨人。

陳洪綬，字章侯，諸暨人。四歲就讀婦翁家塾。翁方治舍堊壁，洪綬入視之良久，自累案登之，繪關羽像長丈許。翁見之驚且拜。既長，師事劉宗周，講性命之學。錢塘藍瑛工寫生，洪綬嘗從學。已而輕之，瑛亦自以爲不及，曰：「此於畫，蓋天授也。」已而縱酒近婦人，或數十日不沐。客有求畫者，雖罄折至恭，勿與。或置酒召妓，輒自索筆墨。崇禎末，以資爲太學生。監國魯王時，備陳一代興亡，啟言：「先帝之亡國大端有四：一曰治術壞於刑名，則□□資之成也；二曰人才消朽黨論，則薛□之罪也；三曰武功喪於文法，則楊嗣昌之罪也；四曰民命促于賄賂，則周延儒之罪也。以此四奸造此四亡徵而欲無亡國之禍，自古以來蔑之有聞。」以授待詔。王幸張岱宅，洪綬陪宴不勝酒，嘔穢御座旁。王命畫箑，提筆不起。馬士英命使至紹興，以縑帛玉斝卑禮求見，閉門拒之，乞一紙不得。清兵陷浙東，博洛從圍城中搜得洪綬，大喜，令畫，不畫；刃迫之，不畫；以酒與婦人誘之畫。久之，請彙所畫署名，乃大飲，夜抱畫寢。伺之，則已遁矣。已乃混跡浮屠，改名悔遲，自題□曰：「國亡不死，不忠不孝。」縱酒狎妓則如故。醉後，語及國家淪喪，身世顛連，輒慟哭不已。後畫名愈重，而意氣愈奇。貧不舉火，田雄餽金，不受。更數年以疾卒。有妾曰吳淨鬘，草蟲花鳥入妙品。子儒禎，字無名，絶意進取，以畫名。女道蘊，於翎卉人物亦工。

同時以畫名者丁元公，字原躬，嘉興人。性高潔，詩書有奇思，畫山水人物。國亡爲僧，名淨洢，字願庵。

邵以貫，字得魯，餘姚人。門楣最盛。少與兄以發齊名。性狷潔，遭饑饉，倡設義倉，鄉里德之。已國難大作，入孫嘉績幕。清陷吳嵩，嘉績死，往來甬上。不薙髮，戮辱幾欲死，以母在，不得已，遂髡髮爲頭陀狀，入雪竇山中，依張廷賓、蘇存方妙高臺，苦身持力，不與人接。尋以省母，返故居。時黃宗會志節夙近，來同居其潭上園中。相與夜讀謝翶遊録，輒慕之，曰：「方今豺虎滿天下，五嶽之志不可期矣。四明八百八十峯，近在卧榻，當使峯峯有吾二人屐齒。」於是徧走山中。然山寨方起，所在多邏卒，二人者冠服奇古，躑躅其間，頻遭詰難，不爲苦。一日忽入絶谷，罔知所向。俄而峯回路轉，松竹甚盛，有雞犬聲，就之，祇一家。有幅巾者出，曰：「客從何來？」語之以宅田。笑曰：「吾亦避世來此。」止二人宿。曰：「是名石屋山。僕爲陳從之，曾監嘉績軍，孫公死海上，吾無所依，故來此耳。」因相顧嗟嘆，曰：「是真桃源矣。」黃宗會嘗語人曰：「得魯自國亡後，頰輔間無日不有淚痕，其稍開笑口者，則遊山耳。」未幾，宗會歿，孑然無所向，遂棄家投四明山中。時尚有一妾，不忍判，亦自爲尼，偕隱楊庵卒。

張廷賓、蘇存方、陳從之，皆以貫邑人。廷賓，字客卿，天啟四年舉於鄉，自鄞縣教諭遷望江知縣，爲僧，名行恂，字退庵，卒年八十八。存方，字玄度，後披薙。從之，職方主事。

呂章成，字裁之，餘姚人。大學士本曾孫。與陳函輝爲意氣交。函輝從監國魯王，與胡敬懋俱薦爲待詔撰文中書，一時詔令皆出其手。函輝死，走哭台州，意有所觸，則惘惘獨行，欲得異人而友之。訪戴易於鄧尉，顧炎武於昌平，已歷兩京，無所遇，乃歸。病中自燬其著述，曰：「此無用之虛談也。」所存有浴日集。

敬懋，餘姚人。諸生。

同邑邵泰清，字以規，崇禎六年舉於鄉。孝友。隱西湖呼猿洞，卒年七十八。

陳天怒，字仁侯，施邦曜甥，從學，詩文奇崛，與同門朱堯淳皆志於道。

管諧琴，字襄指，自娱詩酒。

譚宗，字公子，能填詞、鼓琴、篆刻，厚幣不應。

史在明，字晋生，黄道周弟子，稱爲今之杜牧，以志節稱。去諸生。

諸來聘，本名學聖，字九徵，陳子龍重之。有昌古齋，藏書萬卷。崇禎十六年特徵，以父死未赴。魯王監國，參江上軍，好言事。方國安惡之，命俞玉安置水牢，將以釁殺之。其父厚賂，乃免。紹興亡，去諸生。

等安，字全拙，吴縣人。薙髮至餘姚，諱言其姓氏，日談經世。黄宗羲稱其詩。

上虞陳庠，字泮黌，工文，樓居不履地者三十年。

陳元暎，字耀初，去諸生。與盧龍、韓廣業徘徊曉山賀溪間，詩文自放。

吕曾枏，字少鵬，新昌人。去諸生。博古風雅，劉宗周爲忘年交。詩慷慨，逼楚騷，浪遊南北。

邑人徐有聲，字乃大，去諸生。工詩詞。

張斐，本名宗升，字非文，餘姚人。年十一國變，棄舉業，從遺老李一鱗遊，工詩文。走四方求友，得八人。劉裕龍、王次峯、謝殷男、徐身先、陳鈐、李儀及皆先卒。儀及嘗過故宫，聞牧馬聲，出涕。初李自成入北京，威宗諸子見執。及敗，將毛貞生挾定王慈炯欲投吴三桂，聞已降，請託之，葉士彦、李應生悉力調護之。士彦恐事露，偕之遠遊，旋遇害。慈炯轉之南京，王俊公、伊其父子事之謹。及後清捕急，王伊其匿慈炯斐家，斐爲卜居於蕭山，自是益遠遊，陰結志士恢復。聞朱之瑜在日本，於康熙二十五年，與任光衡往就之，而以頌獻水户侯。會之瑜卒，事不濟。歸明年，復往，不知所終。或曰結忠義攻廣州死。

裕龍，濟寧人。次峰，歙縣人。殷男，陜西人。身先，紹興山陰人。鈐，字孝明，江寧人。儀及，六合人。應生，合肥人。

黄寧方，字咸士，山陰人。諸生。爲人義勇，聞北變，忿而卒。

邑人韓貞武，文俠士也，亦蹈海不歸，事失傳。

萬泰，字履安，鄞縣人。曾祖表，官都督同知，以儒將私淑王守仁之學。泰少志文學，崇禎九年舉於鄉。復社中推爲名宿。時東南人士方以社會相標榜，泰獨内剛潔，外和易，諸士咸樂就之。魯王監國，授户部主事，與主事吴元德任寧波勸分之餉，以給義師。旋擢日講。江上潰，變道士服，與戴思望隱居不出，以經史分授諸子，皆受業於黄宗羲，稱高弟。高斗樞、黄宗炎嘗以事繫獄，皆以奇計出之，人莫測也。初，江上師起，華夏等欲誅謝三賓。

泰與三賓爲姻，力救之免。及翻城之役，諸人反爲三賓所殺，泰力不能止，衆叵以是咎之，泰亦悔甚。晚遊廣東，有同年生毛汧染疫將死，同行者欲棄之，泰獨收載，親具藥餌，汧得生而泰以病，舟至彭澤卒。泰詩多故國之思。

子八：斯年，字祖繩，從錢肅樂學，遭亂，誦讀不輟，弟子甚多。斯程，力學攻醫，黄宗炎門負冥行者也。斯禎，字正符，研經詩，有風人旨。斯昌，早歿。斯備，字允誠，工詩不試。斯選、斯大、斯同自有傳。

思望，字懷古，鄞縣人。諸生，工詩書。國亡不語，獨泰至則笑談狂叫云。

周容，字茂三，鄞縣人。父召，字太望，講理學，及門多名士。容少即工詩，出入少陵、聖俞、放翁之間。嘗以詩謁錢謙益，稱爲才人，録入吾炙集，賦越絶一首贈焉。國亡後，去諸生，行遯湖山間，無日不飲，無飲不醉，狂歌慟哭，雜以詼諧，世比之徐渭。少受知於黄宗羲，性跅弛不羈，徐殿臣一見賞契。後殿臣避跡天童，海師掠之去，容挺身奔赴，請以身質而遣徐殿臣以餉贖，既而所許餉不償，容受刑梏，乘間脱歸，自是足爲之躄，因别署躄翁。殿臣以爲慚，而容無怨言。踰年，殿臣死，詩哭之極哀，論者高之。生平負才使氣，足跡遍天下，所至皆有詩。已而歸里，築室數楹爲終老計。會有以非意干之者，乃入北京。時詔舉鴻博，朝臣爭薦，以死力拒卒。容工書畫。書法歐褚，畫不拘家法，疏木枯石尤佳。所爲文，睠睠君父，黍離、麥秀之音，令人腸斷云。妻金逑，字友之。清兵至，作歌自經死。

同邑楊秉紘，字郊牧，諸生。於文琦爲父行，同與江上之役而不受官。文琦死，秉紘以遺民領袖汐社，著述甚富，而江浙水利考尤關實用。子孫早死。年踰八十，火焚其書，偕妻扶服烈餤中不死，嘆曰：「我已無家，今又無書，是天多我也。」尋卒。

陸觀，字賓王，諸生。國亡入複閣，不薙髮終。

宗誼，字在公，以十萬金助錢肅樂軍。肅樂疏宜館閣。召詣都堂，再以田宅濟之。晚歲至無擔石，絶粒死。

董劍鍔，字孟威。父文相，諸生。命與族兄德欽同事結詩社。弟德鏕，字徒山，工詩高節。

陸山輝，字紫氤，崇禎六年舉於鄉，不仕。

聞性道，字天迺，工詩文。張肯堂一門死，説經歷喬文葬之。去諸生，潛心理學。薦鴻博，力辭。兄性善，字與同，亦去諸生。著述。

管櫆，字元棘，去諸生。爲香奩詩負重名萬曆天啟間。

張嘉昺，字石渠，錢敬忠壻，居硤石，著名萍社。以太湖義師連，入獄免，隱於醫。

張庚星，字太白，去諸生。工詩好酒。永曆二年卒，年九十六。

陳獻球，字翔皇，歲貢。弘光時上書史可法勤王。子聚奎，從陽信王象山死。

包燮，字惕三，去諸生。工詩琴曲。

錢豹，字文蔚，識肅樂于少時，入榆林社，黄冠不涉當世。

陳鳳圖，字聖則，歲貢。從瓜瀝軍。卒年八十四。

邵瀚，字雲客。

毛雷龍，字二爲，去諸生。遊山水。

董霍，字上清，去諸生。與五君子事。

朱維鏞，字緑霞；朱金鑑，字千秋；朱廷試，字聖簡；朱志洽，字右韓；錢若宸，字德葵；周嗣昇，字長如，光禄丞元孚子；錢弼肩，字幼仔；全大鏞，字聲遠；陳鵬起，字六息；朱易元，字元生，皆去諸生，工詩。

朱金芝，字漢生，鄞縣人。家世好古，藏鼎彝金石甚富。金芝更喜講學，從黄道周受三易洞璣之說，復社諸人爭引重之。北京陷，削髮南遁。江上兵起，以流滯他方不得與，往來英、霍山寨及太湖軍中，遺書董德欽邀共事，德欽答以海上之局，勸金芝歸赴同仇。甫抵里，而德欽死。金芝不爲怵，好事益甚。未幾被捕，亡命深山。一日襆被長往，走湖南，客何騰蛟幕。在黔陽，與職方彭甲友善。子仲方爲翰林，執死。金芝自是踪跡遂絶。或曰扈滇崎嶇死；或曰投鄖陽山中爲道士，究莫得而詳也。

從子獻臣，本名廷鏞，字餘古，工詩。

同邑紀宗德，清介絶俗，徵不出。

潘訪岳，字師汝，諸生。國子學録。鬻畫自給，詩文秀雅。卒年九十七。

李蓰，字山顔，師王家勤。家勤死，周旋槖饘弗避。畫山水蟲魚以老。

謝爲霖，字孝輔，太僕于宣子。力雪祖恥，古文有法。

王堯臣，字聖佐，去諸生。工詩，居象山。

陸崑，字華星。父介祉，字純嘏，去諸生。畫嵩柏。崑年十一，去諸生。願以白衣養，經營五君子難。與諸生周御天入詩社。後介祉被執，求代死，年二十七。弟峻，字金文，去諸生。畫如乃父。

朱鈜，字君嘗，去諸生。義士多主其家。歲三月十九日，輒痛哭。家産蕩然，晚遁於酒。弟錡字二如，去諸生。

舒崑翁，字方叔，從江上軍。去諸生。招致義士，盡傾其資。讀書善醫。病革目閉，復瞪目，問旁人有知時事若何者而卒。

范大捷，字子謙，去諸生。爲醫。自火詩文。卒年八十六。

李志元，字元仲，工詩，江上潰後卒。

戴屯翁，失其名，與義師，去諸生。入道，稱寒香道人。久之，爲僧，名等慧，字爐雪，主太白九峯寶巖。妻女爲尼。子元沛，爲僧，工詩。

張逸，字遺民，去諸生。精工畫篆印。

俞衷一，字雪浪，畫與介祉齊名。

周鼎，字伯齡，工傳神。

李之蕚，字方叔，以畫隱。

毛來賓，字岐陽，作自然漏。

紀歷祚，字永吉，去諸生。精研古今制度、山川形勝。

董道權，字秦雄；陳履斌，字兼哉；汪應詔，字伯徵，皆工詩。

圓信，字雪嶠，主雪竇，後至廬山。

李鄴嗣，本名文胤，以字行，鄞縣人。棡子。諸生。生而風骨不凡，年十二能詩，有秀句，隨梱嶺外。及長，益力爲詩古文，與黄宗羲較覆古文雅鄭而推原於道藝之一。又與萬泰、徐鳳垣從梁以樟唱和。嘗言得黄宗羲而後敢爲文，得梁以樟而後敢爲詩。其詩文破除王、李、鍾、譚之窠臼，卓然成家，鄞人多師事之。里中有鑑湖社，仿場屋例，糊名易書，以鄮嗣爲主考，甲乙樓上，少長畢集，樓下候之。一聯被賞，多士臚傳，如加十賚。監國魯王入海，梱逮杭，鄮嗣亦驅至定海馬厩中，七十日甫得脱。梱喪自杭歸，一慟幾絶。後再下府獄，得免。自是絶意人世，酒痕墨跡，多在僧寮野廟中。嘗與泰救黄宗炎得不死。張煌言死難，葬其二世。清帥搜得煌言與中土薦紳往還筆札，欲按籍殺之，以奇計使中止，其所保全尤多。有客以大内什器求售，一見其識題，流涕汍瀾，其人亦泫然去。所著漢語，不列曹氏一門，與南朝語、續世説新語，多寓筆削予奪。又集甬上耆舊詩人爲之傳，搜羅殘帙，於布衣孤賤，尤惋結。書成，立詩人之位，祀以少牢，聞者爲之軒渠。

余沯，字生生，青神人。世襲錦衣千户。少有大志，不屑任子官，以職推弟。膺歲貢，以詩名，五古追魏晉。名公卿有慕名以千金求其詩爲父壽者，與詩反其金。崇禎末，謀結勳子弟兵殺敵不克，走南京，以主事監軍。事敗寓鄞。聞時蜀中糜爛，間歸故里，拾先人骸瓦砰崗營葬，然後返南直。數年，復至鄞，自稱道士。所寓錯鑑樓，臨西湖上，結七子詩社，日與鄮嗣等唱和其中。沯年最長，羣奉爲祭酒。當是時諸名士在湖上居者，有觀日堂、南軒、歲寒館，與樓相望，詩箋往復不輟。杰葛巾居樓中二十年。嘗曰：「吾雖死，猶當作湖上寓公也。」聞者悲之。卒年七十七。

周維祚，字雪山，江都人。去諸生爲僧，寓鄞。詩追玉川、昌谷，與杰齐名。

萬斯同，字季野，鄞縣人。泰八子。少跅弛不羈，父閉之空室中，窺架上有明史料數十册，讀之數日而畢。兄斯年察知之，請於泰，使受業黄宗羲，與聞蕺山之學，以慎獨爲主，以聖賢爲必可及。時甬上有五經會，斯同年最少，遇疑義，輒片言析之。嘗守先儒戒，以爲無益之書不必觀，無益之文不必作，遂專意古學，博通史籍，尤熟於明代掌故。清舉鴻博，力辭免。旋開明史局，大學士徐元文延至京師，請授七品俸，稱纂修官，辭不受，自稱布衣，乃主元文家。諸纂修以稿至，主者皆送斯同覆審。覽畢，謂侍者曰：「取某書某卷某葉，有某事當補入，某事當參較。」如言取至，無爽者。明史稿表十三卷、列傳二百卷，斯同手定也。楊嗣昌姻人方居津要，乞史館於嗣昌少寬假，斯同歷數其罪以告之。有運餉官以棄運走道死，其孫以賂乞入死事例，斯同曰：「將陳壽我乎！」斥之。其狷介如此。卒以布衣終老。論者謂斯同不忘故國，以遺民自居，而即任明史事以報國，其心事類元好問，其潔身非好問所及。斯同初至京師，時議意其專長史事，及徐乾學請纂讀禮通考，乃知故深於經。乾學因請編五禮書，已而卒。

周西，字方人，定海人。少喜讀書，父母憐其孱，節制之。西俟父母熟睡，篝燈讀，被蒙其影，令勿洩。久之，被如墨。有鄰婦挑之，卻不與語，慍曰：「真癡兒也。」江上潰，西年甫二十六，嘆曰：「楊維楨稱老寡婦，此其時矣。」遂棄舉業，授徒鄞之寶林以養母。永曆十三年，海師至鄞，見西母豐碩，以爲富家婦，火熏之。西抱母大慟，斫傷右手。旁一卒曰：「是孝子也。」乞舍之，得免。嘗與友人書曰：「今日所斷不可者，妄以義士自欺也。所謂義士者，當爲蹈海之魯連，奮臂之陳涉，張良之報仇，翟義之討賊，駱賓王之草檄，謝枋得之卻聘，否則陳咸之閉門不出，梅福之爲市卒，陶潛之爲晋徵士。如吾邑薛白瑜、陣昌統、鄭端明、艾達時逃名空谷，如疾風勁草，老而逾壯，庶幾古人。」久之卒。

昌統，一名鴻賓，字爾長，歲貢。隱靈巖西山。文奇峭迫歐蘇，兼精射擊，卒年九十餘。

端明，字調甫，副貢。弘光時擬上書不果，屯慈溪北雪山。江上潰，欲起兵守城。散，遂哭學宫，爲道士。

達時，字仲可，任衛指揮。去諸生。爲僧。卒年八十二。子武羅，負才名，亦去諸生。

邑人姚胤昌，字元祚，崇禎六年舉於鄉。弟宇昌，字仲熙，九年舉於鄉。江東兵起，奔走山海。

謝泰臻，字時禋，四川按察使渭子。通兵法。一日留書几上曰：「兒曹無庸覓我，以從我志。」家人跡之，則已爲僧天童山，從此踪跡不定。嘗雪夜徒跣數十里，偃卧冰上，或囊所著書挂於項，登山發讀，聲琅琅風泉間。永曆四年爲清兵執，投海死。弟泰階，字時符，與徐孚遠、張寬、張采從事柴樓，結社吟詩；泰登，字時豐，太學生，從軍海上。

項宣，字宣之，異才。國亡，黄冠不試。工詩文草書。

許應楨，字孟祥，從江上軍。諸生。博通書史。

李旦平，字尚卿，隆武元年歲貢。廷試紹興，見士官爲子弟營官，嘆曰：「行朝不久矣。」長齋學佛終。

周景醇，好書史，入山。

陳王賓，字天倪，去諸生。工詩畫，行遯不知所終。

慈溪鄭承詰，字綸如，去諸生。擅隸草篆印，家饒好施。弟廷詰，字紵如，友愛，偕隱。

韓協用，改名犨，字子肩，篤學著述。及門姜宸英爲成才。主慈湖書院，指心切理，學者宗之。

王用光，字顯明，孝友。文追左、國，教授浙直間。

柯琴，字韻伯，工詩文。去舉業，醫隱。葉振熙，字西雍；劉純熙，字晦生；董友嘉，字翼亨，皆去諸生。

葉曉，字夢石；周塏，字爽卿，爲僧。

周長世，字人占，詩多哀音。

奉化周志寧，字爾竢。父立本，字長卿，歲貢。上虞訓導。卒年百二十一。志寧去諸生，奉父隱。

剡源鄔泰，字保臣，行高學博。

鄔逢泰，字石墨，去諸生。痛哭詩酒。

馮庚，字年馳，象山人。篋工。張煌言過之，聞其高吟自得。與言天算輿地、軍國利病，下及民隱。煌言招入幕，辭；贈以十金，不受。出則編篋吟詩如故。詩空靈駘盪，煌言傳之。

臨海馬謙，字元吉，去諸生。著史。

何衡，字無頗，去諸生。工詩文，放浪山水，卒年七十二。

董嗣純，字仲九，去諸生。入龍山。工詩文。弟嗣奇，字季椒，去諸生。

葉崇震，字孺雷，去諸生。有書紀明季事，杜門抑抑死。

黄巖葛承傑，字鼎生，去諸生。通經詩史，自放。

王一流，字清斯，文如徐渭，王思任、陳函輝重之，冠息林十子。

潘最，字屆石，歲貢。工詩賦，與柯夏卿唱和。多知故事，修邑志。

王嘗岫，字蒼林，與王一斯結社，有詩名。

天台朱光翰，以經學教授於鄉，門多名士，張國維贈以「師世真儒」表之。

姜雲程，字翼雲，歲貢。入山著述。

仙居張鍾參，字焕之，去諸生。雄於文，日吟咏。

張日蘐，字士韜，去諸生。大哭入小盆山。

張日紅、徐日新、王熙鼇、潘澄清、陳侯周、張相祐、余元圭、王言者，皆去諸生。日紅，字素心，歲貢。日新，字受之。

太平許明佐，字尚理，有志行。

林漢卿，字尚久，苟天麟疏薦碩德弘才。弘光時上書，力詆馬士英歸。

林茂，字長倩，歲貢。故衣冠，注易方城山。

永嘉劉士焜，字受弢，崇禎十五年舉於鄉。

林占春，字梅生，弘光元年選貢。博學多著作。

徐凝，字幼發，廩生。隱大羅山中，文鴻博研鍊。

黄宗揚，字士昭，去諸生。著書。寇不敢犯。

邵建章，字少文，去諸生。與鄭可貞皆工文，隱瑞安。

卓發之，字左車，敬六世孫，副貢。淹貫内典，爲傳經堂。子人月，有文望。

卓汝立，字心齋，選貢。藍田知縣，振多全活。隱揚州。

樂清蔡巽之，字風人，洪承疇拔冠軍，歲貢。亂歸入山。

侯思炳，字嗣宗，詩書畫兼妙。清招入幕，不應。

泰順夏大輝，字啟涵，隆武二年副貢。不仕。

包世昌，字君燕，廩生。工詩文。故衣冠，足不履地十餘年。令訪不見。

青田蔣方莩，字筆生，崇禎十七年選貢。能文。

縉雲丁翼元，改名逸，字古黎，去諸生。學純行端，居鴻巖著書、課子弟。

遂昌黄豸聲，字姚臣，與艾南英唱和。去諸生。族弟懋學，弘光元年選貢，能詩，早卒。

包萬有，字似之，去諸生。

龍泉周光世，字煥文，崇禎九年舉於鄉。博通經史，以著作名於時。

章有成，字無逸，蘭谿人。學博才贍，書如鍾王。積古書畫數千卷。與義烏吳之器、斯一緒、龔士驤，邑人徐應亨爲元暢社，以詩文聲氣名滿東南。紹興亡，去諸生，護母柩被執，投井。子瑗出之，而瑗死。與邑人吳鯤、趙淳、范開文爲詩酒社，引誘後進。詩法太倉、歷下，真淡成家。卒年八十二。

鯤，字北漁。開文，全椒知縣。

同邑滕祥，字時吉，去諸生。著述。

金華曹辰，字彥聚，日種菊吟咏。

米雲卿，字君夢，工詩。

江伯容，字有量，隱青蘿館。

東陽趙忠屏，字之屏，崇禎十五年舉於鄉。經史皆有評論。

李爲芝，字丹仲，講性命學，安貧守素。舉賢良方正，不應。

盧懋殿，字虎臣。魏忠賢害善類，陰爲保全。以詩歌領袖後進。以上壽終。

盧洪瀾，字長文，太學生。與陳繼儒、董其昌友。迭薦不出。

李振聲，字元公，工詩，自號石艇子，墓書「遺民」。

盧光晉，字晝也，崇禎九年舉於鄉。碩學不仕。

李爲森，字君茂，詩追溫李。

趙瓚，字圭卿，去諸生。吟咏山水間。

王爲佺，字事喬，工詩。

義烏劉元震，字聲之，去諸生。居青巖山環山草堂，以忠孝教生徒，不入城市二十年。博極羣書，究心理學。

吴偉玠，字公桓，廩生。爲僧，誅茅深山，研四傳、綱目。

龔宗鑑，字元明，去諸生。居萬葉樓。詩多俊思。

馮光謙，字吉士，去諸生。清薦不出。

永康徐裳吉，去舉業。爲守己待人之學。

徐浩，字徵巖，精深理學，不求進取。

王同庚，去諸生。講學五峯書院。

陳廷宣，字介石，去諸生。

徐士雷，字愓庵。

吕之奇，字正卿，通經史，遁荒。

西安徐國珩，字鳴玉，讀書上下古今，文章奥衍。

葉時茂，字叔夏，選貢。下筆千言。與貴人不交一言。從學者衆。

余玨，字式如，歲貢。工詩文。

龍遊翁祚，字子長，歲貢。與張溥交。古文出入兩漢。

嘗山徐文京，字德贊，廩生。博學工文。

徐洪瑆，字仲玉，去諸生。

開化蔣泰賓，字嘉仲，諸生。貢南雍，選官不赴。卒八十。

徐泰徵，字吉旋，天啓元年舉於鄉。潛心理學。年八十。

方震亨，字元初，選貢。里居教授，以文自娱。

徐應芳，字爾聲，副貢。理學，名士多出其門。

蔣國光，字季温，恩貢。詩酒唱和。

葉石世，字思明，去諸生。杜門著書。

淳安汪漢，字文石，有高世志，詩清發離奇。

遂安鄭禹疇，字師禹，去諸生。講學卒，年九十九。

姜燮鼎，字理夫，鴻臚卿習孔子。負異才，不應歲貢，山水自放，卒年八十。

南明史卷九十九

列傳第七十五

無錫錢海岳撰

文苑六

黃居中　曾燦垣　弟祖訓　林寵　陳衍等　吳楷　方潤　陳克遇　林潭等　邵標春　陳應邦　徐延壽等　焚琴子　孫學稼　林涵春　王侯聘　盧灼　周鴻漸　王繼褒　陳鴻　趙珣　藍璉　陳發曾　薛銓　林承霖等　黃士尊　蔡在新　高兆　彭善長等　陳日浴　許瑨等　許友　林蕙　齊莊等　張留　陳聖教　陳涓　楊維熊　王鼎九　劉錫　胡深　陳星羲　鄭允成　陳肇曾　陳奎輝　梁春暉等　謝杲陳名賓等　夏春暉　夏紹芳　葉仕蘭　施朗先　郭鼎京　翁白　王誠　黃士舉　陳志遴　陳登元　吳孔錡　鄭旼　鄭國佐　林雍等　周鳴鐸　鄧逖　高國定　林春芳　林喬材　郭大可　郭彥　林東向　高瑞伯　周鼎臣　五泉盧逸士　朱山　毛元吉　曾餘周　薛鎔　劉堯章　林丙春　葉甲　鄭郊等　曾鯨

戴揚烈　戴貞會　柯牲　陳玉崑　陳曾則　黃綺　黃鍾選　華師　陳衷銑　顧招　林浤　潘晋台

謝宫錦　賴裴成　王繼日　李如龍　潘遠　江賦　陳有祚　余思復　吴一瀚　王鏡　上官世安　雷羽上　兄翀　雷駿鳴等　伊勳等　伍行等　黃戴玄　伍日望　裴汝申　巫任忠　陳牲等　温夢良　李作朋　王璞　任元忠　李世熊　邱義　梁耀祖　袁恢先　邱嘉彩　李向奎　陳忠　鄭倫　寧教　丁之賢　朱國漢　陳贊　謝之遷　寧崑　王賡　童士輝　黃文炤　陳有年　蘇文昌　林如源　陳顯謨　黃道彔　郭之禔　張慶欒　林高駿　鄭宇明　陳暉　諸葛昺　圓玨　王傳　阮旻錫　池顯方　林霍　莊潛　黃繼冕　梁岐超　張贊宗　梁興玉　洪承畯　洪承埏　傅景星　李樹官　楊必祐　蘇淮　張士榔　劉若　陳幼嘉　王夢弼　王上中　傅濟翁　紀文疇　子許國　保國　洪思　李茂春　林賓　黃以陞　楊喬岳　黃仲英　王鑾　施礎等　李贊元　王仍輅　弟仍縉　章坤　林錫羲等　孫賓利　許智　程之正　江于修　黃驤陛等　蔡而煜　藍維善等　楊祺　胡元琚　陳有度等　林廷擢　戴作材　陳天叙　林邁佳　陳國典　陳重器等　李廷熙

黃居中，字明立，晋江人。萬曆十三年舉於鄉。授上海教諭，累陞南京國子監丞，出爲黃平知州。性介不苟。在南京時，族克纘長樞，有營弁以千金請託，麾之不顧，曰：「奈何以此失吾生平！」博通墳典，工書法。詩秀骨玲瓏，老氣無敵，得未見。書必手較録繕寫，至老不衰。藏書千頃堂，至六萬餘册。諸書中尤好宋人通志、通考。嘗以通志僅及唐通考，雖有王圻續編，而雜亂無序，欲修之；又以五經、四子大全，永樂中所編，未窺聖人全旨，擬合古今傳註，更爲一書，以老病而止。國變後，痛哭不食死，年八十三。子虞龍，諸生，早卒；虞稷，仕清。

曾燦垣，字惟闇，閩縣人。熙丙孫。隆武二年與弟祖訓，同舉天興鄉試。工詩文。清徵，兄弟裹糧走直、浙，暮或徑宿林谷下，不知所終。

祖訓，字惟久。

同時隱逸者有文名：

同邑林寵，字異卿，工楷書。與曹學佺友。去諸生。卒年過九十一。

陳衎，字磐生，太學生。通天文、讖緯、黄庭、内景之書。談邊事大略，慷慨自負。子濬，字開仲，去諸生。

吴楷，字子方，歲貢。祝髮鼓山，稱冒僧。監國魯王入閩，義兵四起，張寂惺以萬人入山恣掠，楷怒駡曰：「如是則何謂義矣！」縛之堂下，刃脅之，復駡，寂惺益怒，會得解去。清貴人聞而訪之，絶弗與通。友王蘭仙爲置田十畝，楷與子同耕作，婦爲釀賣以自給，終身不及城市卒。

方潤，字具蒙，去諸生。隱於教授。重刊鐵函經、晞髮集，序而行之，以見志。

陳克遇，字孔亨，燦垣同年舉於鄉。隱楞巖。

林潭，字二恥，去諸生。入大象山。山寇大巴掌起，妻陳不屈，磔死。居文殊寺，不娶以終。

邵標春，字是龍，諸生。

陳應邦，字紹敬，博學尚氣，工詩詞。與陸清源起兵勤王，守杉關。古詩簡老。

徐延壽，字存永，㤅子。綺歲才藻麗逸，家書比學佺，亂後失之。移家湖廣，道揚州，王士禛讀其詩稱之。子鍾震，字器之，去諸生。

焚琴子，章姓，諸生。傷心好哭，詩文千言立就。時登鼓山，北望長號。久之，改姓名，以琴遊八閩，淒淳作秦聲，陽狂以終。妻亦好琴，夫死焚之。

孫學稼，字君實，侯官人。諸生。刻苦勵行。隆武初開儲賢館以選士，咸來汲引，從父昌祖、昌全居清要。學稼以政出鄭氏，事不可爲，未出。福京亡，走長樂。監國魯王敗，乃居杭州。久之，出遊。既廢於時，胸蘊悉發於詩，尤善序事，世稱詩史。

同邑林涵春，字雲林。父崇孚，字永中，隆武二年舉天興鄉試，入清官惠州知府。涵春，歲貢。博沈經書。

王侯聘，字席卿，崇禎六年舉於鄉。詩似韋柳。

盧灼，字蕢仲，諸生。善屬詩文。性剛毅，以鄧撰事連下獄。事平，絶意仕進，結茅武夷，嘯傲以終。

周鴻漸，字子序，諸生。浪遊四海，所至有詩。

王繼褒，字洞簫，諸生。詩歌高朗。

陳鴻，字叔度，以詩爲曹學佺所賞，遂主其家。學佺卒，貧病死。

趙珣，本名之璧，字枝斯，客死三山。

藍漣，字公漪，磊落負七五氣，與陳恭尹交，詩畫成家，卒年八十二。

陳發曾，字世承，諸生。詩文澹遠。家鄰城西荔水莊，兀坐小樓，憑欄吟嘯。凡遺臣授命者，咸紀述之。

薛銓，字穆生，諸生。精字數，隱于市，專心古篆，海内少匹，求請者無虚日。

林承霖，字雨可，諸生。福京亡，隱麥斜巖，藜藿不飽，潛心理學，與仙遊謝天駒以吟咏終。天駒，字山了。

黄士尊，字子皋，諸生。與張綸齐名。魯王入閩，天興門閉，斗米千錢，咸投士尊，出米應，不倦，全活甚衆。與林埜友，聞其死難，曰：「昔馬援羡馬革裹屍爲盛事，今子埜以身報國，得死所矣。大丈夫何必效兒女子痛悼爲哉！」博學無不通，尤嗜易。亂後，閉户莊誦不輟，卒於家。

蔡在新，字又新，諸生。隆武時建議築城策戰守，未辟而福京亡，與張寂惺遊，著薪膽紀略，晚多自火，愁思要眇，人比天問、卜居。

高兆，字雲客，諸生。布衣茅屋。魏禧見其續高士傳，致書獎之。與同里彭善長、陳日浴、許瓓、卞鼇、曾燦垣、林偉稱七子。

善長，字爾仁；兄蠡雲，字石鐘，皆去諸生。

日浴，字子磐，將樂知事。

瓓，字同玉；鼇，字興書；偉，字章臣，皆諸生，工詩。又與兆學稼許友、許珌稱平遠社七子。晚歲，與林蕙、齊莊、廖琪、陳日行、張留、兆詩、陳聖教、陳涓、楊維熊、王鼎九、劉鍚、胡深、陳星義相唱和。兆詩，副使豸子，汪渢、沈昀、應撝謙推爲當世士。珌，字天玉，崇禎十二年舉于鄉，安定知縣，入清會試。

友，本名宰，字有介，貢生。師倪元璐，詩孤曠高迴。國亡破家，流離縲絏中，有學啞、瞶瞽、擔糞、學死諸草，讀者悲之。

蕙，字孟采，諸生。與李時成、鄧景卿、林星結社。詩溫厚和平。卒年七十七。

莊，字望子；琪，字攻瑕；日行，字則見，皆去諸生。

留，字侗臣，錢肅樂弟子。負俠氣，文千言立成。去舉業。

聖教，字中一，益王儀賓。博雅好古。

涓，字涇伯，去諸生。文深厚有致。

維熊，字乃武，講學連江幕浦，三十年足不至城市。

鼎九，字象九；劉鍚，字爾南，去諸生。

深，字月湖，廩生。詩有弘正風。

星羲，字逸甫。詩文雄健，隱於縫工，力食養母。

鄭允成，字祖謙，天興長樂人。天啟七年舉於鄉。父彥，太學生，隆武時餉乏入資，例授官，辭曰：「國難，能者效力，財者輸金，臣分當然，豈可掩父義舉博一官哉！」福京亡，不出，專意理學。病革，曰：「吾死有恨，銘旌書皇明舉人可已。」大笑乃瞑，年七十四。

同邑陳肇曾，字昌箕，崇禎元年舉於鄉。歷建寧、漳平教諭，禮部司務。文汪洋紆折，有大家風。

陳奎輝，字克韞，肇曾同年舉於鄉。歷姚州知州、南康同知。黄道周曰：「思致清深，才藻敏妙，吾愧不如。」

梁春暉，字時皇，隆武恩貢。卜居雲龕山授徒。子珪，字至鉉，隆武恩貢。詩慷慨悲歌，不忍卒讀。

謝杲，字青門，布政使肇淛子。去諸生。爲節義録，紀閩明季殉難諸臣、高蹈之士，傳後繫論，持議頗正。

陳名賓，字際五，廩生。工詩文，夏允彝重之。與子副貢嗚瑜、廩生嗚琪，築室嵩坪。嗚瑜，字組園。

福清夏春暉，字汝陽，崇禎十二年舉於鄉。播越之餘，郡主遁福清，遭强暴數人掠所有去。郡主急，嚙掠者臂，得脱，號於邑請捕，知縣不省。春暉執義力爭，始捕七人置法。未幾，入泉州獅子巖爲僧。

夏紹芳，字爾念，隆武二年天兴鄉試。敦氣節，黄道周重之。隱青陽山，名廬曰「藹雲」，著史吟見志。

葉仕蘭，儲賢館貢士。

施朗先，字漢章，貢生。詩文華贍。

郭鼎京，字去問，隱綿亭山，織簾讀書，世比劉驎之。詩清麗芊綿，畫亦如之。卒年九十一。

翁白，字未青，隆武元年恩貢。翰林博士、纂修。居浦城。志氣宏放，有俠士風。詩沈鬱如杜甫，爲汪沐日所推。

王誠，字存一，諸生。篤志文獻，所纂玉融志，簡賅有法。

連江黄士舉，字天玉，隆武二年舉天興鄉試。僧衣方外遊，自曰龜峯逋民。

陳志遴，字成之，諸生。築室白鶴山教授。

陳登元，字爾尚，隆武二年舉天興鄉試。工書畫。

吴孔錡，字奇生。少孤，篤學，奉母岱雲山。品題花卉，寫詠寄託。

鄭旼，字慕倩，畫蘭露根，自題「井心未了前因」。

羅源鄭國佐，字燧四，諸生。集同邑十三人倡羅江社，以文義砥礪，匿跡，放懷詩酒終。十三人者：林雍、黄河潤、陳偉、李之萼、葉敏、黄志昌、黄臣欽、陳龍章、林儒臣、林萼、葉政、林康、胡舜發也。

雍，廩生，有文名。隆武時起兵圖恢復，敗隱金粟山寺。舜發，字起聖，諸生。力學，工詩歌，畫花鳥。入深山，絶跡城市，年九十二。

古田周鳴鐸，字木生，崇禎九年舉於鄉。屢徵不出，築一草亭，以詩文自娱。

鄧逖，字祖生，諸生。工詩文，日痛飲歌哭，隱建寧迪口。後爲清兵所執，不屈死。

高國定，字一甫，貢生。吟詠。清當貢，不應。

林春芳，字子實，諸生。工詩，以節自全。

林喬材，字世臣，諸生。詩古文，隱五華山，憤死。

郭大可，字正夫，去諸生。

郭彦，字中夫，喜詩畫。以修城功，授散官，不出。

林東向，字育我。

高瑞伯，以字行。與妻子耕，尤以文著。

周鼎臣，字允輔，諸生。隱屏山。

五泉廬逸士，五人，結廬偕隱。問其姓名，笑而不答，以詩酒終。

閩清朱山，字初昆，與朱繼祚、黄起有、林尊賓唱和。清帥聞名辟，不應。

毛元吉，字仁仲，去諸生。詩文。

永福曾餘周，字孑民，去舉業。好泉石，超然自往。

薛鎔，字子燮，福清人。貢生。國亡，抱道守節，屢卻徵辟。好綜述忠孝節義舊聞。其爲文清幽遒勁，長於叙事。嘗作道德經跋，謂：「道德經爲大易後一書，其道博大難名，取之無盡，百家衆技所爲源流。」又謂：「其書爲百家用者十二三，爲吾用者十八九。」又謂：「儒者之書爲中人設法，故云爲多而神化少；老氏之書爲賢智者加鞭，故云爲少而神化多。」其推尊甚至。又嘗取楚騷、越絶書合訂之，謂：「大泌山人稱吴、楚、越皆大國，采風不及，故有騷以補楚之缺，有越絶以補吴、越之缺。余謂離騷，古詩之始變也，越絶雜説耳。謂騷以補風則可，謂越絶以補風則不可。雖然，以屈平之才之忠作騷，作越絶書者之隱其姓名，有待後世，其志皆可哀。庶幾類我而恍遇之乎！」其所寄託如此。

劉堯章，字陶九，莆田人。隆武二年舉天興鄉試。爲文沈思入微，幾廢寢食。福京亡，隱寒山，專意正學，理數、象緯無不究。嘗曰：「涵養工夫，全在應事接物上檢律。」一身不敢自肆。意念稍有所縱，即正色危坐終日。清兵至，欲屠兩寨，挺身理諭，賴以全活。衆德之，歸田以謝，拒不受。鄭成功聞之，修書幣聘焉。

邑人林丙春，字叔巘，隆武二年舉天興鄉試。通天人之學。與劉百原、黄法陶、戴鷹公、陳嘿齋、鄒竹邛、黄遇潭、柯耻園爲遺老社，年八十七。

葉甲，字白生，崇禎十二年舉博學。工詩文。

鄭郊，字牧仲，諸生。黄道周嘗稱之曰：「一日千里，未易才也。」隆武時，道周、何楷薦才學宜居詞林。後隱壺山南泉。弟郟，字奚仲，去諸生。與從弟邵，字勉仲，偕隱九理湖。

曾鯨，字波臣，傳神絶技。永曆元年，年八十四卒於南京。

戴揚烈，字應承，隆武二年舉天興鄉試。福京亡，名曰無功子，爲遯山樓，十餘年不下。詩鬱轖佗傺。

戴貞會，字叔中，揚烈同年舉於鄉。入山，爲殉難諸臣傳，簡古有史才。

柯甡，字得朋，與江遇，皆隆武二年舉天興鄉試。文春容大雅，具成其高。

陳玉崑，字蓴伯，去諸生。

陳曾則，字石人，去諸生。爲僧。蘭竹有生趣。

黄綺，字僧聖，披緇。詩學景陵。

黄鍾選，字公乾，諸生。賣卜北京，日悲號，詩祕不示人。

華師，字秋北，本嚴氏，儒家子爲僧。工詩文。

仙遊陳東銑，崇禎十五年舉於鄉。

顧招，字雪來，諸生。爲僧曰機紹，結逋山社。詩多瘐詞隱語。

林湞，字澹若，建安人。廓落負奇氣，精壬遁家言。崇禎六年武舉。十七年，李自成陷全秦，逼京師，上書曰：「臣昧死痛國家用武三十年，曾無一人知兵，能操分合之變者。名州大郡，畫疆雌守，後不救前，左不顧右，使賊常合而我分，賊主攻而我守。備多力分，無戰而屈。今不反此，幾幸堅壁以待賊衰，是肉豢豺狼而祝其飽僵也。今賊志驕滿，竊據城邑，復深入中原，東欲牽我邊勁，南欲阻我飛輸，則賊不得不分而我勢固不得合。臣愚謂當急掣三邊近鎮精鋭，合爲虎旅，直擣賊窟。擇知兵之將，一軍軍臨清要地，爲犄角以護糧道；一軍軍太原要地，爲批擣以遮雲谷之項脊。臣願假一旅隨地觀變，出奇重突，使賊情疐跋，我勢率然。舍此不爲，直俟寇黨渡河，烽交畿甸。臨時集兵以禦之，則旁午披霧，事不忍言。」疏上，帝壯之。下部議，格不行。未一月而京師亡。湞歸，福京亦陷。時大苦疫，市藥治方，躬自診視，存活者無算。詩文感喟蒼涼，讀者悲之。

同邑潘晋台，字士閣，崇禎十七年拔貢。博學，杜門著書終。

謝宮錦，字珂臣，甌寧人。諸生。卓犖有大志。北京亡，號泣誓討賊，人咸壯之。清兵入關，嘆曰：「今時移世易，天山候也，遯尾則厲。」乃隱陽墩故里，感寓詩詞。烏程閔中介視學至，聞名禮聘，未出。隆武中，鄭芝龍擁重兵索餉，作河上嘆。萬元吉總督江西、湖廣，宫錦以詞勸駕。福京亡，入琴山絶人跡處。清督學使族人趣之回，許破格用，誓不應。怒欲加夏楚，不動。獨與賴裴成、王繼日遇雪斷煙，忍餓不出。妻任徽士，亦能詩。

裴成，字掌亭，甌寧人。同以節義相期。福京亡後，悲憤爲詩，以天問、天對、天答合一册，顔曰「醉時攤月」，攜壺酒飲且讀，醉後往往對天號哭。宫錦卒與諸生陳際熙以窮餓死，裴成不知所終。宫錦嘗曰：「古人將恐將懼，猶可戴須眉以見人。今人履薄臨深，不敢提首領以問世也。胡爲不敢，吾愛吾髮耳。」又曰：「大厦之傾，雖非一髮能支，然天地正氣，聖學正學，未必不因一髮留。」而寒公者，不知何許人，時居閩中，蓋高僧也，贈以詩，亦有「毛髮重如鼎」之句。

繼日，字昕公，南直人。後居建寧，亦不知所終。

同時李如龍，字虎友，崇安人。棄諸生。種菜武夷，讀書不倦。

潘遠，字静致，浦城人。以詩名，爲僧。

江賦，嵩溪人。諸生。隱退谷。

同邑陳有祚，字永錫，天啟四年舉於鄉。師事曹學佺、黄道周。辟不出，走浙江，不知所終。

余思復，字不遠，將樂人。諸生。與錢秉鐙、魏禧、李世熊交，放浪山水，詩多奇崛。年八十卒。

吴一瀚，字若于，沙縣人。選貢。工中晚唐詩，隱勺園。

王鏡，字非臺，永安人。隆武二年天興鄉試。蕭然自放，書詩以老。妻范餓死。

上官世安，字時震，光澤人。諸生。工詩文。

雷羽上，字扶九，寧化人。崇禎十五年舉於鄉。孤峭簡酬，與李世熊交。隆武二年夏，黄通攻城。于華玉兵屯郭外，議剿撫不決，通乘懈執華玉，褫辱知縣朱墀而縱之。士民惶遽，嬰城守。羽上與世熊荷戈城上。羽上揖世熊曰：「時事云何？」世熊曰：「鼠子何能爲！一能令撲之，立燼矣。」曰：「非此謂也，問天下事耳。」世熊默然久之，曰：「女叔寬有言，支天所壞，不亦難乎！」羽上曰：「親疾雖不可爲，寧可置勿藥耶？」福京亡，太息曰：「三百年禮文豢武，求一丁斐、淩統無有也，豈不哀哉！」因泫然久之。同世熊隱泉上之陽遲山。每論當世人品，曰：「見危授命者，上也；歷險從主死生無貳者，次也；屏家室，遯窮荒，聊明素志者，又次也；浮沉閭閻，豢養血軀，去屈辱從時者，一間耳。」卒狂死。

兄翀，字六息，諸生。亦偕隱。

同時以節義文章著者：雷駿鳴、伊勳、伍行、黄戴玄、伍日望、裴汝申、巫任忠、温夢良、李作朋、王璞、任元忠、陳甡。

駿鳴，字賡颺，寧化人。元明弟。少以天下爲己任。棄諸生，蓬首浩歌，言君輒長號，狂走村落間，人莫測其故。子焻，字幼韞，承志不出。

勳，字無功，寧化人。諸生。下筆千言，能弓馬。入鼓山，運水提薪。兄志可，字有之，亦諸生，與朱繼祚善。弘光時，薦温州通判，未應。

行，寧化人。去諸生。古文穴幽穿險。後其子爲菜傭以給食。

戴玄，寧化人。以義俠自許，條陳邑利病，如義田疏獄，解散長關諸策，均以古義傳時事。去諸生。

日望，寧化人。副貢。

汝申，清流人。工詩文，與曹學佺唱和。國亡，入南山不返。

任忠，字臨侯，清流人。去舉業。

甡，字二生，歸化人。弟喆，字二吉，貢生。皆工詩文。

夢良，字星郎，上杭人。諸生。研性理，入荒山，抑抑卒。

作朋，字介茲，建陽人。

璞，字非石，歸化人。工詩畫。

元忠，字上界，上杭人。諸生。通周易、洪範。清守聘修府志，不應。

李世熊，字元仲，寧化人。少豪宕不羈，視天下人讀書無當意者。博覽載籍，獨好韓非、屈原、韓愈書，故其所爲文，如悲如憤，如哭如笑，如寒泉烈日，如暴風雷雨。每論古今興亡、儒生出處，及南北利害備兵、屯田水利諸大要，未嘗不慷慨欷歔，惓惓有所屬望。久困諸生。隆武時，黃道周、何楷、曹學佺交章薦其異才博學，徵授翰林博士，趣赴廷試。世熊疏辭曰：

臣奉旨顫悸，背汗流踵。臣髫年在泮，九躓場屋，鼯鼠之技，敗露盡矣。非有祕韜潛德，遲久俟今乃彰也。陛下徇三臣之過舉，意僮傭爲異才，是恃薦舉爲得鳥之羅也。臣愚以爲薦舉匪人，臣其一矣。由臣例之，滔滔皆是也。敢爲陛下歷陳之可乎？

陛下登極恩詔一款，每縣舉真才三人。臣謂天下中人多而異才寡，鄧、馮、寇、賈，天下無二三也，況一邑乎？若鄉曲愿人，無裨緩急，何取每縣三人，充斥仕路哉？自臣所見，郡邑舉士，蓋有目不識六籍，而冒以宏博之科；夢未見七書，而獎以孫、吴之略者。學官以頹墮之年，識趣卑汙；士子以蠅螘之情，夤羶走竇。其整身方潔，骨氣冰稜，守令聞名而不識面者，雖老死牖下，無緣登薦剡也。如是，則舉者不才，才者不舉，臣以爲郡邑薦舉可廢矣。

至於藩王、閣部、院寺、臺省、監司、方面，各有薦士，非瑣瑣婣婭，則紈袴子弟也。非眯目素封，則走室神棍也。

今仕籍自欽授特簡外，文臣如試主事、試中書司務博士、試推官通判知縣，不下數百人；武臣如總副參遊都守，不下數百人。此千數百人，爲陛下撫流民、覈軍實者誰乎？爲陛下靖山海、清畿甸者誰乎？是千數百人，如虛無人也。紛紛差遣，徒耀飾輿馬，煩苦驛卒。大字名刺，投謁婣鄰，誇炫市里而已。自奉命以迄復命，逐塵途者，臣不知所行何事也？亦苟完套格耳。原若輩之始進者，酬薦主有例，酬部覆有例，千數百人，非數十萬賂不濟也。則是朝廷失數十萬金錢之實，而得千數百無用之蠹也。虧損國靈，孰逾於此乎！且非徒損國靈也，又壞人心。

爲士者，習見故所等夷，猥瑣庸闒，胸不能知古今成敗，口不能道當世利弊，一旦冠蓋赫然，易如反掌，於是富者由徑納賂，貧者違言上策，盡棄本業，而囂然有掇拾軒冕之思，蓋自是士不安爲士矣。爲民者習見屠酤僕隸、訟師優卒、遊手失業之徒，手不挽强，股不跨鞍，目不識丁，一旦被服金紫，頭角頓異，以爲錦繡猶斂襚也，亦各盡棄本業，而囂然有攘竊節鉞之意，蓋自是民不安爲民矣。

士不安爲士，則士不可治也；民不安爲民，則民不可理也。下犯上，賤陵貴，利破義，良心泯喪，蕩制踰閑，則此官爲之俑也。且非徒壞中人之心，又以絶豪傑之路。夫鯢鰍所餌，蛟龍不染其綸；鴟鳶所嗜，鵷雛不嚇其臭。尾瑣者冒進而破毁廉隅，俊雅者必迴翔而獲持方隅也。不識廉隅，雖狗竇容身以爲榮；自負方隅，即一歲九遷以爲辱也。昔者崔浩欲屈眭夸爲中郎。眭夸曰：「桃簡已爲司徒，何足以此煩國士哉！」國士之不忍俯同世士也，雖以崔浩之才，眭夸猶羞與爲伍也。臣安知邱隴之下，無泥塗軒冕之士乎？夫圭璧所以寶者，爲採之甚難，售之甚鉅也。若圭璧與瓦礫同致，無爲寶圭璧矣。軒冕所以爲榮者，爲責任甚重大，賢才甚希貴也。令軒冕與草屩同掇，無爲貴軒冕矣。今陛下有網絡英雄之事，而諸臣爲杜拒英雄之事，則薦舉之名，爲奸貪藉口也。牛驥同厩，朱粉雜糅，欲使奇士策杖，攀附翼鱗，猶以敝冠招由、光，蹠財享曾、史也。

他不具論，臣舉其大者。永寧王招降閩、宋，屢立戰功，及糧匱援絶，身陷敵營，生死之義備矣。陛下追念前勳，錫以茅土，誓如山河，足瞑忠魂。至其逃將潰卒，如謝某，舒某，各保首領，鼠竄偷生。自去年除夜，主臣相失，至今二三月，尚不知藩王存亡何似。臣謂此數人者，皆永寧之僇人也。軍法，隊長戰殁，通伍皆斬，况失封疆、陷主將、尚敢哆口恢復，偃然自叙其功乎？陛下即委曲使過，貸其誅夷，必俟少立微功，乃酬官職，然亦及其身而已。今乃呼朋引類，每潰將一疏，輒題叙多人，此何爲乎？且題叙之人，果係同患同仇，猶可言也。今所援引者，非無賴之青衿，即市井之錢虜，夙昔無澤袍之義，固緣藉使鬼之錢，不加考課，遝叙清華。臣以爲賞罰倒置，斯爲極矣。昔館陶公主爲子求郎，漢明帝不與而賜錢千萬，以戚主爲子求郎而不得；以逃將爲市奸乞清華而得之，何古人名器之重而今獨輕乎！如謂假章服之虛榮，爲招徠之實策。臣愚以爲戀棧而來者，必非駿馬；鑽穴而從者，必無佳士。即使人才甚乏，邊疆甚迫，當旁求耿介特立廉幹有識之士而用之，奈何使譸張無信、進身不端者連苞引孽，以穢朝廷乎！

臣又舉其大者。古者三公不備惟其人，高皇帝罷設丞相，閣臣不得稱相也。仁、宣之代，猶與卿並，自天順之隆，而相端萌矣。嘉靖入紹，歸政内閣，三輔鼎承，百辟風偃，蓋自是儼然宰相矣。今猶昔也，然卒未有綸扉之地，得參十數席者。今陛下龍飛一載，而内閣已三十人。後此萬年無疆，兩京光復，時會方來矣，英賢踵至，枚卜殆將踰於今者，是一代之間，宰輔幾百人矣，書之史册，將爲駭怪。夫王者設官，上法乾象，今三台六星，上相、次相四星，郎位十五星，亦王官所取儀矣。宰輔下天子一等，宰輔尊而後天子亦尊。若以調燮陰陽之司，下同錢穀刑獄之瑣，則三台斗柄，亦已陵遲矣，何以爲巍巍帝座乎？田千秋一言取相，而夷狄以爲笑譏；公孫宏曲學阿世，而淮南比之蒙落。蓋相臣之難稱任久矣。是以公孫洴泣不受詔，李鄘引疾不視事，誠知責任重大，受祿易誣也。今陛下神聖文武，贊協殊難，而諸臣受爵不疑，有如一德，然卒未進於古方、召、張、吉之流，爲陛下歌江漢嘗武者，是草茅所竊疑也。

臣聞敷陳以言，明試以功，車服以庸，此聖帝明王磨礪天下之善物也。明試言功，則僥倖車服者息；輕褻車服，則誕慢言功者來。臣無遠引聖隆，魏武亦近古之豪也。功如荀彧，封不過亭侯；愛如倉舒，贈不過別部司馬。永嘉之末，遷王導輔國將軍。王導曰：「今天官混雜，朝野頹毀。導不能崇峻山海，而開道亂流，謹送還鼓蓋加崇之物。」元帝從之。陶侃既平襄陽，拜大將軍，劍履上殿。侃固讓曰：「羣醜雖芟，大敵未殄，有如仗國威靈，梟雄斬勒，則又何以加？」曹彬已下江南，宋祖曰：「本授卿使相，但劉繼恩未下，姑少待之。」惟賜錢五十萬。假令有荀彧、王導、陶侃、曹彬者，陛下當以何官酬之乎？鄧禹杖策從龍，最先諸傑，天下粗定，乃封高密。馬援遨遊二帝，側足輕重。及米圖山谷，勸帝伐蜀，猶未拜將軍也。假令從龍以飛者，勳如高密，越疆而歸者，智如伏波，陛下又以何官寵之乎？李泌有言：「以官賞功有二患。非才則廢事，權重則難制。」夫官以賞功，尚猶有患，況於一籌莫展，尺土未恢，而宰輔連肩，侯伯接踵，他日有折衝千里之留、鄴，恢復兩京之郭、李，不知陛下又何以待之？是又草茅所竊疑也。

臣聞人主之職，務在知人而已。任各當材，雖不親細務，大功可成；用違其器，雖衡石程書，無益於治也。夫治國猶治家然。主一家者，必有亞伯旅疆，耕以責奴，織以責婢，而後一家之事集。王天下者，必有心腹股肱，内參機密，外戡禍亂，而後天下之業成。今爲陛下心腹者有乎？股肱者有乎？相不敢望管、葛，庶幾王導、謝安、李綱、趙鼎之儔；將不敢言韓、岳，庶幾劉錡、孟珙之輩。臣微賤狂瞽，何敢輕重天下士。但觀登黜人才，區畫戰守之間，未知於前人何如耳？宋儒有言：「將帥之才，即不可得，當於搢紳廉幹有識中求之。」又云：「直言敢諫之士，即仗節死義之臣。」斯兩言者，亦觀人之要論矣。臣觀諸他途營進，負鼎翹關者，必荏苒僉人，非骨鯁魁壘之端士也。諸論持兩端，應機不斷，視蔭拱默者，必蓄縮憒夫，非駿雄制變之寶臣也。若夫頭角誇誕，類於剛武，鋭口縱横，類於智略，撫膺灑泣，類於忠誠，而推測星緯，妄談吉凶，摇惑視聽者，又類於神明不測。臣觀諸險躁浮遊，性無關鑰，語無歸宿者，誤天下蒼生，必是人，而易於聳動人主，亦是人也。臣願陛下之慎簡也。李綱曰：「用人如用藥，必知其術業可以已病，乃可使之進藥而責成功。今不知其術業而姑試之，則雖日易一醫，無補於病，徒加疾而已。今臣自知駑劣迂疏，無濟緩急。而薦臣者以爲可用，陛下亦信爲可用，是不知臣之術業不能已病也。臣妄意陛下以過信臣者過信天下之將相紳衿也，故不敢避斧鉞，連類妄言之，伏乞免臣廷試，長擯草茅。臣韋索茹草，甘同鼎鑊。若冒靦嗜進，顛蹶隨之，生與營苟同汙，歿不可見輔臣黄道周於地下。惟陛下許臣幽棲，以塞倖竇焉。

道周死義，慭綸久未下，走福京請褒卹，時問其孤嫠存歿，廬舍完毁，輒嗚咽。無何而閩疆陷，有齮齕世熊於清大府者，謂世熊懷二心，勢洶洶不測。親知咸勸詣一謝，事可立解。世熊復之曰：「甲申以來，名雖挂諸生，儒巾儒衫，久歸敗盎。今日解弢釋縛，正如鹿返長林。若復伏謁强顔，其戕性刳心，何殊殺戮。古之處士含酖飲刃者，史册相望。僕年已四十八矣，去諸葛瘁躬之日僅少一年；視文山盡節之辰已多一載，請爲婉謝當道。若蒙假借，冥報爲期。」詞倨而理直，大府終懾其名高，無能挫抑。

自是鄉居泉上四十餘年，未嘗一出里門。間詣西江，泛彭蠡，登廬山絶頂，追惟楊、萬、金、王舊事，痛悼欲絶。

永曆五六年間，建昌潰兵黄希胤掠泉上，有卒摘世熊園中一橘，希胤立鞭之，駐馬園側，視卒盡過乃行。粵兵燔民舍，火及其園，其魁劉大勝遣卒撲救，曰：「奈何壞李公居室？」耿精忠起兵，使者絡繹敦聘，世熊堅卧不起。晚節益自韜晦。四方士歸往者，如水之朝宗。其鄉人及旁鄉人凛之，趨決事，如官府焉。世熊能用其鄉族。更先後亂，輒率等輩設方略而或虔劉之。築土堡若城，俾宗人鄉人保芘其間。故諸鄉落多殘毁，而其鄉獨完。有司以世熊故，亦恒薄其鄉人徭賦。年八十五卒。子向民，亦高隱。

邱義，字明大，寧化人。諸生。少謁李世熊，世熊奇之，引爲忘年交。隆武時開科，義謂世熊曰：「此時以八比進身，譬操蘆葦代犁鋤，墾闢無日矣。」福京亡，清學使至汀，父强之就試。義文故入宗廟邱墟、鼎社遷改、荼毒攢心、無天可訴諸語，盛觸忌諱，免責除名。先是，田仰兵潰掠，妻謝駡賊死，至是清令將請旌於朝，義力卻之。父故嗜飲，家益落，義能曲承之。善事後母，以撫輯諸弟子四人，皆課讀經史，顧不許其應試，曰：「讀書所以立身，試則鬻身。吾雖貧，不鬻其子也。」旋卒。

同邑梁耀祖，字武先，隆武二年天興鄉試。隱理學。

袁恢先，福京亡，爲僧，曰超拂，工詩。

邱嘉彩，字白夫，泰寧人。負用世志，窮究天文、地理、鹽鐵、河渠、兵略、九邊要害。崇禎九年舉於鄉。十七年春，與客遊熙春山，仰望日色大哭。客問，曰：「氛蒸陽烏，君父其有難耶？今閩粗安，天下塵起，國變此其時乎？吾宜身殉，徒以母在耳。」遂罷飲，歸覓肖巖，奉母避地。及聞北變，旁皇痛哭。既而傅冠至郡，書聘，進謁留飲，蹙然辭歸。謂人曰：「今卧薪嘗膽，事尚未可爲，顧飲酒奏樂耶？」遂居肖巖，采松枝、摘野蔬自給。製竹籃，令僕下山易米。人見之，曰：「此邱公手製也。」爭米易之。又工書畫，標所作曰「兼山邱園」。

同時李向奎，字聚仲，泰寧人。諸生。隱瑞溪之蓮巖，易名曰遊，以吟咏終。

陳忠，字盡廷，泰寧人。明經術。寇起，招鐵工入城，爲大礟城上，以鐵葉包城四門，白令諭民入城者各輸一石，衆不知其旨，叵厭其勞。及寇架雲梯、呂公車攻城，大礟齊發，石如雨注，梯車立破，寇卒潰走。

鄭倫，字道五，邵武人。諸生。工詩書畫。郭之奇重之。去諸生。家有園池，諸文士常吟嘯其中。

寧教，字敦伍，建寧人。益王儀賓。與緇流黄冠爲伍，幽思勃鬱，一寄於詩。

丁之賢，字德舉，建寧人。流寇起，挾策入京，欲上書言兵，不果。歸隱桃花溪。客至，樵蘇不爨，清談而已。家貧，不具紙筆，詩多草書曆日背上，字漶不可識。將死，自題石曰

「詩人丁布衣墓」。

朱國漢，字爲章，建寧人。少孤，事母以孝聞。北京之變，狂走越王臺，北向慟哭，火素業。挾資歷吳、越、燕、趙、楚、豫，與傭儈同甘苦。所至忠臣名賢祠廟墟墓，歌詩憑吊。之賢詩清刻，國漢詩鍛鍊，並刻綏安二布衣詩。

陳贇，字不盈，建寧人。棄諸生。浪吟吳、越間。

謝之遷，字東玉，建寧人。諸生。隱楓溪。

寧崑，字惟一，工詩。不應舉，入白鹿山。卒年九十四。

王賡，福寧人。好易、天文，居洪江教授。鄭芝龍二徵以金，不受。

童士輝，連城人。諸生。國亡，欲殉節，爲父母所阻，自號苟全，入山行吟終。

黃文炤，字麗甫，晉江人。諸生。專性命之學，潛心力行，述經談道，於朱、陸、王異同，一以朱子晚年定論爲折衷。何喬遠疏薦，未及徵，匡榕、李嗣亨復以學行薦，爲忮者以新令所格而止。文炤念國家多故，繩床敝席，不敢自佚。南安斗栳之會，起者相望。文炤方講學筍江，出片紙諭之，立散。隆武元年，琉球國之使者道泉以幣乞書，不受。張肯堂疏薦曰：「品高岱嵩，學溯關閩。不但鄉邦羽儀，實爲盛朝蓍蔡。授國子學正，仍行年九十許，道亂憂國倍殷，屢登薦剡，未受恩綸，允宜特授。」行有司以禮存問。後隱同安輪山。

邑人陳有年、蘇文昌、林如源、陳顯謨、黄道彔、郭之禥、張慶樂、林高駿、鄭宇明、陳暉、諸葛昺、圓玨，並有文名。

有年，字孫穀，負智略。隆武二年舉天興鄉試。

文昌，字龍華，尚書茂相子，崇禎十五年舉於鄉。流離江淮爲僧，年七十六。

如源，字維清，築五因別業馬鞍山。博詞强識，著史評，文如蘇洵，卒年七十二。

顯謨，字龍見，諸生。力學。聞北京亡，衣冠辭文廟，口占書明倫堂東壁，經於鐘架。教官解甦。曰：「力薄，不寸磔賊吐吾氣，將一死謝先帝，以愧天下後世爲臣不忠者。君之救我，是誠何心？」輿歸，家人嚴防不死，杜門終身。

道彔，字明汝，崇禎十六年進士。知縣。北京亡，脱歸。病，引錐自刺。一日投百源川，以救免。張錦疏薦，不赴。卒年七十九。

之禥，字耐軒，隆武二年舉天興鄉試。漫遊直、贛、粵、桂，後隱潮州。感發爲詩，温厚得古人之旨。

慶樂，字士篤，博學工詩，削髮卒於天台。

高駿，字山子，崇禎十二年舉於鄉。其學以沈潛爲宗，人莫測其涯際。性孤峭，隱窮巷老。

宇明，字寅台，立身爲學，精研地理，葉向高重之。卒年八十四。

暉，字旭之，孤介負奇，足跡徧天下。工詩。歸與周廷識等爲竹林游，卒年八十五。

昺，字公韜，孝親。少作文，爲喬遠所重。後亡入島上卒，年八十四。

圜玨，字無瑕，主延平香爐寺，工詩畫。

又有王傳者，不知何許人。永曆中居泉州，年老無妻子，賣草爲食，人呼賣草翁。日從市歸，閉户焚香吟哦，窺者莫測也。阮旻錫結泉山詩社，傳得其社題作之，旻錫大驚，詢其所由，泣而不言。後題詩南安不老亭。令誦之，使人物色，傳知而避之，遂不知所終。

阮旻錫，字疇生，同安人。世襲千户。幼孤，泛海學賈以養母。母殁，躬負土石，與父合葬。北京之變，方弱冠，慨然去諸生，師事曾櫻，傳心性之學。又講習風雅，旁及道藏、釋典、兵法、醫卜、方伎之書，靡不淹貫。出遊名山大川，北抵東華，託處十餘年，後乃爲僧武夷，曰超全，又曰大輪，以教授生徒自給。論者謂是鄭思肖之流。卒年八十二。

同時與旻錫齊名者：池顯方、林霍、莊潛、黄繼冕、梁岐超、張贊宗、梁興玉、洪承畯、洪承埏、傅景星、李樹官、楊必祐、蘇漼、張士楙、劉若、陳幼嘉、王夢弼、王上中、傅濟翁。

顯方，字直夫，同安人。天啟四年舉於鄉。授禮部主事。詩文高邁，與鍾譚相倡和。晚遁於佛。

霍，字子濩，同安人。好等韻之學。問詩於盧若騰、徐孚遠，往來虎溪、鶴嶺間。與紀許國友善，欲師事之。許國曰：「某不敢擁皋比。若黄庭堅之於蘇軾、秦觀足矣。」相期許如此。稱遺民終身。

潛，字伏之，同安人。紀文疇弟子。與霍、許國扁舟放歌。嘗纂弘光時逸事，曰石函録。

繼冕，字軒甫，同安人。崇禎十五年特用，授北信知州。有周易定本，多發揮，出己意。

岐超，字定遠，同安人。至孝。善評史，詩文清縝。年七十七。

贊宗，字子參，同安人。永曆中入粵，隱於市。有勸仕者。曰：「烏有老婦而改節者。」

詩文奇偉，陳恭尹稱之。卒年七十三。

興玉，字日振，南安人。少依鄭成功。臺灣亡，不出。

承畯，字彦灝，南安人。承疇季弟。工詩文，善草書，蜿蜒遒縱，世目謂龍蛇字。承疇降清鼎盛，承畯去諸生，閉門山中。一日逼見，立山門外拱手曰：「兩朝元老。」承疇鞠躬赧然，曰：「一代罪人。」卒不盡懇款而去。清授以官，力拒不赴卒。

承埏，字仁山，南安人。能文。去舉業，沈湎詩酒，卒年八十二。

景星，南安人。去諸生。

樹官，字石臣，同安人。工古文詞。諸貴願納交，皆叱而遠之，以布衣終。

必祐，字可庇，晉江人。兼擅詩文。去諸生。

蘇淮，字聖諧，惠安人。隆武二年舉天興鄉試。風流蘊藉，文名卓著。

士梆，惠安人。八歲爲諸生，崇禎六年副貢。避居思明。晚渡臺灣，以書史自課。辟穀三年，惟食菜果，卒年九十九。

若，字超宏，惠安人。諸生。何喬遠、黄道周器之。入黄蘗山爲僧。

幼嘉，字維壯，惠安人。隆武二年恩貢。專研經學。

夢弼，字象箕，安溪人。崇禎十五年舉於鄉。皓首窮經。

上中，思明人。儒生。爲僧中左所開元寺，名明光。詩清靈幽眇，與旻錫唱和。

濟翁，思明人。僧名如壽，亦工詩。

紀文疇，字南書，同安人。諸生。興泉道王猷館之署，焚香讀易，口不及官府事。與子許國從黄道周鄴山。隆武時，道周薦其博學多才，授中書舍人，擢待詔，纂聖安實録。福京亡，挈家渡海。從鄭成功復同安，城陷，遇難死。所著史勺，道周謂其論覈古昔上下三千年，疑難反正盡之矣。徐孚遠序其湄龍詩文集，以黄、紀比歐、蘇，以許國兄弟比軾、轍，時人謂不愧云。

許國，字石青，以諸生從父鄰山。同學二百餘人，許國最少，道周許以掉臂獨行。崇禎十五年舉於鄉，與同榜林説、林尊賓有三異人目。著有同岑草。北京變，有望燕吟。後從父避居厦門。沈宸荃薦於監國魯王，授儀制主事，轉禮科給事中。路振飛薦之昭宗，以道阻不果行。後爲成功參軍，與流寓諸人脱粟烹薯芋，相對欷歔，爲詩文以傳之。

弟保國，字安卿。幼隨父兄厦門。及長，取父兄所著書，閉户編輯。既乃僧裝遊五嶽，不知所終。

洪思，字浩生，龍溪人。京榜子。思侍父同受業黄道周。道周殁，逃敬身山，道士冠服，不入城市。道周著述，兵復散失，十存二三，收輯遺書，求之遠近士大夫家，五十年而遺書始全。講學以存誠主敬爲本，致知力行爲要，得之父師居多。念道周學在易而行在孝經，述黄子易與孝經謂之洪圖，總十二部，自敬身始，皆爲救世之書也。思匿山中，時剸小刀。詣鄰山，訪昔講堂，上釣臺，放歌慟哭。少慕謝翱、鄭思肖爲人，故孤懷峻節似之。文章雄博如道周，而出以明快。有司造訪，不見。妻戴顴，偕思同作苦。嘗居圍城，糧不繼，啜水俟死，而十日無恙也。晚歲尤貧，恬然安之。子民貞，有父風。

同邑之以文名者：李茂春、林賓、黄以陞、楊喬岳、黄仲英、王鑾、施礎、丁長春、李贊元。

茂春，字正青，隆武二年舉天興鄉試。風神秀整，跣足岸幘，旁若無人。永曆十八年思明陷，偕盧若騰、郭貞一渡臺灣安平爲僧，題其茅亭曰「夢蝶處」。

賓，字穆門，道周弟子。北京亡，自北京之南京，以所親覩爲芝園樵史。去諸生。

以陞，字孝翼，崇禎末舉孝廉方正。偏歷天下名勝，多所題咏。

喬岳，字季平，諸生。工詩賦，放浪山水。居杭，與僧白漢爲方外交。

仲英，字茂先，倡韻社賦詩。爲僧，名廙，字不識。

鑾，字伊人，賣詩自給，一字一錢。

礎，字潤石；長春，字淡卿，並爲僧。

贊元，字匡侯，隆武二年舉天興鄉試。入清，官河北參議。

王仍輅，字載卿，漳浦人。從張士楷遊，相與登山望海，涕泗交下。貴人某者，姑丈人行也，餌千金，不顧。敝衣冠，率妻子入珠溪萬山中。暮年，移東里山，居置一笠爲亭，四面編茅障之，竟死其中。

弟仍縉，字伯雲，去諸生。

同時隱者：

章坤，字以簡，工文，去諸生。詩酒，龍巖人。

林錫羲、吴斌、林汝楫，皆隆武二年天興鄉試。

孫賓利，字義伯，崇禎三舉於鄉。吟湯坑。

許智，字或者，去諸生。工詩，不入城市。

程之正，字亦奇，諸生。福京亡，赴文廟拜辭衣巾，徜徉山水終。

江于修，字仲夫，行止岸異，與人往來，書刺曰「霞城市隱」。

黄驤陛，字陟甫，道周從子。天資醇篤，讀書數百徧乃成誦，誦即焚之，終身不忘。與林蘭友爲摯友。天啟四年舉於鄉。北京亡，與蘭友糾集義旅。久之入海，偕徐孚遠諸人遊燕卒。從弟寅陛，字弼甫，去諸生。兄弟相師友。驤陛入海，寅陛亦祝髮楓亭程厝鄉，詩酒歌哭。族人壽徵，亦去諸生，永曆十年死於兵。

蔡而熤，道周弟子，去諸生。避亂練兵梁山，鄉人薰化，盜不入，民不訟官者三十年。

藍維善，字逸淑，博通經史、天文、地理。入萇溪山中，種花木爲生。耿精忠兵起，鄭經以吳球爲漳浦知縣，繼善卒不出。子斌，字郁人，諸生。清督姚啟聖將授官，不應。子鼎元，見清史。

楊祺，字吉生，去諸生。結茅北山。工書畫。卒年九十六。

胡元琚，師道周，友張若仲、若化。隱漳州白雲巖。

陳有度，字無涯，崇禎末歲貢。弟允元，字無技，諸生，從道周學。皆漳浦人。

林廷擢，字元公，隆武二年天興鄉試。著書百餘卷。精忠兵起，鳩族爲堡，約束課耕，一方以安。

戴作材，隆武二年天興鄉試。入山著述。

陳天叙，字元達，萬曆中嘗徒步上書。皆長泰人。

林邁佳，字子篤，潛心力學，從道周、薛士彥遊。著環中一貫圖說，究論天下事物之蘊。清以學行舉，不出。詔安人。

陳國腆，字非石，崇禎十六年進士。居漳上蒼園。年荒，傾財以振，建文廟。清薦，峻辭免。

陳重器，字鎮況，隆武二年舉天興鄉試。善詩畫。弟彝器，字范況，去諸生。

李廷熙，字熙庵，亦走海島。皆海澄人。

南明史卷一百

列傳第七十六

無錫錢海岳撰

文苑七

屈大均 曾叔祖起鵬等 黄登 陳虬起 朱厓 季佺 馮珧 陳誠孫 陳誠 黎淳先 陳恭尹 龐嘉耋 湛萃 王邦畿 子隼 彭孟陽等 李成憲 王鳴雷 方國驊等 梁啟運 趙焞夫 羅謙等

陳世和 吴猷 彭睿瓘 徐璠 李芬 李雲龍 子雲子等 王鄰等 謝楸 岑徵 賴鏡 彭滋 胡仲康 曾起莘 子琮 從弟起霖 族暐 道獨 麥伺 崔某 陳李香 李廷輔 許某 李某 李某 余某 許某 陳某 程可則 蘇某 李某 蔣某等 茅兆汾等 羅某 黎國賓等 關天放 梁瓊 李某

張聖睿 朱某 胡某 梁某 盧某 陸某 陳某 崔某等 許某 劉彦梅 曾某 尹某 温某 黄某

朱衡 周某 麥定元 梁聲 李廷標 高嘉學 羅龍祥 李蜚粵 林夢錫 何國相 何王捷 黄燦 謝

儼　劉雲漢　衛文英　許古仁　葉符　許穎　林上達　林璇　許城　陳灩　張審鵠　謝禹臣　衛兆桂
崔植　衛灝昌　李夢會　梁憲　謝楷　衛廷昌　張蓋都　謝振翻　梁逢聖　韓嘉謀　古汝等　梁同庵等
李某　語山　道丘　潘楫清　湯晋等　楊大進　伍佳郎　莫上　易奇際　子訓等　林皋等　吴馴
黄尚源等　嚴而慊　李士貴　黎邦瑊　鄧璁　何絳　兄衡　陶璜　梁璉等　歐主遇　梁祐逵　李
祈年　薛始亨　弟起蛟　陳其秩　羅寧默　梁文瀾　李文燦　蔡隆等　林子珝　黎景義　佘帝選　嚴
鶴年　胡天嘉　張在瑗等　吴鳴鳳　潘鳳升　羅殿式　梁國楨等　張穆　陳萬幾　王鴻暹等　劉政
陳舜法　吴而達　黎光祖　楊晋　族守清等　何源澎　高儼　陶天球等　莫以寅　譚庸　廖明士　黄
居石　區懷瑞　弟懷年　楊從堯　勞士傑　蘇光栻　馮光璧　邱天民等　蕭堅操　韓宗騋　族弟宗
禮　萬某　劉胤初　田星　陳廷策　薛學參　薛虞畿　林吾翰　姚喜臣等　孫耀祖　詹韶　陳國英　李
以貞　黄淵　藍嗣蘭　謝宗鍹　陳守鑌　蔡文蘭　陳者高　鄭之桂　曾開　蔣山　王道遠等　雷鳴春
林闇修　鐵牛和尚　唐泰　弟華　方世瑜　趙廷琯　楊守禮等　朱昂　王琦　郭子建　楊維峻　張國
正　辛恪　嚴士龍　張智霈　段敏政　李恪　包璿　段珮　李思揆　孔之裔　鄒應龍　李元捷　藍和等
張琮　陳璧光等　何孟龍等　陸天麟　周師稷　馬明陽　王佑命　陳王廷　陳士恪　劉聯聲　俞觀等
姜維藩等　鄧洪如　張如鳳　偰應東　劉芳遠　曹亮　張相度　李任明　楊運升　張撰　施心極　趙
璡　孫德曙　李有溪　知空　余日新　高桂枝　何蔚文等　劉宏文　孫桐　李夢偵　張啟賢　楊愉　趙

龐等　萬李全　辛和國　葉奕　楊彬　陳甲才等　張以恒　於遷　徐必昇　江彧　赤嵩　朱文　趙士禋
楊光夔　彭維琨　李敦慈　胡奉旌　黄都

屈大均，本名紹隆，字介子，番禺人。諸生。從陳邦彦學，能詩善書。永曆三年，上中興六大典書，王化澄疏薦中書舍人。聞父病歸。廣東陷，爲僧雷峯，名今種，字一靈，名所居曰「死庵」。已與同里諸子爲西園社。十年，北遊浙直，謁孝陵。其至諸寺，則據上坐，爲徒衆説法，一時名士多從之游。十二年，哭威宗於北京景山。次年，祭威宗於南京。鄭成功圍南京，與魏耕同事義師，成功敗，名在刊章。居恒以永曆錢一枚，黄絲繫之，貯以黄錦囊，佩肘腋間，示不忘國。二十年，出遊晉、秦，與李因篤輩爲友，作華嶽百韻。已，加冠巾，取王壯猷女，自固原攜至代州，與顧炎武、朱彝尊遇於太原，出雁門、大同、宣府，再遊北京，謁長陵以下諸陵，旋下吴、會回粤。吴三桂以蓄髮復衣冠號召。時有説其立明後者，大均遂以爲使監孫延齡軍，説三桂立明後。及三桂稱帝，棄之歸，奉母與子避南直，又欲留翠微與許□講習。清督吴興祚欲薦用，力辭。性孝，母病，割股以療。母九十歿，廬墓三年卒。

大均嘗與黄登、陳虬起結詩社。詩本三同，自王逸下多屏不觀，海内宗工哲匠無不歛衽嘆服，比之有唐名家，至仿效之。

曾叔祖起鵬，字□宜，亦去諸生。姑夫鄧聞沛，爲文學博，去諸生，卒年九十八。登，字俊升，與虬起，皆番禺人。登築南軒，與陶瑾、羅謙游，輯嶺南詩，選曆代嘉言。晚開黄村探梅詩社，詩寄託深遠。

虬起，字智莊，少從蕭奕輔結社芳草精舍，與曾起莘等倡道於散木堂，朝夕往還。廣州陷，去諸生。入雷峯爲僧，名今儆，字敬人。詩草不傳。

邑人朱厓，字遠公，去舉子業。工詩，尤工白描人物，得古意，不肯爲時貴作。兼善刀槊。挾技出遊，不遇卒，年二十七。

南海季佺，字白子，工詩。

馮珧，字璺若，南海人。崇禎十五年舉於鄉。以文名。

陳誠孫，字賓王，崇禎十五年舉於鄉。清高，爲世宗仰。

陳誠，字表端，諸生。深研理學，貫串六經。立静觀亭，端坐其中。學使魏較薦方正。甲申後，耳目强健，年百歲終。

黎淳先，字含孺，歲貢。工詩。

陳恭尹，字元孝，順德人。邦彦子。性聰敏端重，幼承父訓，習聞忠孝大節。邦彦殉國，才十餘歲，走弼唐龐嘉耋，父友湛萃破千金匿之。廣東反正，以諸生龔錦衣指揮僉事，上書言事，授給事中。廣東再陷，爲尚之信所繫，無何得解。建幾樓於西樵山寒瀑洞，念國破家亡，失聲痛哭，思以身殉。永曆五年入閩、浙而南京。時魯王在舟山，成功在閩海，往來觀變者三年。一日有父友遇於途，責之曰：「君先人未葬，宗祀無託，奈何徒欲以一死塞責，絶忠臣後耶？」恭尹泣而謝之。已乃歸，葬先人增城。十二年，出庢門銅鼓洋。成功圍南京，參其軍。事敗，至贛，聞上在滇，取道宜春，至昭潭。值清兵不前，因登衡山，北渡河，徘徊太行下。時中原兵後人物蕭條，一二遺民對坐飮泣。還鄭州，知上入緬，於是南歸。與何絳、何衡、梁璉、陶璜結詩社北田。久之，聞上崩，大哭，往來羅浮諸山中。吴三桂兵起，與之信兵。兵敗，下獄，免。築室羊城内，抑志詩書，自稱羅浮布衣。

恭尹修髯偉貌，氣局沈深。其爲詩，真氣盤鬱，激昂頓挫，足以發幽憂哀怨之思，而寓忠孝纏綿之致。自言志學以往，皆爲憂患之日，故於文詞取之胸臆者爲多，稱嶺南三大家之首。又有志當世之務，嘗繪九邊圖，疏明厄吭，晰如毫芒，不欲僅以詩傳也。年七十一卒。

嘉耋，字祖如，南海人。貢生。廣州陷，弼唐爲安平王居停各遺民。後爲僧，名今篏，字若雲。及之信兵起，與陶璜等浮海去。

萃，字如珩，增城人。恩貢。熟時政邊事得失。以次女字恭尹。歲饑，活人無算。廣州亂，以衆保鄉里。恭尹走弼唐，萃迎之田舍。購急，令召萃騎搜其家，以千金賄之。及解，乃藏恭尹複壁中。李成棟反正，乃出。

王邦畿，字誠籥，番禺人。隆武元年舉於鄉。唐王聿鐭稱帝，授御史。昭宗再幸肇慶，仍起故官。桂林陷，爲僧雷峰，名今吼，字説作，居羅浮、西樵間。故以詩鳴，感時一寓於詩。上崩雲興，傷憂家國，爲秋懷八章寄哀，纏綿悱惻，非身其際者莫知比興之繇。子隼，字蒲衣。父卒，去家入丹霞爲僧，名古翼，字輔曇。旋入廬山太乙峯，與熊燕西遊。久之，返儒，與屈大均講學。好琵琶。家少裕，即理書卷，手胝口沫無休。時窘，則彈琵琶，聲益急，則其窘益甚。賦才奇麗，詩麗而不越於則，論者以爲克承家學云。妻潘孟齊，楳元女，能詩，兼通史、漢，樂貧偕隱。女瑶湘，亦能詩。

邑人彭孟陽，字日貞，號穩心道人。陳子壯主盟詩詞壇，與黎遂球、梁朝鍾、邦畿以文藝角逐。平居氣節自許，慷慨欲從戎。廣州陷，去諸生，隱鍾山。子釪，字耑玉，隆武元年舉於鄉。事親孝，教授鄉里。學以明禮達用爲主。爲僧名今傳，字當來。文善論議，明白深粹。

李成憲，字正甫，諸生。倜儻有雄略。廣州陷，母死難，爲僧名今日，字雪休，又名一大呆人。出遊江、楚歸，居新安零丁山，山接零丁洋。痛家國之禍，束身孤旅，寄食於漁者。哀至，則拊心澆酒，放聲曼歌，歌文天祥正氣歌，歌已而哭，哭已復歌。久之，去僧歸里。性好獨坐，一室深閉，人不知所爲。竊窺之，每一鬄髮輒於邑，以紙錢包裹，具衣冠，上山焚去。問之，則曰：「吾欲還之父母也。全歸之未能，故傷之耳。」所爲詩，多刻厲悽惋之音，不堪入耳，成則火稿。人或物色之，與坐終日，不交一語。卒於山。

王鳴雷，字震生，番禺人。隆武元年舉於鄉。唐王聿鐭稱帝，授中書舍人，遷庶吉士。廣州陷，與羅賓王下獄，免。度嶺北，遊北直，往來直、楚歸。文師梁朝鍾，奇古奧勁，如戰國諸子。著書等身，言語妙天下。

邑人方國驊，字楚卿，隆武元年舉於鄉。肇慶中興，授待詔，轉庶吉士。歸隱黄花塘，杜門教授，從遊者數百人。子顓愷，字跡麐，幼稱神童。肇慶再造，年十三，爲諸生。廣州再陷，誓死不赴試，爲僧頂湖，名光鷲，字跡删，後名成鷲。公卿往返談禪，一不及私。所著皆古詩歌，作崩山立海之音；雜文，無語録偈頌氣，同時方外罕出其右。卒年八十二。

梁啟運，字文震，副貢。通兵法、律曆，與袁崇焕往還，後偕黎遂球恢復。事敗，建水雲別墅。工琴寫竹。

趙焞夫，字裕子，少以詩名。梁元柱劾魏忠賢歸，相與遊。又與訶林淨社。花卉稱高手。去諸生。

羅謙，字仲牧，擅琴詩，居龍溪，與郝瑗唱和。晚家車陂。卒年八十六。瑗，字瑗卿。

陳世和，字聖取，優貢。名列南園十二子。

吴猷，字呈偉。

彭睿瓘，字竹木，工詩。

徐瑨，字鐸愚，專攻聲韻。當事見，不得。

李芬，字莖九，工詩，祝髮海幢。

李雲龍，字煙客，番禺人。負奇氣，慷慨重節義，一時名士多嚴事之。以諸生遊太學。走塞上，客袁崇焕所。時崇焕總制遼東，威名大震，雲龍在幕參謀，多奇中。崇焕死，歸里。久之，參禮道獨，爲僧羅浮，名今众，字二嚴。嘗與張穆同旅榻，謂曰：「君血性男子，獨不知豪傑不能爲之事，當一回頭，英雄技倆，皆癡也。」廣州再陷，不知所終。子雲子，字山農，恩貢。與弟龍子，皆有文名。雲子以父長往，遂從曾起莘爲僧，名今从，字淨起。龍子，字田叔，崇禎十二年舉於鄉。先兄爲僧，名今莖，字具五。

王邨，字澹子，諸生。不赴徵召。與黎遂球、朱學熙友。爲僧雷峯，名今葉，字開五。子鎮遠，字虎拜，能詩。爲僧名古若，字若蓮。

謝楸，字惟秉，諸生。爲僧雷峯，名今楸，字鄴門。與起莘唱和。

同時岑徵，字金紀，南海人。諸生。貌端偉，星目虬髯，日誦萬言。善談韜鈐占候。廣州陷，與陳恭尹隱西樵山。酒酣，仰天號嘆泣下。嘗泛三湘，走南京，北極燕、趙。所過故宮戰壘，多憑吊之作。既因好遊，耗其産，賣文授徒。方介，不受人憐。所交如族人梵則等，皆高僧野人。詩多凄楚。

邑人賴鏡，字孟容。廣州陷，逃禪，名深渡。山水筆力遒勁，氣格高凝。

彭滋，字伯時，亦工山水。嘗有豪貴奪其田，曰：「爲我作畫，即歸汶陽。」滋唾之，不爲畫，即棄其田。當時鏡畫與滋並推重，稱高手。鏡兼能詩。

胡仲康，字晉公，崇禎十五年舉於鄉。居平南五峒授徒，作詩文自娱。邑令高之，一見不可得。

曾起莘，字宅師，番禺人。崇禎六年舉於鄉。畫高遠絶塵。九年，訪道獨於黄巖，叩擊針芥相投。時詔行保舉，起莘以大臣交薦當官，不就。十二年，公車復上，值道獨居廬山，遂祝髮，名函昰，字天然，主歸宗寺，與黄端伯、金聲遊。十五年，歸里。陳子壯延請説法訶林。起莘以文人慧業深入真際，有叩則鳴，緇素禮足凡數千人，道聲繇是遠播。感事懷人，一寓於詩。初以避兵西樵，已居雷峯。所立規矩，整肅森嚴，於是學士大夫潔身行遁，轉相汲引，咸爲弟子。雖處方外，仍以忠孝名節垂示，以故從遊者每於死生去就多受其益。及廣州再陷，劉遠生、侯性、袁彭年、何運亮，皆叅禮乞法，名爲居士。金堡來爲之滌器橱下，隆冬龜手，不廢服勤；後創丹霞寺，復迎爲主法。起莘遂付堡大法，爲第三法嗣。李充茂舍宅爲寺，劉湘客亦薙髮。當時遺臣流寓，多依雷峰。湯來賀訪之東莞芥庵，問儒佛異同。陸圻謁之丹霞，使掌書記。其爲人傾服如此。初，起莘以盛年孝廉出家，人頗怪之。及時移鼎沸，搢紳遺老多出其門，乃始服其先見。父母妻妹子媳爲僧尼。歷主福京長慶、廬山歸宗及海幢、丹霞、芥庵、華首。垂老猶勤梵行。後返雷峯。一夕作偈，投筆而逝，年七十八。

子琮，諸生。廣州再陷，從父爲僧，名今摩，字訶衍，居廬山鶴鳴峯，三十餘年不出，後卒於雷峯。

從弟起霖，字湛師，諸生。廣州再陷，先命妻祝髮，入廬山，僧名今音，字梵音，後卒於羅浮。

族人暐，字自昭，歲貢。與麥佪閉關雷峰三年，僧名今沼，字鐵機。書無所不覽，工行楷，長古駢文。晚卒芥庵。

道獨，字宗玉，號空隱，南海人。本陸氏，爲曹洞三十二傳法嗣。梁朝鍾師之。熊文燦總九省師討寇，訪之廬山，與論方略。文燦主撫，道獨謂非海寇比，請慎之。入清卒。

佪，字之六，番禺人，諸生。爲僧名今玄，字具三。與九江曾某、肇慶曾澹只遊。

起莘之徒百餘人，皆因國變祝髮爲僧。其可紀者：

崔某，番禺人。名今攝，字廣慈。

陳李香，字蘭若，東莞人。曰今室。

李廷輔，三水人。名今湛，字旋庵。

許某，番禺人。名今應，字無方。

李某，番禺人。名今峕，字山品。

李某，三水人。名今鏡，字台設。

余某，新會人。名宏戒，字崇範。

許某，番禺人。名今全，字目無。

陳某，新會人。諸生。名今二，字一有。

程可則，字清人，南海人。名今一，字萬間。

蘇某，番禺人。名今樨，字聞者。

李某，新會人。諸生。誅父仇。名今佛，字千一。

蔣某，新會人。生長富室。名今端，字毫見。子一子，亦爲僧。

茅兆汾，歸安人。主事坤孫。名今漸，字頓修。從兄某，諸生。名古正，字輪潔。子某，名古真，字智攝。

羅某，番禺人。名古邈，字覺大。

黎國賓，新會人。諸生。工行書。名今錫，字解虎。子某，名古毫，字月旋。

關天放，江浦人。名今剸，字妙峯。

梁瓊，字之佩，順德人。諸生。名今印，字海發。

李某，新會人。名今電，字非影。

張聖睿，新會人。諸生。名今四，字人依。

朱某，長洲人。名今普，字願海。

胡某，順德人。名古鍵，字鐵關。

梁某，香山人。名古蔭，字覆人。
盧某，新會人。名古義，字自破。
陸某，高要人。諸生。名今足，字一麟。
陳某，蒼梧人。名古證，字竟清。
崔某，番禺人。儒家子。名古易，字別行。子某，名傳多，字味囉。
許某，番禺人。名古檜，字會木。
劉彦梅，新會人。諸生。名今身，字非身。
曾某，信宜人。名古昱，字融虛。
尹某，東莞人。名今毬，字雪木。
温某，東莞人。能詩工楷，爲僧頂湖，從起莘雷峯，名今壁，字仞千，爲起莘第四法嗣。
在家爲居士者：
黄某，番禺人。名古詮，字言全，力學好古。
朱衡，字少平，番禺人。貢生。名古行，字敦庵。
周某，番禺人。諸生。名古雲，字雲庵，卒年八十。
麥定元，字正言，番禺人。名今載，字大車。

梁聲，字駿郎，番禺人。諸生。名今象，字乘白。

李廷標，字鴻子，番禺人。貢生。名今晴，字迴無。

高嘉學，字斯啟，番禺人。名古根，字靈枝。

羅龍祥，字德若，番禺人。貢生。名今莖，字草一。

李蜚粤，字長吉，番禺人。諸生。名古混，字知處。

林夢錫，字叶玄，番禺人。諸生。名今舒，字舍予。

何國相，字良哉，番禺人。副貢。名今趣，字淨德。

何王捷，字少軍，番禺人。縣丞。名古總，字大持。

黄燦，字間如，番禺人。名古記，字當剔。

謝儼，字望畏，香山人。名古頑，字靈洲。

劉雲漢，字卓之，順德人。崇禎十年進士。名佚。

衛文英，字傑元，番禺人。冕子。中書舍人。名古深，字自得。

許古仁，字慈元，番禺人。名佚。

葉符，字虎竹，番禺人。名佚。

許穎，字識微，番禺人。名古穎。

林上達，字苑君，番禺人。諸生。名古贄，字鏤白。
林璇，字本茅，番禺人。諸生。名佚。
許城，字清漳，番禺人。諸生。名古荄，字二亥。
陳灩，字夔石，增城人。諸生。名古瓚。
張審鵠，字孟發，番禺人。諸生。名今揚，字揚公。
謝禹臣，字允虞，番禺人。名佚。
衛兆柱，字石室，番禺人。諸生。名佚。
崔植，字培生，番禺人。名今濟，字蕩虛。
衛灝昌，字博子，番禺人。諸生。名佚。
李夢會，字元起，番禺人。訓導。名佚。
梁憲，字緒仲，東莞人。名佚。
謝楷，字儀世，番禺人。名古湄，字宛在。
衛廷昌，字睿侯，番禺人。同知。名佚。
張藎都，字直咨，順德人。諸生。名古童，字十真。
謝振翻，字厥摇，番禺人。諸生。名今濟，字法航。

梁逢聖，字達子，番禺人。諸生。名古聲，字無聞。

韓嘉謀，字旅庵，番禺人。名古咸，字無物。

僧徒不知其姓者：古汝，字似石，瓊山人。今遺，字離言，龍溪人。今竹，字俱非，湖廣人。今龍，字枯吟，茂名人。古住，字正十，黃梅人。及古如、古梵、古奘、雪盛、達此、轉一、采石、離欲、吼萬、須識、來機、善鄰、端嚴、大紹、衣石、塵昇、慧潛、澤萌、山餤、光半、識盡、湛六、雪草、作金、玉泉、一株、洪源、光徹、聆玄、己鋒、鑒光、會三諸人。

參禮者又有：梁同庵、王沖和、胡君德、倩闇、丁普益、方閩賓、翁子鄭、袁調公、周聞湛、周無隱、陳大受、程雪池、梁朴臣、黎體大、何法液、文玉、紹元、汪童、崔今嬰、崔石師、郭無傷、鄺無畏、劉見顒、王人聞、何一字、陸亦樵、蕭孟昉、林孔石、阮若生、何世程、何別傳、李幻生，及禮部主事劉平田、程大匡，知州彭飛雲，諸生樊大願、盧黼子諸人。

又李某，番禺人。先世多名儒，禮以霶東莞，名一機，字圓捷。後入頂湖見道丘。卒年七十九。

語山，海陽人。諸生。與羅萬傑遊。居西華山，工六書。或叩禪宗，曰：「君讀書用世，無用向此間理會也。」卒年九十三。

道丘，字離際，順德柯氏，子壯延主白雲，開鼎湖山。

潘楫清，字水因，新會人。諸生。豪放嗜酒，任俠，急友誼。廣州陷，與陳子升、黎延祖、楊大進遊。爲僧，名今帾，字記汝，從曾起莘廬山歸宗寺。與熊燕西遊。好山水，愛香山鳳凰峯孤擊海角，人跡不至，結茅居，十餘年不與人接。間疏韻補，諧聲協律，精研奧博，累數十卷，大爲詞林所重。起莘死，歸雷峯，復還古岡，作書訣别故舊，端坐卒。

邑人湯晋，字建孟。六歲能文，淹貫經史。長從陳子壯遊，感其忠義，淡志科名。與莫以寅遊南直，南涉閩浙，北達齊魯。及歸，與陳恭尹、屈大均友。已與莫上、何九淵禮起莘爲居士，名今惺。年將八十，遊永明。未幾卒於營陽。著述甚富。弟建叔，亦工吟咏。角巾道袍。年過七十卒。

大進，字翰序，諸生。講陽明學，才華挺出，有用世志。廣州陷，作秋蟬詩寓意。邑旱饑，道殣相望，收諸棄兒寘南山空舍中，婦媪養護，至穀熟各還其家，無家者許人抱養，凡活兒數百人。先，大進訪起莘，與論儒佛異同，號曰無見，後曰今覞，字石鑑。歷主廬山棲賢、福州長慶，爲起莘第二法嗣。士大夫多傾心請益，金堡以爲不及。晚返棲賢，歐血卒。

伍佳郎，字拔千，諸生。孝父好文。戊子大饑，振卹鄉里。不入公門，課子適志。有室雲沁山中。年七十八。

莫上，字卓今，諸生。隱雷峯，名今心，字目青。

易奇際，字開五，新會人。崇禎三年舉於鄉。意氣慷慨，毅然以忠孝自期。十二年，公車上書論邊事。廣州陷，與子訓入山。後之梧州。及歸，講學，以克己爲要，主静爲宗。訓，字宣人，能詩。廣州陷後，至厓山，倚哀歌亭放聲大哭，又重結南園詩社。卒於梧州，年二十六。宏，字秋河，奇際子。力學。遊瀋陽，五嶽登其四，後寓肇慶卒。詩清麗，間作沈鬱。

邑人林皋，字應沚，隆武元年舉於鄉。博通經史、百家，工文章，尤好表章忠孝節烈事。閉户十年，爲通鑑綱目大成。已踰嶺，經江、浙，遊南直。所過名勝留題，幽人贈答以及傷今弔古，發舒憤懣，一出於詩。歸四年，復浩然長往，歷廣西、湖南。晚歲多病，猶力學不倦，作同文説約，未終卒。兄宜逢，諸生。李定國圍城，清兵食其母，求代，見其癯妻陳，願就烹死。莫觀光，諸生。孝謹，兵不忍食，免。貢生李齡昌，諸生佘浩、魯韽、李靈登，皆爲脯。吴馴，天啟元年舉於鄉。崇禎時，爲駙馬王昺草奏請練京兵，帝嘉歎。國亡，甘貧自樂，令餽不受。卒年八十三。

黄尚源，諸生。品行端恪，嚬笑不苟。傳江門學，學者宗之。聞曾起莘闡法訶林，皈依，名今離，字即覺。後居雷峰、華首、棲賢，戒律嚴，博三乘教典，知名於時。從兄失名，諸生。爲僧，名今如，字真佛，往來廬山，晚歸雷峰。子角子，亦爲僧。莫微，諸生。足跡徧海内。爲僧，名今邡，字姜山，卒福州長慶寺。

三水嚴而慊，字有嚴，弘光元年選貢。國亡，同選者出就李率泰授官，而慊獨遁楊梅沙邊，與西樵何超之賦詩往返。

龍門李士貴，字主兑，諸生。博學。涕泣憂憤死。

從化黎邦瑊，字君選，恩貢。興業教諭。少承家學，工詩文、隸草、竹石山水，與陳子壯復南園社。高談豪飲，飲必達旦，不問生産，四壁蕭然。與陳邦彦尤契。隆武二年憂憤卒。

鄧璁，諸生。有儁才。爲僧雷峰，名古卷，字破塵。

何絳，字不偕，順德人。讀書淹通群籍。廣州陷，入羅浮西樵山中，日與高人賦詩贈答。已與陳恭尹遊澳門，渡銅鼓洋，訪遺臣於海外。聞昭宗在滇南，遊西濟、沅、湘，不得進，乃東浮江北，觀黄河、太行歸。性英爽慷慨，能任難事，所至爲人扶持患難，遠近之豪以爲金湯。晚與兄衡、恭尹、陶璜、梁璉隱北田。狀貌軒偉，豐頰修眉。見人談忠，義形於色。論詩宗張九齡、王、韋，所作淡逸幽遠，無悲怨壯憤意。兼工書，得二王正派。

衡，字左王，能詩文。廣州陷，教授養父母。爲人持重好義。後遊直、浙。

璜，一名葉，字握山，番禺人。諸生。任錦衣指揮。十歲能文。廣州陷，從父諸生翼宸走鄉落。大風，父溺死。璜免，更名竄，字苦子，奉母避地。性孤僻，嗜吟咏。家本世宦，市邸利甲一郡。永曆四年，清兵圈地，不獲有尺寸。以爲此皆國賜，國亡則家毀，義當如是，無幾微怨尤色。及廣州撤藩，先業爲人所隱者，上片紙可得。恥與較，置勿問也。自奉儉，妻孥亦藿食。見友人急難及隱者，有積悉資之，終未嘗一向人言。居平考究古今得失、山川險易，及風俗人才升降盛衰之故。當事仰其才，終不可得。母歿，以妻子入窮山中卒。

璉，字器圃，順德人。在廷子。諸生。國變，感世難，嘗斥千金産資義師，無成，乃閉關北田，結茅池西，曰寒塘，自號鐵船遺老，懸板以限來者。縣令一見，不可。生平慕倪瓚，並師其畫。閉門讀書，不入城市。顯者有求，返璧不一作。詩追中唐，沖澹自得。子符祖，通易經。遵父志，不赴試。

歐主遇，字嘉可，順德人。質敏好學，篤於孝友。天啟七年，以副貢入太學。孔貞運異之，一時薦紳多屬以文，問字者屨滿户外。崇禎十二年，與陳子壯、子升及從兄必元、區懷瑞、懷年、黎遂球、邦瑊、黄聖年、季恒、徐棻、僧通岸十二人復南園社。會日，有歌妓侑酒。後直、浙、江、楚、閩諸名流入社，遂極時彦之盛。安宗立，授中書舍人，病免。愴懷家國，一託於詩。亂定，念舊社諸人僅子升、懷年、季恒在，作詩寄和，自謂長歌當哭云。永曆七年大饑，倡賑，全活千餘家，鄉人賴之。晚僾遊林壑，絶跡公門，築南圃自娱。

邑人梁祐逵，字漸子，崇禎十二年舉於鄉。十五通春秋傳，工古文。與子壯修復南園社。尤深史學，寢食古事，綜異同，别流派，持論精審，爲私案書十卷，雅不樂時趨。十三年會試，不俟榜發歸。歸而嗜古益甚，陳邦彦尤重之。夙與曾起莘、韓宗騋遊。廣州陷，爲僧，名喆喬，尋卒。

李祈年，工弈與詩。奉母龍江。與陳恭尹、薛起蛟遊。自云棋不如琴，琴不如畫，畫不如書，書不如詩，詩不如文，文不如道。晚年技日進，方顓愷以爲天下畸人。

薛始亨，字剛生，順德人。諸生。少從陳邦彦學。廣州陷後，壹力著書。能詩古文，兼通琴棋曲藝，雅好飲酒擊劍。初隱西樵山，後入羅浮爲道士，大袖深衣綱巾，囊琴佩劍。詩規古哲，發揮性靈，當其高寄泠泠然若御風吸露之姿。畫石有奇氣。

弟起蛟，字牟山，貢生。通史，爲有用學，與兄齊名。文力追柳州。年九十八卒。

邑人陳其秩，字采庸，諸生。能古文。隱扶寧山。與梁璉出入西樵間。

羅寧默，字仲恭，貢生。先世多藏書，盡窺其奥。詩古朴渾穆，逼漢魏。

梁文瀾，字元淑，工詩。隱羅浮。

李文燦，字興韜，恩貢。古文高妙。

蔡隆，字艮若，諸生。習孫吴書。與陳恭尹爲室西樵。性孝，篤氣誼。詩文孤峭，不襲前人。年甫三十卒。

林子玿，諸生。入西樵。詩藴藉，工篆隸印刻。

黎景義，字内美，諸生。習朝章典故。奉母桃山。抑塞一見於文。詩多悲慷。

佘帝選，字順伯，諸生。孝友。不入公門，隱東山講學。

嚴鶴年，字會萬，諸生。從邦彦學。

胡天嘉，字瑞嘉，崇禎十五年舉於鄉。皆以詩酒終。

張在瑗，字蘧度，積書萬卷，足跡半天下。輕財好客，杜門。詩文清婉。侍兒清郎、香奴均能詩。蘇、何命陳會斌徵，不赴。清徵不赴。

吴鳴鳳，字儀聲，通天文曆算。隱，年九十。

潘鳳升，字允大，去儒，與僧人遊。題詩海幢，王士禛激賞之，延不往。

羅殿式，字君奭，諸生。廣州陷，作秋懷詩，長歌當哭。一夕爲僧，名今嚴，字足兩。母亦爲尼。孤潔不接貴人。居雷峰久，與王邦畿遊。後至歸宗閲大藏，日止一糜。晚歿於五乳峯。

梁國楨，字友夏，諸生。亦爲僧雷峯，名古通，字循圓。族弟某，入雷峯爲僧，名古行，字克躬。

張穆，字穆之，東莞人。任俠，工詩擊劍，恥章句不爲。性好馬，嘗百金得名駿，飲食坐卧其側，深得馬之性情，故工畫馬。連州八排瑶反，總兵陳謙招入幕。以策干陳邦傅，不用。北京亡，爲位哭於荼山雁塔寺。福京立，訪蘇觀生，以王化澄疏叙爲靖江王亨嘉黨人，擯不用。曹學佺薦命御營兵部試用，與張家玉招兵惠、潮。賴其肖以衆攻程鄉，以書招之，束手聽命，得兵萬人。汀州變，與家玉歸里。少與黎遂球、梁朝鐘遊。後屢遊衡山，泛湖、湘，入南京，歷直、浙，所作皆奇傑可誦，名士多與之遊。晚好道，謂神仙可旦夕致。年八十餘，步履如飛。一夕卒。

邑人陳萬幾，字伯夔，喜談兵法，勤記覽。足跡幾天下，所過山川，無不登眺，尤垂意隱君子、賣漿屠狗輩。南京亡，奔難杭州，遇觀生、家玉，同入閩。以觀生、朱大典薦，授中書舍人，遷職方主事。上在建寧，家玉薦可大用急用。召對，命參家玉軍。工詩，與穆相唱和。汀州敗歸，廣州陷，痛憤不出。

王鴻暹，字方之，應華子，諸生。貫通百氏，能詩，善蘭竹。耻父之降，事曾起莘雷峰，名今回，字更涉。後住丹霞，過瀧江，死於水。叔應芊，字崇芳，貢生。僧名函聞。

劉政，字子喬，諸生。剛方，少言笑，經旬始一出户。在里巷六十年，人多不識。邃易，持論在京、王、程、邵間。廣州陷，以吟咏終。

陳舜法，字予若，諸生。隱羅浮。詩文成一家言。卒年八十四。

吴而達，字康侯，去舉業。敦節義，不畏强禦。詩長集句，亦工詞。

黎光祖，字虚之，天啟四年舉於鄉。不仕，以詩文稱。

楊晉，字子晝，香山人。十二爲諸生。與黎遂球、張家玉、梁朝鐘結詩社白雲山寺，稱嶺南四子。崇禎十六年，以貢生授兵部司務，遷職方主事，病歸。聞北京亡，慟不欲生。母勸再四，少進飲食。史可法薦，未赴。紹宗立，黄道周、瞿式耜先後薦，至閩，上疏千言，力陳時弊，不用歸。入清，二舉遺逸，不應。晚爲僧，名今報，字薦緣。性仁孝，言親諱輒悲泣。持躬嚴，終日危坐不怠，讀書至夜分不輟。

族人守清，字清水，諸生。好左氏春秋。國亡，不試。暇泛舟崖海，作詩弔焉。年九十二卒。子璇，字協周；璣，字協公，能詩文，承志不出。

何源澎，字潤萬，諸生。通左史百氏。不薙髪，黄冠道服，遯跡衆母寺，易名正昌。蔬食布衣，不出户者數十年。敦睦任卹，兩饑，出米數十石以振。遷界令下，邊海民失所，復計口授糧，借以居止，死則殮葬，鄉人德之。二舉鄉飲大賓，不就，卒年七十五。

高儼，字望公，新會人。博學，工詩、畫、草書，時稱三絶。廣州陷後，與陳子升、王邦畿、陳恭尹、張穆遊。復與穆有偕隱約。彭孫遹、朱彝尊至，均相契。尚可喜聞名屢辟，不就。嘗自寫照，幅巾深衣，半露白雲天際。又嘗以赭石染布爲野人冠服屨，均與時異，見者無不知其爲高望公也，時又稱爲「高士望公」云。年七十一卒。

邑人陶天球，字昭輯，諸生。任錦衣千户。善隸工詩。與弟琳，以博洽稱。愴懷家國，時寓於詩，有初盛風。子鍹，字暱兹，詩豪華偉麗，要皆性情所發。吴三桂起兵，不知所終。

莫以寅，字休倩，諸生。博通古今，倜儻不羈，至性過人，篤於君親朋友之義。國亡，痛哭爲書訣父，閉關自經。獲救，遂道士服，與湯晋遨遊直、浙，山水嘯歌以遣。卒年三十二。

譚庸，字非庸，諸生。皎潔方廉，有不可一世之概。詩多悲憤。卒於廣州。

廖明士，失名。少私淑湛若水弟子李子長，明於易，究心璣衡圖書之學，旁通音韻六書，能詩文，書法晋人，嘗手勒雙鈎淳化閣帖，墨竹如與可，畫成信筆題詩，至千首。國亡，奉親居佛山，移西樵沙頭。家徒四壁，藉硯耕以養。子長曾、孫伊令，亦去儒隱。

黃居石，字圮仙，居江門水南村。博學工詩。國亡，留意經世，於數學尤深。與僧石鑑遊，有逃世意。尚之信死，作羊城秋意十章，論者以爲詩史。

區懷瑞，字啟圖，高明人。中允大相子。少負異才，不讀唐後詩。與弟懷年，皆承家學。天啟七年舉於鄉。授當陽知縣，撫字招亡。以憂歸，專研兵略。服闋，起平山。歸與陳子壯南園社，以文章節義勵崇正學。安宗立，與鄺露入南京。紹宗即位，奔赴，中途遇兵死。懷瑞論詩，以爲國朝文自北地以還，歷下繼之，盛於嘉隆而即衰於嘉隆，其病在夸大而不本性情，率意獨創而不師古，遂使唐宋昭代畛分爲聲氣之元，江河不返。世以爲篤論。

懷年，字叔永，與兄齊名。以拔貢授通判。入南園社。昭宗即位，遷孔目。孤憤一出詩温柔和平，光明麗則，絶不爲新聲野體淫邪佻蕩音。

同邑楊從堯，字仲郎，歲貢。有學行。晚博内典。於詩，精潔細膩，尤工選體。

開平勞士傑，字學狄，諸生。通春秋。國亡，自經得救，陽狂卒。

陽江蘇光栻，字于堪，歲貢。篤學力行。

東安馮光璧，字子真，崇禎十五年舉於鄉。精性理、樂律、皇極、經世書。兵後倡振，活人無算。

曲江邱天民，字獨醒，諸生。博學工書，畫虎稱名筆。至佳山水，徜徉不去。弟半醒，亦工畫虎。

樂昌蕭堅操，崇禎十六年進士，官南寧訓導，歷職方主事、郎中。國亡，著述山中，力拒徵辟。

韓宗騋，字猶龍，博羅人。尚書日纘子。少爲諸生，與黎遂球、梁朝鐘、羅賓王遊，有康濟天下之志。崇禎十二年，隨道獨入廬山爲僧，名函可，字祖心，又字剩人。旋還羅浮華首。北京亡，悲慟形於辭色。安宗立，請藏經至南京。黄道周殁，爲之殯殮。深痛安宗北狩，爲史詆清，城邏發之，被逮，拷掠數百，死而復甦，夾木再折，血没趾，無二語。洪承疇日纘門下士，不爲定讞，送北京。未幾，坐戍瀋陽。聞弟宗驎等殉難，姊以城陷死，妹以救母死，感傷家國，每以澳涊苟全，不得死國爲恨憾。已結冰天詩社，大闡法教，喇嘛率諸遼海王臣道俗稱佛出世。永曆十三年卒。先，曾起莘開法嶺南，諸老多從薙度。聞宗騋在瀋，因遣其徒萬某通問。而宗騋所度弟子今育、今迎、今目、今廬、今又、今南，皆南直人，由是兩家子弟分處南北。

族弟宗禮，字掌邦，訪宗騋廬山。爲詩工整。不知所終。

萬某，番禺人。豪宕不羈。廣州陷，爲僧，名今無，字阿是，博通三教。宗騋在千山，起莘命徒行萬里訪之。一見器之，住三年歸，開法海幢，修建南寺，爲起莘第一法嗣。

同時龍川劉胤初，字長孺，崇禎十五年舉於鄉。嘗入都上書，不報。廣州陷，禮起莘，名古意，字悟非，居雷峰。

長樂田星，諸生。隱。詩瀟灑之致。

海陽陳廷策，字穎夫，崇禎十七年選貢。隱西湖山老君巖，講明正學。清舉山林隱逸，不就。

薛學參，字周魯，諸生。孝友。究心濂洛，通經史百氏。北京亡，痛哭，負母入東山，寇相戒不入廬。

薛虞畿，字舜祥，諸生。隱韓山。長吏造之，踰垣遁。

潮陽林吾翰，字欽寧，天啟四年舉於鄉。工古文。

姚喜臣，字欽颺。父孫炳，字昌旭，天啓七年舉於鄉。爲人廉介。甲乙土寇，設奇制勦。喜臣，拔貢。廬墓哀吟，詩清峭突兀如其人。孫炳兄孫焜，字昌熙，副貢。孝友。世變，抑抑死。

揭陽孫耀祖，字承發，崇禎十五年舉於鄉。長齋佛前。與羅萬傑遊，有才名。

饒平詹韶，字廣鳳，拔貢。好義。潮州大亂，鄉人避寇石壁寨，死者甚衆，收葬之。郝尚久反正，捐資爲堡。已而大疫，延醫給槥，傾家不顧。尤長於詩，結珠江社，日事吟咏。

惠來陳國英，字六輔，崇禎十七年歲貢。負氣節，工詩。

大埔李以貞，字石塘，孝友。入山。詩出入騷、選。

黃淵，字積水，歲貢。南京亡，集鄉人設關湖寮各隘口，寇不敢犯。張家玉招之，未及赴，隱於石湖，不受職，徜徉山水。論詩，以詩歸爲宗，所作感慨似杜。文激昂愴怳。爲□□諸家第一。卒以任俠言事爲人所害。

藍嗣蘭，孝親，與淵以詩文氣節砥礪。吴六奇餽金，不受。

澄海謝宗鍹，字儒美，崇禎十二年鄉試第一。文章高邁。

陳守鑌，字克棐，隆武元年歲貢。工詩文，年七十三。

蔡文蘭，字免生，副貢。從道周遊。北京亡，更名守文，遯巖谷中，多爲詩歌，未幾卒。

陳者高，字心禱，崇禎十七年歲貢。邑邑歌哭，爲詩文見志。清兵至，自分必死，竟餓死。

電白鄭之桂，崇禎九年舉於鄉。

儋州曾開，字公實，崇禎六年舉於鄉。皆以詩文名。

恭城蔣山，字静叟，諸生。負奇才大志。靖江王亨嘉潛號，招之不赴，入山，以山水吟詠終。

賀縣流寓王道遠，饒州樂平人。崇禎十五年舉於鄉。工詞章。與弟定遠，字興量，遁邑爲僧，人多師之。子迎訪，不應。

臨桂雷鳴春，字亮工，諸生。隱壺山。好史事，日飲大醉。

富川林闇修，崇禎九年舉於鄉。風雅詩文，著作甚富。

容縣鐵牛和尚，傳爲威宗遺臣，國亡後以瓢衲主龍頭巖。悲則叩石而歌。後遊南海不反。李峨清以爲其擊石吟，聲情激越，雖杜書同谷歌無以過也。

唐泰，字大來，晋寧人。幼聰穎，有神童目。意氣激昂，好俠學劍。年十三，補諸生。天啟中，以選貢入董其昌之門，得其書畫法，名噪京師。時安奔亂起，廷試執贄，貴築道梗，遂訪陳繼儒松江，以磊落奇男子稱之，相與唱和甚歡。歸滇後，放情山水。巡撫錢士晋謂爲「雲中一鶴」。國亡，謀恢復，不可得，乃結茅雞足山，名普荷，字擔當。晚居蒼山，改名通荷，以詩書畫自遣，不談世事。自幼工詩，出世後，無一非杼寫故國之悲。畫則由董入倪，時寫殘山賸水，得者珍爲拱寶。嘗遊平越，與故將軍楊和甫，御史宗室由林、喻孟六，參政涂受伯，副使喻仲如、熊百玉、劉山涵，總兵羅雲夫、王還初、王御極，知縣張五峴遊。卒年八十一。

弟華，字六湛，諸生。詩古奥。

州人方世瑜，字握之，諸生。居清涼山，混跡樵牧。痛哭一寄於詩。

同時雲南高隱以文名者：

昆明則趙廷璮，字仲玉，崇禎十五年舉於鄉。歷陸涼知州、狼山知州。孫可望入滇，科目家居者，多以官誘脅。廷璮遁禄勸山中，結茅種菜，與牧豎遊。吴三桂徵，不應。卞三元復招，曰：「非出人世間，恐難全大節也。」遂爲僧。

楊守禮，字新宇，諸生。從熊才扈駕歸。兄重禮，避地遠出，乃去衣巾，與兄尚禮陽狂。

清召，託言尋兄長往。

朱昂，字子眉，闔門三百口死可望難，隨泰雞足山爲僧，與博也遊。工詩山水。

王琦，字玉振，來儀子。能文工書。隱安寧山中，放情詩酒。書遒勁如李邕。

郭子建，字用皇，習稼圃，工詩歌。

楊維峻，字竹林，博聞强記，居南郭，種竹千竿，足不入城市。

張國正，字永和，才識博雅。可望强之，不仕。

辛恪，貢生。流寓趙州。

嚴士龍，字卧龍，隆武二年舉於鄉。授姚安知府。

張智霈，字茹蘗，舉於鄉。授衡山知縣。爲僧，殁於嘉興。

呈貢則段敏政，字在人，諸生。野服入山。

安寧則李恪，字儼思，日記千言，工詩賦。結廬青蛉波溯山下，杜門著書。

包璿，字星玉，工文章行草，通邵子皇極經世觀物内外篇，恬退入山。

段珮，字文玉，諸生。著才名，隱盤龍寺。

南寧則李思揆，字鶴貽，工文詞草書。可望陷曲靖，不屈，斷左右手，以筆縛肘爲書。

霑益則孔之裔，字泗英，諸生。孤苦力學。爲可望刖右手。以孝友廉恥躬行實踐教授子弟。

建水則鄒應龍，字季鷹，永曆十一年舉雲興鄉試。孝友，工詩文。

李元捷，字陶庵，讀書談道，拒三桂命，遁白鹿莊躬耕。

藍和，字景中；葉舟，字濟川；劉璥，字景寅，與凌廣，皆布衣，工詩文。

石屏則張琮，字懷仲，諸生。避夷地假巴村。清徵不出。歲饑，傾家以振。

陳璧光，字荆岫；段暄，字藍石，皆貢生。何其渶，字天成，廪生；王尚聖，字睿思，諸生；孫衮，諸生；張傑、陳世治，布衣，皆工詩。

何孟龍、高肇堯，布衣，兼精醫。

寧州則陸天麟，字玉書，隱澂江山寺，乞食爲生，詩歌清絶。

通海則周師稷，恩貢。文有奇氣。

新興則馬明陽，字異野，應龍同年舉於鄉。眈玩易理，建北山書院，一時英才多出其門。

王佑命，字命爾，通經史，有氣節，清徵不赴。

廣西則陳王廷，字冰素，應龍同年舉於鄉。放浪山水，詩酒，自號五峯鮮民。卒年八十一。

楚雄則陳士恪，字元敬，廷瑄同年舉於鄉。貫通經史，文古勁。

劉聯聲，字毅庵，應龍同年舉雲興鄉試第一。潛心陸王，隱琅井深山中。清撫朱國治脅誘，不出。是科與隆武二年滇人同舉者，或扈從，或捐軀，或隱，惜姓氏多不傳。

俞觀，歲貢。精研理學，孝友方正。可望逼召，投泮水以免。從子聯輝，崇禎六年舉於鄉，不仕。

姜維藩，字介侯；薩天渌，字又宋，皆諸生。工詩。

定遠則鄧洪如，字無住，工書翰，精内典，居水目山。

鎮南則張如鳳，廷琯同年舉於鄉，講學山中。

姚州則偰應東，貢生。工詩。

大姚則劉芳遠。可望入，倡義兵拒之。隱苴郃教授，以化俗自任。尋建社學，率生徒習禮，春秋祀事不廢。邊鄙知有禮義，芳遠之功爲多。

元謀則曹亮，歌咏自娱，不應舉。

太和則張相度，字汪如，選貢。授知縣。學以主敬爲本。歲饑勸輸，全活甚衆。晚號十九峯山民。

李任明，字賡龍，歲貢。負才名，不入城市，稱十九峯酒民。

楊運升，字東陵，諸生。工詩畫。沙定洲攻大理，禦之，手刃數賊，入山。

張撰，字燦如，通經史韜畧，行仁施德，鄉里懷之。

施心極，字用汝，諸生。長詩賦古文，隱海濱。

趙璡，字璧粹，工書法。三桂徵，不應。佯狂，憩一小室，曰浣筆處。

孫德曙，字敬止，工詩。與曾高捷爲僧雞足山。

李有溪，亦工詩，不應試。

知空，字學蘊，本王氏，工山水。少爲僧雞足山。李定國平楚、永畔，軍凱旋，請至山，隨貢滇京山果，賜敕寂光寺爲護國興明之寺。國亡，隱九台山。

趙州則余日新，字日明，學博尚氣，工古文。可望聞名，召之不出。

鄧州則高桂枝，字樹秋，諸生。永曆中徵。結茅德源山下。

浪穹則何蔚文，字穉玄，應龍同年舉於鄉。與兄歲貢星文、從子素珩，偕隱寧湖，爲詞曲書畫，發幽思悲憤之情。素珩，字尚白，所至以琴樽自隨。

劉宏文，字然乙，布衣，工詩。

鶴慶則孫桐，字我儀，諸生。契伊雒原理，古文清健。結茅雞足山。

李夢傾，精易理，下筆萬言。嘗曰：「文不秦漢、詩不漢魏，不可爲作者。」清督范承勳招之，不至。

張啟賢，字蓼懷，諸生。詩文散朗。

劍川則楊愉，諸生。學博行敦。可望將開科，本州起之應貢，不赴。

趙龘，字海六，諸生。與弟龍，爲僧石寶山，名行脚。龍，字思明，貢生。薙髮令下，曰：「國亡不以身殉，苟延已辱士林，況再易異裝乎？」入雞足山。詩文多伉厲音。

道人。

麗江則萬李全，不知何許人。主木氏，攜石經、騷、選、杜韓文自隨。兼工詩書，署醉雪道人。

保山則辛和國，字卿雲，崇禎十二年舉於鄉。篤行好學。不應可望命。

葉奕，字静傒，諸生。言行不苟。

騰越則楊彬，江西人。温雅工詩。與段真、吴茂桂隱騰越雪山中。

蒙化則陳甲才，字曠仙，諸生。隱於酒，笑哭不時。醉則呼天，曰：「我何不死？」人有笑者，則曰：「我醉是醒，而醒是醉。」卒沈湎死。兄佐才，與徐定泰、張以恒、唐泰唱和。

以恒，字子正，江陵人。居大理，工書畫。

於遷，字友豐，以畫山水稱。

貴陽則徐必昇，字扶九，崇禎九年舉於鄉。不仕。自號玉溪山樵，詩酒自放。

江彧，永曆十一年舉雲興鄉試。有才名。

赤嵩，本浙江韓氏，永曆末至貴陽爲僧，開黔靈山。能文章，四方名士多從之遊。

朱文，字湄雲，去諸生。入山，自號大傲，詩清放。

趙士禋，字次宗，崇禎十五年舉於鄉。工詩文。

都勻則楊光夔，字虞卿，隆武元年舉於鄉。不仕。博古，多生徒。

彭維琨，字玉房，入招隱山，與邦芑唱和。

清平則李敦慈，字幼庵，隆武元年舉於鄉。博學經史，授徒。

黎平則胡奉旌，字羽飛，廩生。完髮，以經史詩文授子弟。

平壩則黃都，選貢。詩沖和雅正。卒年八十。